劉昭仁著

文史哲學集成

呂東萊之文學與史學

文史哲出版社印行

文史哲學集成 137

呂東萊之文學與史學

著者：劉昭仁
出版者：文史哲出版社
登記證字號：行政院新聞局局版臺業字〇七五五號
發行所：文史哲出版社
印刷者：文史哲出版社
臺北市羅斯福路一段七十二巷四號
郵撥〇五一二八八一二彭正雄帳戶
電話：三五一一〇二八

實價新台幣四二〇元

中華民國七十五年一月初版

自序

吾國文化，以儒家思想爲主流，而儒家思想，周秦及宋明先後輝映，皆具創造性，爲光輝鼎盛之時期。宋明儒學，上承孔孟成德之敎，融貫儒釋道三家之學，而更臻於精微。以兩宋而言，北宋諸儒，遠紹儒家經典本義，由中庸易傳，而講天道、誠體，歸宿於孔孟之仁義與心性；南宋乾淳以後，學派三分，朱學陸學與呂學是也，三家同時，然不甚相合，朱學主格物致知，陸學主明心見性，呂學則兼取其長，而復以中原文獻之統潤色之，門庭徑路雖別，要其歸於聖人之旨則一也。

兩宋數百年間，浙東學者輩出，講學論道，學風彬彬，號爲鄒魯，而呂學巋然爲南渡後大宗。東萊之學，本於家庭，身受中原文獻之傳，詳於嵩洛關輔諸儒之學，於經史義理辭章，無所不窺，鎔經鑄史，著作宏富，集益之功，至廣至大。其於性命道德之源，講之已洽，乃潛心於史學；而其辭章之學，結構嚴密，文氣鬱勃，立論正大，吐辭雄渾，垂戒萬世，卓然成家。

宋史以表章道學爲主，乃創道學傳，以洛閩諸大儒，講明性道，自謂直接孔孟之傳，故凡言性理者，別爲道學，談經術者，則入諸儒林。以朱子張栻入道學，而呂東萊陸九淵入儒林，去取予奪之間，頗見失當，論者陋之。是以東萊之理學，既已晦而不彰，而其史學文學，則更遑論矣！

余有鑒於此，乃徵文考獻，懷紙吮筆，此本文之所由作也。文凡七章，首章述東萊之家世與傳略，二章考其著作，三章論其學術淵源與特色，四章明其文學，五章彰其史學，六章究其文學史學之影響，末章爲結語。埋首雞窗，兀兀窮年，而不以爲倦。惟以東萊之學，博大精深，仰之彌高，鑽之彌堅，苟欲盡發而明之，實非易事，加以歷年忙碌於學校之行政工作，僅能於業餘之際，勉力治之。自忘鄙陋，率爾命篇，謬誤難免，博雅君子，幸垂教焉。

中華民國七十四年十二月劉昭仁序於實踐專校

呂東萊之文學與史學　目次

第一章　呂東萊之家世與傳略

宋代呂氏一族，爲著名望族，其先世居東萊（今山東省掖縣），世稱東萊呂氏。宋王明清揮麈錄卷二，嘗論呂氏一族曰：

> 唐朝崔、盧、李、鄭及城南韋、杜二家，蟬聯珪組，世爲顯著，至本朝絕無聞人。自祖宗以來，故家以眞定韓氏爲首，忠憲公家也。……東萊呂氏，文穆（蒙正）家也，文穆諸子，文靖（夷簡）兄弟也，名連簡字，簡字生公字，公字生希字，希字生問字，問字生中字，中字生大字，大字生祖字。河內白氏，文簡公家也。……兩浙錢氏，文僖兄弟也，皆爲今之望族。

蓋唐末五代世家大族，結構分化之後，世族雖未崩潰，然權力既隨宗族分化，昔時蟬聯珪組，世爲顯著之家者，即罕有聞人矣。新興大族，如范氏仲淹家者益多，勳業或顯或不顯，惟眞定韓氏、東萊呂氏、兩浙錢氏諸家，衣冠相繼，族望顯赫，而以東萊呂氏爲尤盛。故揮麈錄卷二又云：

> 本朝一家爲宰執者，呂氏最盛。呂文穆（蒙正）相太宗；猶子文靖（夷簡）參眞宗政事，相仁宗；文靖子惠穆（公弼），爲英宗副樞，爲神宗樞使；次子正獻（公著），爲神宗知樞，相哲

宗。正獻孫舜徒（好問），爲太上皇右丞。相繼執七朝政，眞盛事也。清黃宗羲著，而全祖望修補之宋元學案，凡九十一學案，而呂氏諸儒居三十一焉，且四爲學宗，曰范呂諸儒（范鎭、呂公著）、曰滎陽（呂希哲），曰紫微（呂本中），曰東萊（呂祖謙），呂氏之學，可謂盛矣。全祖望曰：

呂正獻公家，登學案者七世十七人。考正獻子希哲、希純，爲安定門人，而希哲自爲滎陽學案，滎陽子切問，亦見學案；又和問、廣問及從子稽中、堅中、弸中，別見和靖學案。滎陽孫本中及從子大器、大倫、大猷、大同，爲紫微學案。紫微之從孫祖謙、祖儉、祖泰，又別爲東萊學案，共十七人，凡七世。

實則呂祖儉子喬年，從子康年、延年，亦附載於東萊學案，復益以全祖望未列入之呂希績、呂好問，應爲七世二十二人，全氏說未確。呂氏族望之盛可見矣。本章詳考其家世，兼述其傳略焉。

第一節　家　世

夷考東萊呂氏，系出神農，受氏虞夏間，自商、周、秦、漢、魏、晉，以迄隋、唐，或封或絕。五代之際，爲侍郎者三人，皆名族，俱有後，仕宋朝爲相。幽州呂琦，爲晉天福間兵部侍郎，曾孫正惠，相太宗；汲郡呂咸休，周顯德間戶部侍郎，七世孫正愍、大防，相哲宗；河南呂夢奇，後唐長興

間戶部侍郎，衣冠最盛。（註一）

呂夢奇子龜圖、龜祥。龜圖歷官起居郎，知泗州；龜祥宋太宗太平興國二年（九七七）進士，歷殿中丞，知壽州。龜圖子蒙正、蒙休，蒙休宋眞宗咸平進士，仕至殿中丞。龜祥子蒙亨、蒙巽、蒙周，蒙亨舉進士高第，歷下蔡、武平主簿，太宗至道初，考課州縣官，引對文學、政事俱優，命爲光祿寺丞，終大理寺丞；蒙巽虞部員外郞；蒙周太宗淳化進士。

呂蒙正（九四六—一〇一一），字聖功，東萊之八世伯祖也。父龜圖以多寵故，逐其母劉氏幷蒙正，置生活於不顧，至淪爲乞丐，夜宿破窰（註二），然刻苦勵學，太平興國二年（九七八）及進士第，爲狀元，太宗賜以詩，以示優寵之意，誠皇天不負苦心人也。太平興國八年（九八四）參知政事，遷居河南洛陽，端拱元年（九八八）二月，拜中書侍郎兼戶部尚書平章事，監修國史，至淳化二年（九九一）九月罷，任相凡四年；淳化四年（九九三）十月再相，訖至道元年（九九五）四月罷，其間獨相一年六閱月。罷爲右僕射，出判河南府（洛陽），眞宗咸平四年（一〇〇一）三月，拜昭文館大學士，以本官同平章事。宋史本傳贊，謂國朝三次入相者，惟趙普與蒙正耳（註三）。

蒙正三次拜相，在位約九年，政尙寬靜，而遇事敢言，又善知人，時稱賢相。眞宗過洛，兩幸其第，問諸子孰可用？蒙正對曰：「臣之子豚犬耳，猶子夷簡，宰相才也」，夷簡後果拜相。嗣上表求退，罷爲太子太師，封萊國公，眞宗大中祥符四年（一〇一一）卒，年六十六。天子震悼，至不視朝者三日，遣使弔祭，賻賜特厚，贈中書令，謚曰文穆。

宋史本傳謂蒙正「質厚寬簡，有重望，以正持，遇事敢言，每論時政，有未允者，必固稱不可，上嘉其無隱」，時朝士有藏古鏡者，自言能照二百里，欲獻之以求知，蒙正笑曰：「吾面不過楪子大，安用照二百里哉？」聞者歎服。宋李沆推許爲「社稷之臣」、「廟堂之器」（註四），而富弼譽爲「聖世令德鉅人」（註五），趙普與同相位，亦推重之，豈徒然哉？

蒙正子七：從簡，國子博士；惟簡，太子中舍；承簡，歷官司門員外郎，虞部郎中；行簡，比部員外郎；務簡，國子博士；居簡，歷官集賢院學士，知梓州應天府，進龍圖閣直學士，知廣州，以兵部侍郎判西京御史臺；知簡，太子右贊善大夫。

夷簡（九八〇—一〇四四），字坦夫，蒙亨子蒙正姪而東萊之七世祖也，與弟宗簡俱進士及第。太宗太平興國四年生（註六）。少多智數，方在下僚，諸父蒙正以宰相才期許之。果然，自天聖七年（一〇二九）至康定元年（一〇四〇），三居相位，凡十年十閱月，封許國公。「深謀遠慮，有古大臣之度焉」（註七），「所言無不聽，所請無不行，有宋得君，一人而已」（註八）。眞宗祥符間，手疏陳八事，曰正朝綱、塞邪徑、禁貨賂、辨佞壬、絕女謁、疏近習、罷力役、節冗費，語甚懇切，大臣進位執宰，而條列時政以陳言者，蓋自夷簡始。司馬光涑水記聞云：

呂夷簡生平朝會，出入進止，皆有常處，不差尺寸，慶曆間爲上相，首冠百僚。

宋史本傳云：

自仁宗初立，太后臨朝十餘年，天下晏然，夷簡之力爲多。其後，元昊反，四方久不用兵，師出，數敗，契丹乘之，遣使求關南地，頗賴夷簡計畫，選一時名臣報使契丹，經略西夏，二邊以寧。

然夷簡秉權先後長達二十四年，不免瑕瑜互見，數爲言者所詆，挾憾廢郭后，與政治上軒然大波，實爲其平生之玷也。

其執柄專權，用人時失賢愚之序，爲歐陽修所不滿（註九）。或謂夷簡乃分別公私之界，並非無知人之明也。而與范仲淹之政爭十餘年，終雖和解，戮力平賊，而朋黨之論遂起而不可止。怨尤既多，而力謀持盈保泰，逮其晚節，知天下之公議不可終拂，以老病將歸，而不復有所畏忌，復慮天下之事，或終至危亂，而彼衆賢之排去者，或將起而復用，罪必歸己，並及子孫，故寧捐故怨，以爲收之桑榆之計。其慮患雖未盡出於至公，而補過之善，天下實被其賜，與世之遂非長惡，力排天下之公議，以貽患於國家者，蓋相去不可以道里計矣！

仁宗慶曆三年（一〇四三）三月，夷簡致仕，翌年卒，帝見群臣涕曰：「安得憂國忘身如夷簡者！」贈太師、中書令，謚曰文靖，配享仁宗廟廷。有集二十卷，主編三朝國史一五五卷（註一〇），後王曾家請御篆墓碑，帝思夷簡，書「懷忠之碑」四字以賜之。宋史卷三一一有傳。

清王夫之曰：「抑考當時之大臣，則耆舊已凋，所僅存者呂夷簡。夷簡固以訕之不怒，逐之不恥，爲上下交順之術，而其心之不可問者多矣。」又曰：「仁宗之世，所聚訟不已者，呂夷簡、夏竦之進退而已。此二子者，豈有丁謂、王欽若蠹國殃民已著而不可揜之惡哉？夷簡之罪，莫大於贊成廢后。

后傷天子之頰，固不可以爲天下母，亦非甚害於人倫。」（註一一）褒貶堪稱允當。

夷簡子公綽、公弼、公著、公孺（註一二）。公綽（九九九—一〇五五），字仲裕（一作仲祐），蔭補將作監丞，知陳留縣，仁宗天聖中爲館閣對讀，召試，直集賢院，累遷翰林侍讀學士，移右司郎中，未拜而卒，贈左諫議大夫。歷官多所建白，「性通敏有才，父執政時，多涉干請，喜名好進者趨之。嘗漏洩除拜以市恩，時人比之竇申」（註一三）宋史附卷三一一夷簡傳。公弼（一〇〇四—一〇七三），字寶臣，賜進士出身，於仁宗朝權開封府，嘗奏事退，帝目送之，謂宰相曰：「公弼甚似其父」。英宗朝任樞密副使，神宗朝任樞密使，在樞府凡六年之久，於軍事與經濟兩者皆有所長。王安石立新法，數言宜務安靜，以劾安石而罷爲觀文殿學士，出知太原府，俄判秦州。卒，贈太尉，謚曰惠穆。宋史附卷三一一夷簡傳，謂其「治尚寬，人疑少威斷」，惟時人張方平譽之曰：

器縕純明，機靈精遠。瓌材任重，中廣夏之棟梁，雅音自和，合清廟之琴瑟。登貳樞機之密，洽聞議慮之長，屢陳憂國之言，多發便時之策，深明王體，有簡朕心，宜陞帝傅之崇，以正本兵之任。（註一四）

公孺字稚卿，任爲奉禮郎，賜進士出身，判吏部南曹，占對詳敏，性廉儉，與人寡合，嘗護曹佾喪，得厚餉，辭不受，節清如此。仁宗朝，知澤、潁、廬、常四州，提點福建、河北路刑獄，入爲開封府推官。神宗元豐初，知永興軍，帖息兵變，後遷刑部侍郎，知開封府，爲政明恕，官終戶部尚書，卒，贈右光祿大夫。

呂公著（一〇一八—一〇八九），字晦叔，東萊六世祖也。自幼嗜學，時忘寢食，最爲乃父夷簡器異。少時恩補奉禮郎，仁宗慶曆二年（一〇四二）登進士第，召試館職，未就，通判潁州（今安徽省阜陽縣治），時歐陽修守潁州，美其「器識深遠，沈靜寡言，富貴不染其心，利害不移其守」（註一五），遂與爲講學之友。嗣後修使契丹，契丹王問中國學行之士，首以公著對，其相交契之深如此。而王安石亦甚傾心，新法初行，常相與商議，冀得呂氏之助，然公著不從，相交遂先密而後疏焉。仁宗獎其恬退，賜五品服，除崇文院檢討，同判太常寺，進知制誥，三辭不拜，改天章閣待制兼侍讀。英宗時加龍圖閣直學士；神宗召爲翰林學士，有所奏議，多持大體。熙寧初，以詆新法忤荊公，出知潁州（註一六）。元豐三年（一〇八〇）爲樞密副使，翌年知樞密院事，奏止肉刑。旋以疾去位，除資政殿學士，定州安撫使。哲宗立，嘗陳畏天、愛民、修身、講學、任賢、納諫、薄斂、省刑、去奢、無逸十事（註一七），元祐三年（一〇八八）拜司空同平章軍國事，與司馬光同心輔政，政通人和，多所興革，百姓讙呼鼓舞。光卒，獨秉國政近三年，所除吏皆一時之選。以鑑於科舉益弊，始令禁主司，毋以老莊書命題，舉子不得以申韓佛學書爲學，經義參用古今諸儒說，毋得專取王氏復賢良方正科。辭位拜司空同平章國事。宋興以來，宰相以三公平章軍國事者凡四人，而公著與其父居其二，士豔其榮。卒，太皇太后見輔臣泣曰：「邦國不幸，司馬相公既亡，呂司空復逝。」痛悼久之，帝亦悲戚，親臨賜奠，贈太師申國公，謚曰正獻，御書碑首曰：「純誠厚德」。宋史卷三三六有傳。

公著遇事善決，精識約言，司馬溫公曰：「每聞晦叔講，便覺己語爲煩。」（註一八）故光臨終以國事託之，蓋冀其繼續反對新政，遂其未竟之志也。蘇東坡譽其「訏謨經遠，精識造微，非堯舜不談，昔聞其語，以社稷爲悅，今見其心，三年有成，百揆時敍」（註一九）鄧潤甫美其「行應儀表，學通本原，忠義得於天資，功名自其世美」（註二〇）朱熹亦慕其行高（註二一）。呂東萊曰：

正獻公每事持重近厚，然去就之際，極於介潔，其在朝廷，小不合，便脫然無留意，故歷事四朝，無一年不自列求去。（註二二）

且美其奏疏云：

言語有力，又卻無鋒鋩。（註二三）

是深知其祖者也。宋王應麟論之曰：

呂文靖爲相，非無一疵可議，子爲名相而揚其父之美。（註二四）

公著之學不主一師，交遊皆當時賢士大夫，與司馬光、邵雍、程明道、張橫渠等俱交往密切。宋史本傳曰：

公著自少講學，即以治心養性爲本，平居無疾言遽色，於聲利紛華，泊然無所好，暑不揮扇，寒不親火，簡重清靜，蓋天稟然。其識慮深敏，量閎而學粹，遇事善決，苟便於國，不以私利動其心，與人交，出於至誠。好德樂善，見士大夫以人物爲意者，必問其所知與其所聞，參互考實，以達於上。每議政事，博取衆善以爲善，至所當守，則毅然不回奪。神宗嘗言其於人材不欺，如權衡之稱物。尤能避遠聲跡，不以知人自處。

公著始與王安石善，安石以兄事之，安石博辯騁辭，人莫敢與之抗，公著獨以精識約言服之，安石嘗曰：「疵吝每不自勝，一詣長者，即廢然而反，所謂使人之意消者，於晦叔見之。」又謂人曰：「晦叔爲相，吾輩可以言仕矣！」其修己爲政之風範，令人肅然起敬，心嚮往之，而名賢敬之如此，良有以也。

公綽子希道（一〇二五—一〇九一），字景純，慶曆六年（一〇四六）賜進士出身，歷知解、和、滁等州，皆有惠政，神宗熙寧、元豐間，士急於進取，獨雍容安分，遇事有不可，必力爭。哲宗元祐初，吏道寬平，雅量自如，不改其故，甚爲時所稱，卒年六十七，有文集二十卷。

公著子三，希哲、希績、希純是也。希哲（一〇三九—一一一六），東萊之五世祖也，字原明，學者稱滎陽先生。少得父母嚴師之教，甫十歲，祁寒盛暑，侍立終日，不命坐不敢坐，日必冠帶以見長者。平居雖熱甚，在父母長者側，不得去巾襪縛袴，出門不得入茶肆酒樓，市井里巷之語，鄭衞淫靡之音，未嘗經耳，不正之書，非禮之色，未嘗接目。少長，盡交天下賢豪長者爲師友，初學於焦千之，爲歐陽修之再傳，又從胡瑗、孫復、邵雍、石介、王安石學，從張載二程遊，見聞益廣，務躬行實踐，爲人樂易有至行，不欺暗室，不以功名爲榮辱，安石勸其勿事科擧，以僥倖利祿，遂絕意進取。安石爲政，將置其子雱於講官，以希哲有賢名，欲先用之，辭曰：「辱公相知久，萬一從仕，將不免異同，則疇昔相與之意盡矣！」安石乃止。父公著作相，二弟已官省寺，希哲獨滯管庫，久乃判登聞鼓院，力辭，其父歎曰：「當世善士，吾收拾略盡，爾獨以吾故，置不試，命也夫。」母賢明有法度，聞而笑曰：「是亦未知其子矣！」終公著喪，始爲兵部員外郎。哲宗元祐中，伊川歸洛，貼書范內翰祖禹曰：「丞相久留左右，所助一意正道者，在原明爾！」祖禹，其妹壻也，言於哲宗曰：「希哲經術操行，宜備勸講，其父常稱爲不欺暗室，臣以婦兄之故，不敢稱薦，今方將引去，竊謂無嫌。」詔以爲崇政殿說書。封滎陽子。

其勸人主以修身爲本，修身則以正心誠意爲主，言曰：「心正意誠，則身修而天下化，若身不能修，雖左右之人，且不能諭，況天下乎？」（註二五）平實而確切。徽宗時，入爲秘書少監，知曹、相、邢等州，遭崇寧黨禍罷，流寓淮泗間，衣食不給，絕糧數日，處之晏然，靜坐一室，家事一切不問，不以毫髮事託州縣。嘗作詩曰：「除却借書沽酒外，更無一事擾公私」，閒居，日讀易一爻，徧考古今諸儒之說，默坐沉思，隨事解釋，夜則與子孫詳論古今，商榷得失，久之方罷。（註二六）晚年學成行尊，名益重，遠近皆師尊之，程門高弟如謝良佐（顯道）、楊時（中立）諸人，亦皆以師禮尊待之。希哲更從高僧圓照師宗本、證悟師修顒遊，盡究其道，別白是非，斟酌淺深而融通之，然後知佛之道與聖人合（註二七），其好佛實爲家學之緒，但取其簡要耳，故朱子指以儒通佛爲「呂氏之學」（註二八）。徽宗建中靖國元年（一一〇一）禮部尚書豐清敏公稷，以其「心與道潛，湛然淵靜，所居則躁人化，聞風則薄夫敦」（註二九），故擧之自代也。

希績，希哲弟也，字紀常，師邵雍，雍與之甚厚，以廕官入元祐黨籍，哲宗紹聖間，責光州居住。希純，亦希哲弟，字子進，登第，爲太常博士，哲宗議納后，請考三代昏禮，參祖宗之制，博訪令族，參求德配。凡世俗所謂勘婚之書，淺陋不經，一切屏絕，以防附會。遷著作郎，以父諱不拜，擢起居舍人，權太常少卿。宣仁太后崩，希哲慮奸人乘間進說搖主聽，上疏極言之，內侍梁從政除內省押班，希純持不行，由是閹寺側目，後為所忌，入崇寧黨籍，卒年六十。

呂好問（一〇六四—一一三一），字舜徒，希哲冢子而東萊之曾伯祖也，始居婺州。家傳云：「范蜀公鎮與正獻公兄弟交，公幼拜蜀公於堂，唯諸進趨無違禮，蜀公慰納甚備，待之如成人，吳侍講安詩至，伉簡少許可，每見公輒自失，歎曰：「呂氏有子矣！」稍長，學益成，行益脩，諸公長者皆折輩行與之遊。正獻公薨，天子加恩諸孫，將擢寺監丞，固辭，推以與從父兄，徙監金耀門文書庫，職閒無事，然甚樂之，大肆力於經術，忘晦明寒暑之變，怡怡然忘貧，閟光韜華，嗒焉與世相忘，然譽望日尊，賢臨一時。宣和之季，故老踵相躡下世，獨與楊中立無恙，諸儒有「南有楊中立，北有呂舜徒」之語（註三〇），蓋天下倚以任道者，唯此二人也。

欽宗靖康中，除左司諫諫議大夫，賜進士出身，嗣為御史中丞，首言時之賢於上，前後疏十上，每奏對，帝雖當食，輒使畢其說，尋遷吏部侍郎。及金入寇，委曲以成中興之業。高宗建炎初，除尚書右丞。既而與宰相李綱論事不合，時台官多李綱所厚，好問力求去，以資政殿學士知宣州，旋以恩封東萊郡侯，避地，卒於桂州（今桂林），訃聞，詔贈五官卹禮，視常典有加。藁葬于桂州城南之龍泉，後廿四年，改葬婺州武義縣之明招山。

公著諸孫，尚有欽問、嘉問、切問、廣問、和問、宣問。欽問字知止，官監修；嘉問字望之，以蔭入官，熙寧初，擢戶部判官，黨於王安石，嘗竊公弼論新法奏稿以示安石，呂氏號爲家賊，而不得與呂氏同傳，以龍圖閣學士大中大夫卒，年七十七，贈資政殿學士。切問字舜從，好問弟也，兄弟及姪從賢大夫李君行、田明之、田誠伯遊，守官會稽，或譏其不求知者，對曰：「勤於職事，其他不敢不愼，乃所以求知也。」呂本中童蒙訓甚美斯語。廣問（一〇九七—一一六八），字仁夫（或作仁甫），家貧，然奉親至孝，聚族數百指，無間言，賓客過之，疏食菜羹，講論道義，終日不厭，登宣和進士，授官宣州士曹掾，旋退居黃山，復起監西京中嶽廟，官至權禮部侍郎，知池州、徽州，四方學者多歸之。和問字節夫，弟廣問主婺源簿，奉之以俱。宣問字季通，以恩入官，調池陽錄事參軍，母韓氏莫知所之，多方求得之，因以孝聞。

好問子四，曰本中、揆中、用中、忱中。本中（一〇八四—一一四五）初名大中，字居仁，「幼而敏悟，公著奇愛之。公著薨，宣仁太后及哲宗臨奠，諸童稺立庭下，宣仁獨進本中，摩其頂曰：「孝於親，忠於君，兒勉焉！」（註三一）徽宗宣和年間，進爲樞密院編修，靖康初，擢尙書郞，南渡後，高宗特賜進士第，累官中書舍人，兼直學士院，中書省號紫微省，故時人以紫微舍人稱之。以忤秦檜罷，提舉江州太平觀。紹興十五年（一一四五）卒，年六十二，謚曰文清，學者稱東萊先生，後遂以其爲大東萊，而祖謙爲小東萊。其文與黃山谷並駕，詩得黃庭堅與陳師道句法，嘗集陳師道、韓駒、曾幾以下二十五家詩，以己名爲殿，作江西詩社宗派圖，爲詩力主「活法」，平生因詩以窮。著有春秋集解、童蒙訓、師友淵源錄、東萊詩集、紫微詩話，又嘗作宋論四十篇，說者以爲「審時度勢，洞若觀火」，又官箴三十二則，皆身體力行之言，服官者宜置之座右。

朱熹跋其青溪類稿曰：「紹興紫微呂公，名德之重，一言一動，皆有法戒，固非後學可得而贊也。」（註三二）周必大跋九經堂詩云：「呂十一丈在政和初，春秋鼎盛，且力崇尚王氏學，以蘇黃爲異端，而手書立身爲學作文之法乃如此，其師友淵源固有所自，而特立獨行之操，誰能及之？近世謂以詩名家，是殆見其善者幾耳。」（註三三）宋史本傳論曰：「呂本中其才猷皆可以經邦，其風節皆可以厲世，然皆論議不合，奉祠去國，可爲永慨矣！」諸論堪稱確當。

本中弟揆中，終於郊社齋郎；用中，嘗任兵部員外郎，終於右朝奉大夫，主管台州崇道觀；忱中，嘗任提舉江南東路常平茶鹽公事，終於右朝奉郎，知饒州（註三四）。

本中兄弟行，有稽中、堅中、弸中。稽中字德元，張浚宣撫川陝，辟爲計議官，依侍尹和靖入蜀；堅中字景實，官祁陽令，服勤和靖左右有年；弸中字仁武，東萊之大父也，累官駕部員外郎，亦遊於尹焞（和靖）之門。

呂弸中子四，大器、大倫、大猷、大同是也，其姪五，大鳳、大陽、大麟、大虬、大興是也。大器乃東萊之父，字治先，官至尚書倉部郎，早年與弟同築「豹隱堂」，共講「前言往行」之旨（註三五），蓋皆有得於家學。張栻譽其「其容藹然有慈祥豈弟之氣」，「其言纚然多故家遺俗之事」（註三六）。其任職右朝散郎出知吉州時，爲曾幾（文清公）之東床佳壻，而得其傳焉，曾幾乃東萊之外祖也。大倫字時敍，官至奉議郎；大猷字允升；大同字逢吉，夭，大鳳、大陽、大興亦夭。

祖謙東萊，大器長子，其兄弟行有祖仁、祖儉、祖泰、祖恕、祖重、祖寬、祖愨、祖平、祖新、祖節、祖憲、祖永、祖志、祖慈、祖義、祖忞等十餘人，可得言者：祖儉字子約，號大愚，受業東萊如諸生，監明州倉，將上，會東萊卒，時部法半年不上者爲違年，祖儉必欲終期喪，朝廷從之，詔違年者以一年爲限，自子約始。寧宗即位，歷大府丞，時韓侂胄用事，與從弟祖泰，不避權貴，相與彈劾之，侂胄怒，貶置吉州，讀書窮理，賣藥自給，出必草履徒步，爲踰嶺之備，時人無不稱其風節。祖儉之謫也，朱熹與書曰：「熹以官則高於子約，以上之顧遇恩禮，則深於子約，然坐視群小之爲，不能一言以報效，乃令子約獨舒憤懣，觸群小而蹈禍機，其愧歎深矣。」後侂胄伏誅，二者皆得詔雪其冤，卒諡曰忠，著有大愚集。

祖泰字泰然，性疏達，尙氣誼，學問該洽，交當世名士，論世事無所忌諱，慶元初，祖儉以言事安置瑞州，徒步往省之，留月餘，及祖儉歿，乃詣登聞鼓院，上書論韓侂胄有無君之心，請誅之以防禍亂，又請誅蘇師旦，罷陳自強，用周必大，遂配欽州，侂胄誅，詔雪其冤，特補上州文學，改授迪功郎，監南嶽廟。喪母無以葬，至都謀於諸公，得寒疾卒，年四十九。（註三七）

茲列敍呂氏世系於后：

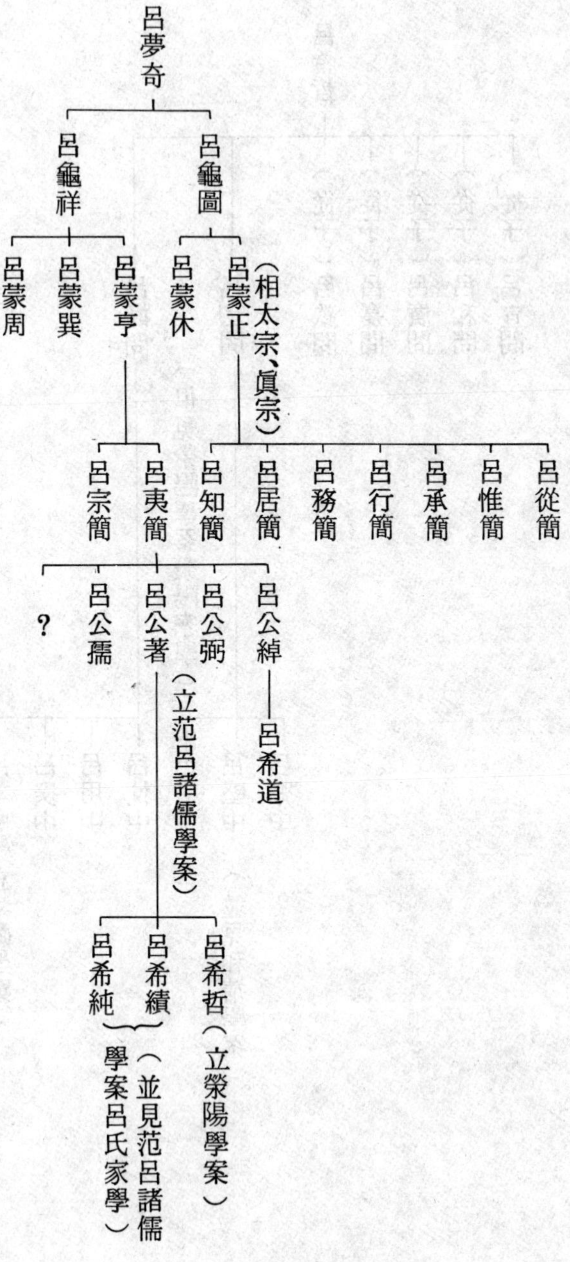
呂夢奇
呂龜祥
呂龜圖
呂蒙周
呂蒙巽
呂蒙亨
呂蒙休
呂蒙正
（相太宗、眞宗）
呂宗簡
呂夷簡
呂知簡
呂居簡
呂務簡
呂行簡
呂承簡
呂惟簡
呂從簡
？
呂公孺
呂公著
呂公弼
呂公綽
（立范呂諸儒學案）
呂希道
呂希純
呂希績
呂希哲
（並見范呂諸儒學案呂氏家學）
（立滎陽學案）

- 呂希哲
  - 呂好問（俱見滎陽學案滎陽家學）
    - 呂本中（立紫微學案）
    - 呂揆中
    - 呂用中
    - 呂忱中
  - 呂切問
    - 呂稽中
    - 呂堅中（並見和靖學案）
    - 呂弸中
  - （從子）呂欽問
  - （從子）呂嘉問
  - （從子）呂廣問
  - （從子）呂和問
  - （從子）呂宣問

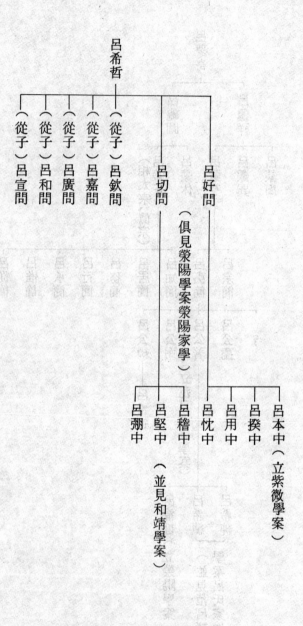

- 呂弸中
  - 呂大器
    - 呂祖謙（立東萊學案）——呂延年
    - 呂祖儉（見東萊學案東萊家學）——呂喬年
    - （從子）呂祖仁
    - （從子）呂祖泰
    - （從子）呂祖恕
    - （從子）呂祖重
    - （從子）呂祖寬
    - （從子）呂祖慤
    - （從子）呂祖平
    - （從子）呂祖新
    - （從子）呂祖節
    - （從子）呂祖憲
    - （從子）呂祖永
    - （從子）呂祖志
    - （從子）呂祖慈
    - （從子）呂祖義
    - （從子）呂祖忞
  - 呂大倫
  - 呂大猷
  - 呂大同
  - （呂大器、呂大倫、呂大猷、呂大同並見紫微學案紫微家學）
  - （從子）呂大鳳
  - （從子）呂大陽
  - （從子）呂大麟
  - （從子）呂大虬
  - （從子）呂大興

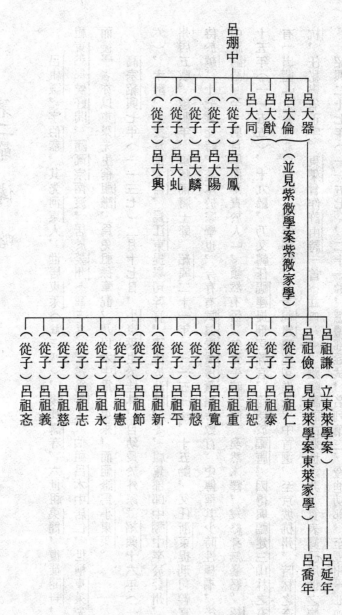

第二節　傳略

呂祖謙，字伯恭，其先河東人，世居東萊（註三八），後徙壽春，六世祖夷簡，復徙開封，曾伯祖東萊郡侯好問，隨高宗南渡，居於婺州（註三九），遂爲婺人。伯祖呂本中居仁，世稱東萊先生，而後學者亦以東萊先生稱祖謙，爲免祖孫牽混，乃以本中爲大東萊，而祖謙爲小東萊。

高宗紹興七年（一一三七）二月十七日，小東萊生於桂林，自幼長於外家。紹興十六年（一一四六），十齡，乃父倉部大器，爲江東提舉司幹官，隨侍於池陽，冬，祖駕部郎中弸中卒於婺州，返婺州居五載。越明年，承蔭補將士郎。紹興二十一年（一一五一），十五齡，父任浙東提刑司幹官，隨侍於越。十七歲能詩，蓋本於家學也，今存有賦眞覺僧房蘆諸詩數首。史傳稱其少時性極褊，後在病中讀論語，至「躬自厚而薄責於人」，頓然有悟，忽覺平時忿懥，渙然冰釋，遂終身無暴怒。紹興二十五年（一一五五），十九齡，乃父轉任福建提刑司幹官，隨侍於福唐，因得與福建三山林之奇問學，有「出藍」之譽（註四〇）。次年弱冠，應考福建轉運司進士，中首選，至京城杭州，時林之奇亦在杭，任秘書省正字。東萊曾作許由詩一首（註四一），雖隱諷許由避世之非，實表露己用世之懷也。

紹興二十七年（一一五七），二十一齡，應禮部銓試，名列第三，授迪功郎，至潭州（註四二）監管南嶽廟，以父任滿，同歸婺州。十二月廿九日，親迎福建建安知縣韓元吉（註四三）之女。韓氏乃當日望族，學術才行見重於當世，家風崇尚文雅。紹興三〇年（一一六〇），二十四齡，再應銓部試，名列第二，以父新任岳州通判，隨侍赴京，居於伯舅曾氏寓，是時籍溪胡憲，爲秘書省正字，汪應辰爲秘書少監，從之問學，而受汪氏之影響尤多。後二年，妻韓夫人病故，「悲悼殊不能爲懷」（註四四）。

孝宗隆興元年（一一六三），二十七齡，春，中禮部試，賜進士及第，改左迪功郎，又中博學宏詞科，以左從政郎，改差南外敦宗院宗學教授，聲譽遂騰。孝宗乾道二年（一一六六），適而立之年，父自池州召歸爲郎，先往臨安，東萊侍母還鄉，詎料母病逝歸途舟中，護喪歸婺，守制廬於武義明招山墓側，四方之士爭趨之。乾道四年（一一六八）秋，自明招歸金華，冬，授業曹家巷，始立規約及作左氏博議，規約以孝弟忠信爲本，而博議則令學子誦習，以應舉業者。翌年二月，除母服，居外家二月，五月二十六日至德清迎娶元配之妹爲婦。修訂教學規約，以講求經旨，明理躬行爲本。除太學博士，改添差嚴州（註四五）教授，遂友太守張栻南軒，撰春秋講義，二人「共爲夜課」，與學者講習（註四六）。又廈回金華教授麗澤諸生，立規矩七事，乾道六年規約是也。

乾道七年（一一七一），三五齡，五月十三日，亦即韓二夫人產女後二旬，韓夫人卒，壽二十有七，改月而葬，與長姊同域異穴，惟內外辨位。育二女，曰復與螺（註四七）。東萊云：「某自五月間，亡婦之喪，冒暑治喪，悲愴疲薾，殊無聊賴」（註四八），十載後，韓元吉呂伯恭挽詞，有「傷心二女同新穴」之悼（註四九），喪偶亡女之慟極矣，情何以堪？八月，請祠侍親，不許，以通歷任四考，改左宣教郎，召試館職，復除秘書省正字，兼國史院編修官及實錄院檢討官如故。居京城，與南軒張栻同巷而居，切磋益勤。

翌年爲省試考官，嘗讀陸九淵文，喜之，而未識其人，比試禮部時，閱一卷，立斷江西小陸文，揭示果然，衆皆服其精鑑。聞父屬疾，倉皇請告歸婺，尋丁父憂，「酷痛寃毒，貫徹肺腑」。次年，諸生復集，戶外之屨屢滿。孝宗淳熙元年（一一七四），三十八齡，正月，韓元吉守婺州，遂散遣諸生。東萊除父服，撰讀詩記，主管台州崇道觀。翌年，往武夷寒泉精舍訪朱熹，同撰近思錄，主朱陸論學信州鵝湖寺事（註五〇），朱陸異同，雖不易調和，而東萊折衷其間，煞費苦心，功不可沒，垂爲學術史上之佳話。

明年三月下旬，韓夫人所生長女，年已及笄，遂歸潘景良。冬，如臨安就秘書省秘書郎，因李燾之薦，復兼國史院編修，實錄院檢討官。次年，修撰徽宗實錄，書成，進秩，面對，言曰：

故學偏救弊，維持至於今日者，實由陛下聖明獨運，而非群臣之助也。然志勤道遠，遷延至於今日者，亦由陛下聖躬獨勞，而無群臣之助也，陛下初豈樂於獨勞哉？良以群臣不能仰助，如前所陳，加之總攬既久，圖事揆策者，多不如陛下之精審，議法定令者，多不如陛下之明習，甚則私意小智，又多不逃陛下之識察，陛下遂謂天下之事既知之矣，天下之人既見之矣，所以慨然益堅獨運萬機之意也。夫獨運萬機之說，其名甚美，其實則不可不察焉。（註五一）

又曰：

> 臣竊惟國朝治體，有遠過前代者，有視前代猶未備者，以寬大忠厚，建立規模；以禮遜節義，成就風俗，當偃擾艱虞之後，其效方見，如東晉之在江左，內難相尋，曾無寧歲，自駐蹕東南以來，踰五十年，無纖毫之虞，則根本至深可知矣！此所謂遠過前代者也。文治可觀，而武績未振，名勝相望，而幹略未優，雖昌熾盛大之時，此病已見，如西夏元昊之難，漢唐謀臣，從容可辦，以范仲淹、韓琦之賢，皆一時選，曾莫能平殄，則事功不競可知矣！此所謂視前代猶未備者也。……臣竊謂今日治體，其視前代未備者，固當激厲而振起；其遠過前代者，尤當愛護而扶持。（註五二）

可謂振聾啓聵，擲地有聲，非徒可見公忠體國之赤忱，亦展露其政治之卓見。析理之剴切詳明，精闢警策，於有唐陸宣公之奏議，又何多讓之有？而殷殷至意，謀國之忠誠，三國諸葛武侯不得專美矣！

淳熙四年（一一七七），四一齡，冬，被旨校正聖宋文海，請一就刪次，斷自中興以前，有旨從之。越二年書成，以採取精詳，黜浮崇雅，孝宗嘉其有益治道，賜名皇朝文鑑，命翰林學士周必大爲序，賜銀絹三百疋兩。是年，芮燁小女年方及笄，東萊中匱乏主已七年，聞其賢淑，遂娶爲繼室。尋以病辭免官職，還居金華養疴，而芮夫人「護視劬瘁」，遂得疾而先卒。

東萊休養期間，不輟課業，淳熙七年（一一八〇），四十四齡，撰大事記，補修讀詩記，皆立課程。翌年，沉痼依舊，然身體安適，考定古周易十二篇，不意秋七月二十九日卒於家，享年四十有五，葬武義明招山祖塋之右（註五三），朱文公書碑云：「宋東萊先生呂伯恭之墓」。宋寧宗嘉泰八年（一二〇八）賜謚成，理宗景定二年（一二六一），從祀孔廟，改謚忠亮。弟祖儉壙記述其後云：「子男三人，岳孫、齊孫早夭，延年甫三歲；女二人，華年適進士潘景良，螺女亦早夭」。（註五四）按延年長後字伯愚，苦學有成，歷官至寺丞。

呂東萊傳略簡表

宋代記年	歲次	西元記年	年齡	記事
高宗紹興七年	丁巳	一一三七	一	二月十七日生於桂林。
紹興十六年	丙寅	一一四六	十	父呂大器爲江東提舉司幹官，隨侍於池陽，冬，祖弸中卒於婺州，返婺州。
紹興十七年	丁卯	一一四七	十一	隨侍在婺州。
紹興十八年	戊辰	一一四八	十二	承蔭補將士郎。
紹興廿一年	辛未	一一五一	十五	父任浙東提刑司幹官，隨侍於越。

紹興廿三年	癸酉	一一五三	十七	已能詩、有賦眞覺僧房蘆詩。
紹興廿五年	乙亥	一一五五	十九	父爲福建提刑司幹官、隨侍於福唐，從三山林之奇問學。
紹興廿六年	丙子	一一五六	二十	弱冠，應福建轉運司進士舉，中首選，作許由詩等。
紹興廿七年	丁丑	一一五七	廿一	春試禮部，不中，赴銓試，名列第三，授迪功郎，監潭州南嶽廟，以父任滿，同歸婺州，十二月廿九日親迎韓元吉女。
紹興廿九年	己卯	一一五九	廿三	十一月女華年生。
紹興三十年	庚辰	一一六〇	廿四	再應銓部試，名列第二，隨父赴京，居伯舅曾氏寓，從胡憲、汪應辰問學，八月歸婺州。
紹興卅一年	辛巳	一一六一	廿五	子岳孫生，兩旬而夭。

紹興卅二年	壬午	一一六二	廿六	正月如信州，三月歸自臨安，六月子齊孫生，妻韓夫人病故於臨安，八月歸婺，九月葬韓氏於武義縣明招山，所生男亦夭。
孝宗隆興元年	癸未	一一六三	廿七	春中禮部試，賜進士及第，改左迪功郎，又中博學宏詞科，特授左從政郎，改差南外敦宗院宗學教授。
隆興二年	甲申	一一六四	廿八	四月如黃州，八月侍父赴闕奏事，九月如越，十一月如浙西，閏月歸婺州。
孝宗乾道二年	丙戌	一一六六	三十	十一月母病卒，護喪歸婺。
乾道三年	丁亥	一一六七	卅一	正月葬母於明招山，四月如臨安省侍父，五月復歸明招，冬在明招，四方之士爭趨之。
乾道四年	戊子	一一六八	卅二	秋自明招歸金華，冬授業曹家巷，始立規約，作左氏博議，修東萊公家傳。
乾道五年	己丑	一一六九	卅三	除母服，五月二十日，迎娶元配韓氏之妹爲婦。

乾道六年	庚寅	一一七〇	卅四	爲張栻作乞免丁錢奏狀及謝表，編次閫範，五月除太學博士，教授麗澤諸生，修改規約，十二月兼國史院編修官實錄院檢討官，有輪對箚子，太學策問。
乾道七年	辛卯	一一七一	卅五	四月螺女生，五月韓夫人卒，壽二十七，葬於明招。
乾道八年	壬辰	一一七二	卅六	春，爲省試考官，擢陸九淵，以父疾歸婺，尋丁父憂，復修喪葬禮、祭禮，螺女亦夭。
乾道九年	癸巳	一一七三	卅七	爲諸生講尚書，有癸巳手筆。
孝宗淳熙元年	甲午	一一七四	卅八	除父服，撰讀詩記，入越錄，左氏手記。
淳熙二年	乙未	一一七五	卅九	四月，訪朱熹於武夷寒泉精舍，同撰近思錄，安排朱陸論學信州鵝湖寺，有入閩錄。

淳熙三年	丙申	一一七六	四十	韓夫人所生長女華年歸潘景良，復編讀詩記，九月十九日遊赤松，冬如臨安，就秘書省秘書郎，復兼國史院編修官實錄院檢討官。
淳熙四年	丁酉	一一七七	四一	修撰徽宗實錄二百卷，書成，冬被旨校正聖宋文海，十一月娶國子祭酒芮燁之季女。
淳熙六年	己亥	一一七九	四三	聖宋文海編成，賜名皇朝文鑑，還居金華養疴，七月芮夫人卒葬明招，復修讀詩記，尚書講義。
淳熙七年	庚子	一一八〇	四四	作大事記，建家廟，修宗法及祭禮，九月辭著作郎兼國史院編修官。
淳熙八年	辛丑	一一八一	四五	定古周易十二篇，編歐公本末，又有坐右錄、臥遊錄，七月二十九日卒於家，十一月葬明招山。

【附註】

註一　見呂東萊文集卷九家傳及丁傳靖宋人軼事彙編頁二四四。

註二　參見中原文獻第十二卷第五期史梅岑先賢呂蒙正瑣記及古今談第九十九期劉嘯月閒話呂蒙正二文，本書附錄錄之。

註三　案趙翼二十二史箚記卷二十六「三入相」條，謂：然蒙正後，又有王欽若、張士遜、呂夷簡、文彥博、陳康伯，亦皆三次入相，蔡京幷至四次入相。

註四　呂東萊宋文鑑卷三四頁四九四李沆除呂蒙正中書侍郎兼戶部尚書平章事制曰：「（呂蒙正）四氣均和，五行鍾秀，有濟時之略，輔之以溫恭，挺命世之才，守之以循默。爰覩舜旌之進善，遂指魏闕以來儀。臨軒覩敏贍之能，射策見縱橫之略。曁茲登用，益著謨明。公忠推社稷之臣，凝重見廟堂之器。」

註五　參見名臣碑傳琬琰集卷一，富弼曰：「公渾厚淵博，忠亮寬懿，無煩語，不妄顧，與人無親疏，無高下階級，而一歸於至正。其爲諫諍，爲侍從，爲執正，凡嘉猷偉畫，皆不作己出，而密歸之於上，惟上自行之，故人無知之者，有不能秘，須論議別白而後方從者，遂傳焉，則天下稱道聳伏，想望其人，貌如神明，自始仕至再罷相，惟在昇與河南爲外委，餘並處內不出，未嘗一日遠於朝廷，至於河南之行，尙非太皇雅意，蓋強出之，將以遺嗣君以結公心，故章聖初亟復在位，三入相皆首之，所以專其任也。丁內外艱，皆奪情而起，不容終制，不欲使他人代也。賜第東都，以安其居，俾無外徙之請也，移疾歸鄉黨積十年，卒不許還政，第詔令休息頤養，而密常使人候其安否，章聖謁陵寢，祀汾陰，再駕西都，皆幸其第，又親視其疾，思復用也。非公謀謨設施，潛運默化，人雖罕得見其跡，而功自被於四海，致時昇平，則疇能感，夫兩朝眷遇絕比如此其至者乎？公策名冠天下士，而位登元宰。官至三公，階勳爵邑，咸第一，勤畏冀冀，乃心王家，周旋始終，豪髮無玷，以老疾懇請而退，天子慊然，猶欲起其廢而用之，嗚呼！盛矣哉！可謂聖世令德鉅人者矣！」

註　六　宋史呂夷簡傳不載生卒年壽，麥仲貴宋元理學家著述生卒年表，據欒全集卷二六，與續通鑑長編卷一五二合推之。然劉伯驥宋代政教史謂其生卒年爲九七九—一〇四二。

註　七　宋史卷三一一頁一〇二二〇張士遜傳。

註　八　宋史卷二八八孫沔傳。

註　九　見歐陽修全集卷四頁一六九論呂夷簡箚子。

註一〇　呂夷簡於仁宗天聖五年，受詔與王旦、楊億、夏竦等，同修太祖、太宗、眞宗三朝史，天聖八年成書。

註一一　見王夫之宋論頁八七—八八。

註一二　據呂東萊文集卷九家傳，文靖公有子五，惟四子可考。

註一三　宋史卷三一一呂夷簡傳附公綽傳。

註一四　宋文鑑卷三四頁四九八除呂公弼樞密使檢校太傅制。

註一五　宋文鑑卷三六頁五二二除呂公著守司空同平章事軍國事制。

註一六　案時新政派四人，卽尙書左僕射兼門下侍郎蔡確，尙書右僕射中書侍郎韓縝，知樞密院事章惇，中書侍郎張璪。以司馬光爲首之反新政派亦四人，卽門下侍郎司馬光，尙書左丞呂公著，尙書右丞李清臣，同知樞密院事安燾。

註一七　宋文鑑卷五二頁七四二呂公著進十事。

註一八　宋史卷三三六呂公著本傳。

註一九　宋文鑑卷三六頁五二二除呂公著守司空同平章軍國事制。

註二〇　宋文鑑卷三六頁五二一除呂公著右僕射制。
註二一　朱子大全文集卷八一頁一四七一，跋鄭景望書呂正獻公四事。
註二二　呂東萊文集卷一〇頁二二七榮陽公家塾廣記。
註二三　呂東萊文集卷二〇頁四五〇雜說。
註二四　困學記聞卷一五頁一〇。
註二五　宋史卷三三六呂希哲傳。
註二六　伊洛淵源錄卷七頁三呂氏家傳略說。
註二七　呂本中師友雜志。
註二八　朱子語類卷一三〇頁五〇三四。
註二九　呂本中童蒙訓卷上頁六。
註三〇　呂東萊文集卷九頁二〇四—二〇五。
註三一　宋史卷一三五呂本中傳。
註三二　朱子大全文集卷八三頁一一。
註三三　江西詩社宗派圖錄頁一七。
註三四　呂東萊文集卷九家傳。
註三五　宋元學案卷三六紫微學案。
註三六　南軒文集卷四四頁七祭呂郎中。

註三七　宋人傳記資料索引頁一二一〇。

註三八　漢置郡名，今山東省掖縣。

註三九　今浙江金華，金華在民國以前爲浙江一府。據處州府志引東陽記曰：「仙都山孤石撐雲，高六百餘丈，世傳軒轅游此，飛昇，轍迹尙存。石頂有湖，生蓮花，嘗有花一瓣飄落至東陽境，於是山名金華，置金華縣。據太平寰宇記隋文帝開皇十三年，置婺州，蓋取其地於天文爲婺女之分，以爲州名焉。在元代爲婺州路（起至元十四年，西元一二七七），所轄有金華（府治所在）、蘭谿、東陽、義烏、永康、武義、浦江、湯溪等八縣，位於浙江省東部，錢塘江東岸，東距台州，南連衢處，西接嚴陵，元明之際，爲交通孔道。境內山嶺稠疊，河川交錯，蓋天造地設，以擅一方之勝，遂稱東南山水佳地。明修金華府志卷二形勝門曰：「金華諸山，蜿蜒起伏，勢如游龍，騰空駕雲，高爲潛嶽，雄壓萬峰，左右分支，廻巒列巘，連屛排戟，拱衞四圍；近者横如几案，遠者環如城郭。郭外雙溪（一爲東派，一爲南派），縈帶衆水，滙合彎環，流衍注於瀫水，轉浙江。」（參見本書附錄四），於宋爲理學之邦，遂有「小鄒魯」之稱。

註四〇　按時林之奇甫冠，從呂本中學。全祖望曰：「三山之門，當時極盛，及門嘗數百人。今其弟子多無可考者，而呂成公其出藍者也。」（宋元學案紫微學案）。

註四一　按詩曰：「許由不耐事，逃堯獨參寥。行至箕山下，盈耳康衢謠。謂此汚我耳，臨流洗塵囂。水中見日馭，勞苦如堯朝。堯天接天際，堯雲抹山椒。誰云能避世，處處悉逢堯。」（呂東萊文集卷十一）。

註四二　今湖南長沙。

註四三　韓元吉，字无咎，開封人，爲少師韓維之嫡孫（維字持國，爲忠憲公億第五子）。學於尹和靖而友朱子，徙居上饒，自號南澗翁，好古嗜學，安於靜退。

註四四　呂東萊文集卷四與周丞相子充。

註四五　今浙江省建德縣。

註四六　呂太史別集卷一〇頁一七與潘叔度書。

註四七　呂東萊文集卷七祔韓氏誌。

註四八　呂東萊文集卷四與邢邦用。

註四九　東萊呂太史文集附錄「哀詩」。

註五〇　在今江西省鉛山縣東。

註五一　呂東萊文集卷一淳熙四年輪對劄子。

註五二　同註五一。

註五三　見本書附錄四武義縣圖。

註五四　呂太史別集附錄卷一頁九。

第二章　呂東萊著作考

傳增湘金華經籍志敍曰：「夫經籍之傳於世，非徒以其文也，要皆載有物焉。上自朝廷之政教，降及群倫之事，爲精之至，覽聖之義蘊，極之於器物之瑣微，莫不賴有文字爲之紀載，而後能揭其精神以傳於萬世，而士之含奇負異者，亦藉以抒其蘊蓄而附之不朽焉。」（註一）旨哉斯言！證諸東萊呂氏之著述，至爲確切。

有宋乾淳之際，金華與永嘉並稱人文鼎盛。東萊呂氏之學，本於家庭，「身受中原文獻之傳，詳於嵩洛關輔諸儒之學」（註二），故於經學、史學、義理與詞章之學，無所不窺，鎔經鑄史，著作宏富。宋史（卷四三四）本傳、宋史新編（卷一六五）、南宋書（卷一〇）、南宋館閣錄、南宋館閣續錄、宋元學案諸書，均敍其事蹟兼及著述，惟著錄互有異同，而未有全者，蓋東萊之著作，或成書或未成書，或傳或不傳，且迄今年代久遠，設不詳加考述，焉能爲世人所盡知，而其學術，又安可復明於世哉？茲不論其存佚，皆依金華經籍志等資料，詳加考述，並略及其通行版本。

第一節　經部著作

1.古周易一卷

宋史藝文志，陳振孫直齋書錄解題，遂初堂、絳雲樓、季愴葦各書目，四庫全書總目、光緒金華縣志均著錄，惟直齋書錄解題云「古易十二卷」。

夷考今之周易傳本，大抵有二，一爲王弼、韓康伯注本，一爲朱熹本。古易上下經及十翼，本十二篇，自費直、鄭玄以至王弼，遞相移掇，孔穎達因弼本作正義，行於唐代，古易遂不復存；宋呂大防始考驗舊文，作周易古經二卷，晁說之作錄古周易八卷，薛季宣作古文周易十二卷，程迥作古周易考一卷，李燾作周易古經八篇，吳仁傑作古周易十二卷，互有出入。東萊此書，與仁傑書最晚出，而較仁傑爲有據，凡分上經、下經、彖上傳、彖下傳、象上傳、象下傳、繫辭上傳、繫辭下傳、文言傳、說卦傳、序卦傳、雜卦傳，爲十二篇，宋史藝文志作一卷，書錄解題作十二卷，蓋以一篇爲一卷，其實一也。

東萊考訂古周易，在淳熙八年（一一八一）五月，或云其書與呂大防書同，而不言本之大防，尤袤與吳仁傑書嘗論之，然稅與權校正周易古經序，謂偶未見大防本，且東萊之古周易，深爲朱熹所讚許，嘗爲之跋，略謂：「是以三復伯恭父之書，而有發焉，非特爲其章句之近古而已也」，其後作本義，即用東萊之本，然則東萊非竊據人書者明矣。

古周易一卷今存，通志堂經解、金華叢書均收錄，清芬堂叢書亦刻之，惟金華叢書本題東萊呂氏古易一卷。廣文書局易學叢書續編，將之與宋趙彥肅之復齋易說合刊，而但以復齋易說爲名耳，台北市成文出版社，於民國六十五年出版古周易，附古周易考。

2.古易音訓二卷

宋史藝文志，直齋書錄解題，遂初堂、絳雲樓、季愴葦各書目、光緒金華縣志均著錄，惟書錄解題云門人王莘叟筆受。本書係採陸德明經典釋文之音義，按古本重加編次，東萊考訂周易古本之次序，即載於音訓各篇標題之下，由東萊門人王莘叟筆受，朱晦菴刻之於臨漳、會稽，益以程氏是正文字及晁氏說。朱子注經，咸有音訓，獨周易本義不注音讀，以東萊已有古易音訓之作也。朱子曰：「音訓則妄意其或有所遺脫，莘叟蓋言書甫畢，而伯恭父沒，是則固宜，然亦未敢輒補也。」（註三）

今式訓堂叢書、仰觀千七百二十九鶴齋叢書、槐廬叢書二編、校經山房叢書、孫谿宋氏經學叢書、清芬堂叢書、金華叢書等，均收錄該書，乃清宋咸熙輯，嘉慶七年仁和宋氏刊本。清段玉裁跋云：「呂成公古周易音訓，所引經典釋文，勝於今通志堂、抱經堂所刻者，吾友宋子德輝，既臚舉示學者矣。抑予輙讀之，疑晁以道所據，又勝成公所據。……」（註四）清吳縣朱記榮跋云：「古籍流傳，鮮能完善，校勘之學，寧有窮盡，然宋氏此編，既以存呂氏之舊，且足訂今本釋文之誤，是亦讀易者之津梁也。」清光緒十五年（一八八九）江南書局所刻之周易傳義音訓八卷，卷首卷末爲程頤傳，朱熹本義，呂東萊音訓，今美國柏克萊大學圖書館有藏。台北藝文印書館嚴一萍選輯叢書集成續編，收錄之清宋咸熙輯呂氏古易音訓二卷，係據槐廬叢書原刻影印。又清劉世讜校、劉氏傳經堂叢書，亦收錄呂氏音訓，然不分卷。

3.東萊易說二卷

毛扆汲古閣書目著錄，云呂祖謙撰，存。四庫全書總目經部易類存目，載有東萊易說二卷，云：「舊本題宋呂祖謙撰，朱彝尊經義考亦列其名，今勘驗其文，實呂喬年所編麗澤論說集錄之前二卷，書賈鈔出以售僞，非祖謙所自著也。」（註五）現存宋人著述目略則云爲呂祖謙撰，學海類編收錄。又呂東萊文集卷十二至十四即爲易說。

4.周易繫辭精義二卷

宋史藝文志，晁公武郡齋讀書志、附志，遂初堂、絳雲樓、汲古閣各書目，及直齋書錄解題均著錄。然直齋書錄解題引館閣書目，以是書爲託祖謙之名，四庫全書以爲初程子作易傳，而不及繫辭，該書似集諸家之說，補其所缺，雖舊本題祖謙撰，然去取未爲精審，解題之說，殆必有據。審其所載諸家之說，翦裁失當，謂爲僞託祖謙之名，非誣也，書跋恐坊賈所爲，故四庫全書將之列入經部易類存目中，而古逸叢書亦著錄。此書流傳尤少，然其中所載楊龜山易說，久已失傳，存之可資考證也。

5.讀易紀聞一卷

朱彝尊經義考著錄，云呂祖謙撰。光緒金華縣志引朱氏之說。

6.程朱易傳十卷

光緒金華縣志引朱睦㮮萬卷堂藝文目，云呂祖謙撰，他未見著錄。

7.東萊書說十卷

宋史藝文志，趙希弁讀書志附志、直齋書錄解題、文獻通考、國史經籍志、四庫全書、善堂、天一閣、汲古閣各書目均著錄，惟趙氏讀書志附志作六卷，蓋原書未經編次，傳鈔者隨意分卷，故卷數互有異同。乾道九年（一一七三），四方學子紛來受教，東萊始講授尚書，諸生紀錄成書。由周書之末篇秦誓，往上逆爲之說，至洛誥而止。其弟祖儉書說書後云：「先之秦誓者，欲自其流而上泝於唐虞之際也；辭旨所發，不能不敷暢詳至者，欲學者易于覽習而有以舍其舊也；訖於洛誥而遂以絕筆者，以夫精義無窮，今姑欲以是而廢夫世之筆錄，蓋非所以言夫經也，未再歲，伯氏下世。」

宋王應麟玉海云：「林少穎書說至洛誥而終，呂成公書自洛誥而始，蓋之奇受學於呂居仁，祖謙又受學於之奇，本以終始其師說，爲一家之學，而瀾之所續，則又終始祖謙一人之說也。」

清朱彝尊經義考云：「呂成公爲林少穎門人，少穎著書集解，朱子謂洛誥以後，非其所解，蓋出於他人手，成公意未安，故其書說始洛誥而終秦誓，以補師說之未及爾，門人不知微意，乃增修之，失成公之本懷矣！」

然則東萊書說之作，旨在補其師林之奇尚書集解之未及亦明矣，林氏尚書集解五十八卷，宋史藝文志著錄，今通志堂經解、涉聞梓舊斠補隅錄均收，惟稱尚書全解四十卷。四庫提要云東萊書說原書十三卷，爲時瀾所編定，然善本書室藏書志藏有明弘治間嚴九能手鈔宋本十三卷，標題門人鞏豐仲至鈔，不出時瀾之手。東萊生前曾修改是書，其內弟曾侯致虛刊印於南康，淳熙三年之前已見流傳。朱熹跋呂伯恭書說，謂「此書不可廢」（註六）又答呂伯恭曰：「修定書說甚善」（註七）雖然，朱子對東萊書說，亦有微詞，謂「伯恭直是說得書好，但周誥中有解說不通處，只須闕疑，伯恭却一向解去，故微有失巧之病。」雖言之未免過苛，惟可見對東萊責切愛深之義也。

其後呂氏門人時氏瀾，以爲召誥以前，堯典以後，乃門人雜記之語錄，頗多俚俗，始刪潤其文成二十二卷，又編定原書爲十三卷，合爲增定東萊書說三十五卷，宋史藝文志、萬卷堂、也是園、讀書敏求記、四庫、天祿琳瑯、季滄葦各書目，及直齋書錄解題均著錄。瀾婺州清江人（註八），厲鶚宋詩紀事收其詩一篇，而不能舉其仕履，考周必大平園集有祭瀾文，稱從政郎差充西外睦宗院宗學教授，而瀾自序則稱以西邸文學入三山監丞，蓋作是書時爲監丞，其後則以教授終也。清江時鑄，字壽卿，東萊同年進士，與弟鋹，率群從子弟十餘人，悉從東萊遊，以時澐、時瀾、時溼尤稱秀出。東萊輯書說，瀾以平習所聞纂成之，其書一名書傳。時氏雖親承修定之旨，不過記憶舊聞，直以己意足成其書耳。清朱彝尊經義考稱是書三十五卷之外，又別出時瀾增修書說三十卷，並注曰存。今三十卷本未見，不知據何本而云然。

按增修東萊書說三十五卷，通志堂經解及金華叢書均收錄。民國十七年中社用嚴元照手鈔本影印，一作「東萊先生書說十三卷（原闕四卷），禹貢圖說一卷，宋呂祖謙述，宋鞏鑒鈔。」而宋史藝文志經部書類，直云呂祖謙書說三十五卷。民國二十五年，上海商務印書館曾據金華叢書本刊印增修東萊書說三十五卷，今台北商務印書館叢書集成初編亦收錄之。

8.呂氏家塾讀詩記三十二卷

宋史藝文志，直齋書錄解題，遂初堂、脈望館、萬卷堂、也是園、知聖道齋、絳雲樓、天祿琳瑯、鐵琴銅劍樓、藝風堂各書目及四庫全書均著錄。惟萬卷堂書目載呂氏讀書記三十二卷，「書」係「詩」之誤也。

按本書原係東萊退居金華時爲課子弟而作，故冠以「呂氏家塾」之名，依年譜，東萊於淳熙元年（一一七四）編讀詩記，淳熙三年復編。朱子與東萊交最契，其初論詩亦最合，本書中所謂朱氏曰者，即爲朱子說也，後朱子改從鄭樵之論，自變前說，而東萊仍堅守毛鄭，故東萊沒後，朱子作是書序，稱少時淺陋之說，伯恭父誤有取焉，既久自知其說有所未安，或不免有所更定，東萊反不能不置疑於其間而竊惑之。其實，東萊生前，既曾謂朱子曰：「詩說止爲諸弟輩看，編得訓詁甚詳。其他多以集傳爲據，只是寫出諸家姓名，令後生知出處。唯太不信小序一說，終思量未通也。（註九）朱子雖應東萊弟祖儉之請，而夙見深有所不平，然迄今兩說相持，嗜呂氏書者終不絕也。宋尤袤跋是書云：「六經遭秦火，多斷缺，惟三百篇幸而獲全。漢興，言詩者三家，毛氏最著，後世求詩人之意於千載之下，異論紛紜，莫知折衷。東萊呂伯恭病之，因取諸儒之說，擇其善者，萃爲一書，間或斷以己意，於是學者始知所歸一。今東州士子家寶其書，而編帙既多，傳寫易誤，建寧所刻，益又脫遺，其友邱漕宗卿，惜其傳之未廣，始鋟木於江西漕臺，噫！伯恭自少年嚅嚌道真，涵泳聖涯，至以此得疾，且死，六經皆有論著，未就，獨此書粗備，誠不可使其無傳。雖伯恭之學不止於是，然使學者因是書以求先生所以厚人倫、美教化，君子之所以事君事父，則於聖學之門戶，豈小補哉？宋陳振孫直齋書錄解題則謂：詩學之詳正，未有逾於此書者也，然自公劉以下，編纂已備，而條例未竟，學者惜之。據明陸釴重刊本書時跋稱：呂氏是書凡二十二卷，公劉以後，編纂未就，爲其門人續成，然其內容則本東萊生前講稿。其弟祖儉於公劉章末附記，亦稱自公劉之次章，條例多未合。

按本書乃東萊最完整之著作，最能表現其博覽文獻之治學態度與工夫，蓋其採輯自毛鄭以下，至朱子、王安石共四十餘家之詩說，分綱領、詩樂、刪次、大小序、六義風雅頌、章句、音韻、卷帙、訓詁、傳授、條例、詩篇名等十二門，原編條例爲：「諸家或未備，頗以己說足之，錄於每條之後，比諸家解低一字格。」（註一〇）公劉以後，祖儉與門人續成，於東萊之解，按以「東萊曰」，而未低一字格。

黃佐曰：「呂氏讀詩記最爲精確，第專主小序，與集傳不同，然朱子序之，其推遜之也至矣。」（註一一）宋眉山賀春卿重刻是書，魏了翁爲作後序，則稱其能發明詩人「躬自厚而薄責於人」之旨（註一二），時去東萊之沒未遠，而版已再新，知宋人絕重是書也，而與朱子詩集傳並稱。

本書後刊之版本，計有：清瞿鏞鐵琴銅劍樓藏宋孝宗時本，天祿琳瑯藏宋本，明嘉靖辛卯傅氏刊本（有陸釴序），萬曆癸丑陳氏刊本（有顧起元序），清嘉慶辛未聽彝堂刊本（前有顧序，後有南宋吏部後學史樹德等九人銜名），而張氏墨海金壺、錢氏經苑、胡氏金華叢書，先後覆印，其源大抵出於嘉靖刊本。台北商務印書館四部叢刊續編本，係景印常熟瞿氏鐵琴銅劍樓藏宋刊本。四庫全書所收，爲浙江汪汝瑮家藏本，通志堂經解亦收錄本書。

繼東萊讀詩記之後，嚴粲有詩輯三十六卷之作，係以呂氏家塾讀詩記爲主，雜採諸說以發明之，舊說有未安者，斷以己意，於音訓名物，考證尤爲精核，與呂氏書並稱說詩善本。段昌武毛詩集解二十五卷之作，大致仿呂書，然辭義較爲顯淺。而戴溪（註一三）以呂氏書取毛傳爲宗，折衷衆說，於名物訓詁，最爲祥悉，而篇內微旨，詞外寄託，或有未貫，乃作續呂氏家塾讀詩記三卷以補之，雖以續記爲名，實則自述己意，非盡墨守東萊之說也，今廣雅書局刊武英殿聚珍版書、墨海金壺、清芬堂叢書、四庫全書均收錄。清盧文弨撰有呂氏讀詩記補闕一卷，抱經堂叢書群書拾補、紹興先正遺書第二集群書拾補均收錄。

又考宋史藝文志經部詩類，載有宋李樗毛詩詳解四十六卷，宋史藝文志補錄宋李樗黃櫄毛詩集解三十六卷，查現存宋人著述目略，有李達仲黃實夫毛詩集解四十二卷首一卷，云宋李樗、黃櫄講義，呂祖謙釋音。東萊爲李黃毛詩集解釋音，其他典籍均未提及，估附記於此。

9.左傳類編六卷

直齋書錄解題、宋史藝文志、張金吾愛日精廬藏書志、明內閣書目、鐵琴銅劍樓藏書目、光緒金華縣志均著錄，惟愛日精廬藏書志不分卷。朱彝尊經義考注曰佚，四庫提要以爲久無傳本，然金華經籍志言書首尾完整，惟不分卷數，與解題等所載不符，或傳寫者合併歟！

是書首有自隱公至哀公年表三十，綱領二十二則，年表者，以魯紀年，而諸國征伐會盟諸大事列其下；綱領者，雜採尚書、周禮、禮記、論語、孟子、國策、漢書及晉杜預、宋呂希哲、謝良佐之說，以爲一書之綱領也。繼取左傳中事類而析之，凡十九目，曰周、齊、晉、楚、吳越、夷狄、附庸、諸侯制度、風俗、禮、氏族、官制、財用、刑、兵制、地理、春秋前事、春秋始末，終之以論議者，取左傳中論議之言也，分論典禮、論兵、土功、荒政、火政、諸侯政事、名臣議論等七子目。

本書東萊生前未板行，宋寧宗嘉定三年（一二一〇）詹乂民丞婺州，求未刊著述於喬年，得觀史類編、讀詩記、歐公本末及此書付梓。此書文瀾閣有三部，一注六册完全，一注四册完全，一注六册缺，程端學以爲門人所編，似非誣語。清周中孚鄭堂讀書記（卷十）曰：「是書類分事實、制度、論議而成，雖頭緒楚楚，而頗不適于用，不及傳說、續說、博議三書遠甚，所以四庫全書館不爲之裒輯著錄也。然合傳說、續說、博議及此書觀之，亦可見東萊研究左傳之功至深切已。」現存宋人著述目略，錄有東萊呂太史春秋左傳類編六卷，校勘記一卷，校勘記爲胡文楷撰。台北商務印書館四部叢刊續編收錄該書，影印自常熟瞿氏鐵琴銅劍樓藏舊鈔本。

又直齋書錄解題卷三著錄有東萊左氏國語類編二卷，言「與左傳類編異同，但不載綱領，止有十六門，又分傳與國語爲二」，蓋東萊門人所編也。

10. 東萊左氏博議二十五卷

宋史藝文志、讀書志附志、直齋書錄解題、百川書志，絳雲樓、天一閣、天祿琳瑯、藝芸精舍、四庫各書目、光緒金華縣志均著錄。

相傳東萊新娶，於一月之內成是書，惟考自序稱「屛處東陽之武川……居半歲，里中稍稍披蓬藋，從予游，談餘語隙，波及課試之文……乃取左氏書理亂得失之蹟，疏其說於下，旬儲月積，浸就編帙」，又考東萊年譜，其初娶韓元吉女，乃紹興二十七年（一一五七），在信州，不在東陽，後乾道三年（一一六七）五月，持母喪居明招山，學子有來講習者，乾道四年（一一六八）成左氏博議，五年二月除母服，五月乃繼娶韓氏女弟，則是書實成於喪制之中，世傳作於新娶一月內者，直流俗之瞽說也。

本書爲諸生課試而作，凡一百八十六篇，據左傳事實發議論，以詳其得失，如老吏斷獄，視天下無非罪人，偏於理論。每篇筆法雄奇，體例嚴謹，文采豐發，意氣磅礴，議論之精警透徹，文詞之推陳出新，確能引人入勝，以其文利擧業，在昔日科擧時代，士人莫不視爲寶筏也。

直齋書錄解題、宋史藝文志、文獻通考，均載作二十卷，與二十五卷本異，蓋二十五卷本每題之下，附載左氏傳文，中間徵引典故，亦略爲注釋，故析爲二十五卷，其注不知何人作，觀其標題版式，蓋麻沙所刊。鐵琴銅劍樓藏書目，蓋錄有精選東萊先生左氏博議句解十六卷，亦不著何人所注。考宋史藝文志，有東萊門人張成招標注左氏博議綱目一卷，或當時書肆以成招標注羼入各篇也，光緒金華縣志云百川書志作十六卷。楊士奇稱別有一本十五卷，題目精選，又京本詳增補注東萊先生左氏博議二十五卷，乃呂氏全書，明正德中刊有二十卷本，其注與句解本同，並精選今皆未見。正德本載於天一閣書目，有正德己巳江東張偉跋，楹書隅錄云宋本詳注東萊先生左氏博議二十五卷，十二册，坊間所鬻之十二卷本，非惟篇目不完，字句亦多妄削。金華叢書收錄之東萊先生博議有二十五卷。

考四庫全書總目史部史評類存目，有議史摘要四卷，即東萊左氏博議，但增以註釋耳，註釋亦極淺陋，惟板式頗舊，蓋元明間麻沙書坊所僞刻也。

本書乾道九年（一一七三）始付剞劂，流行頗廣，及於東瀛，明治十二年（一八七九），日本東京坂上出版阪谷朗廬評注東萊博議，明治四十五年（一九一二），東京玄黃社刊行田岡佐代治譯注和譯東萊博議，二書並見於美國柏克萊大學圖書館。一九一一年辛亥，上海會文堂新記書局刊增批輯注東萊博議四卷，雙英蓉館藏本，劉紫山輯注，書亦見於美國柏克萊大學圖書館；上海世界書局一九三九年印有宋晶如、章榮註釋東萊博議，美國史丹福大學圖書館有藏；民國十一年，江陰中同文堂馮泰松重刊批點東萊左氏博議；民國二十六年，上海商務印書館刊東萊先生左氏博議二十五卷，以上二書，美國柏克萊大學圖書館均藏。民國二十八年，上海育才書局刊有言文對照東萊博議，僅四卷，前有儲菊人所撰之「弁言」，諒儲氏所注；民國四十五年及五十六年，台北文化圖書公司印有言文對照東萊博議，乃上海育才書局版，惟「弁言」略去末段，且未標儲菊人之名；民國六十一年，台南北一出版社印有宋晶如、章榮同注釋東萊博議四卷；六十二年台北廣文書局印行足本東萊左氏博議，分上下二册，乃據清光緒十四年錢塘瞿氏校刊足本影印，計二十五卷，七十年二月再版；六十四年台中曾文出版社印行東萊博議四卷；七十年世界書局印有東萊博議，附虛字備考，入世界文庫四部刊要。視爲中國文學名著之一，七十三年三月再版；星光書局雙子星叢書，有馮作民譯註白話東萊博議，餘則無法盡述，觀乎此，該書爲士林寶重可知矣。

清光緒二十五年，愼記書莊印有王夫之所著續春秋左氏傳博議，附記於此。

11.左氏說二十卷

直齋書錄解題、宋史藝文志、文獻通考、季滄葦書目、四庫、光緒金華縣志均著錄，宋史藝文志及授經圖有左氏說一卷，皆爲闕本；光緒金華縣志所載爲春秋左氏傳說二十卷。東萊邃於史學，知空談不可以說理，故研傳文，窮治本末，以核得失，而不倡廢傳之高論，視左傳一書爲歷史材料，左傳爲其講授之重要課程，以求學者「多識前言往行，以蓄其德」。本書持論，與博議略同，而推闡更爲詳盡，清周中孚譽爲「無懈可擊」（註一四），宋陳振孫直齋書錄解題稱其於左氏一書多所發明，而不爲文，似一時講說，門人所鈔錄者，其說甚是。解題載左氏說爲三十卷，四庫提要謂係兼左氏續說而言，然續說四庫亦著錄作十二卷，此本二十卷，卷數仍未脗合，或一時筆誤也。又宋史藝文志及授經圖，標左氏說一卷，當是闕本。

朱子語錄亦稱其極爲詳博，然遺辭命意，頗傷於巧，考東萊所作大事記，朱子亦謂有纖巧處，而稱其指公孫宏張湯姦狡處，皆說得羞愧殺人云云，然則朱子所謂巧者，乃指其筆鋒穎利，凡所指摘，皆刻露不留餘地耳，非謂巧於馳辨或至顛倒是非也。

本書通志堂經解及金華叢書均收錄，民國二十六年，上海商務印書館據金華叢書本，刊印左氏傳說二十卷，附陳懿典著讀左漫筆，書美國柏克萊大學圖書館有藏。

12.左氏傳續說十二卷

四庫總目、光緒金華縣志著錄，原書久佚，清儒由永樂大典中輯存。是編繼左氏傳說而作，以補所未及，故謂之續說，然體例與左氏傳說不同。自僖公十四年秋八月，至三十三年，襄公十六年夏，至三十一年，舊本闕佚，無從採錄，其餘則首尾完具，以傳文次第排比之，仍可成帙。其書偶正博議之非，則當成於晚年矣，其體例主於隨文解義，故議論稍不如前說之閎大，然闡發傳文之蘊，抉摘其疵，雖不免沿宋儒好軋先儒之習，然實頗中其失，至於朝祭、軍旅、官制、賦役諸大典，及晉楚興衰，列國向背之事機，詮釋尤爲明暢，惟偶有謁舛，如子服景伯系本桓公，而以爲出自襄公是也。

本書續金華叢書收錄，乃覆自文瀾閣本者，台北藝文印書館叢書集成三編，據原刻景印。

13.春秋集解三十卷

直齋書錄解題及宋史藝文志著錄，咸作呂祖謙撰，而解題作十二卷，注稱趙希弁讀書附志第云東萊先生所著，長沙陳邕和父爲之序，而不書其名，附志目錄於是書題呂祖謙，爲後人所增。按東萊年譜未提及是書，宋史本傳亦不之及，惟宋史藝文志春秋集解三十卷，直書東萊姓名，世遂因之。考解題有春秋集解十二卷，云呂本中撰，且撮其大旨，謂自三傳而下，集諸儒之說，不過陸氏、兩孫氏、兩劉氏、蘇氏、程氏、許氏、胡氏數家而已，所擇頗精，却無已議論，合之是編，誠然。蓋以呂氏望出東萊，自右丞好問徙金華，祖謙述家傳，稱爲東萊公，而本中爲右丞子，學山谷爲詩，作江西詩宗派圖，學者稱爲東萊先生，以之名集，是則呂氏三世皆以東萊先生爲目，祖謙特最著者爾，世所傳春秋集解三十卷，即呂本中所撰，而非祖謙也。呂本中所著呂東萊先生詩集，呂東萊詩話，皆渾稱東萊二字，朱子嘗云：「呂居仁春秋亦甚明白，正如某詩傳相似。」惟納蘭成德容若序本書，稱竊疑是編爲居仁所著，第卷帙多寡不合，或居仁草創，而成公增益之，成德之說然否，待獲善本考之。該書今見於通志堂經解。

14.春秋議義一卷

胡氏金華經籍志、朱彝尊經義考及光緒金華縣志著錄。考東萊年譜，稱乾道五年己丑（一一六九）五月，親迎元妃之女弟韓氏，至嚴，有春秋講義之作，宋黃震曰：「成公春秋講義，亦少年之作，但不至如博議之太刻耳。」（註一五）

15.左氏手記一卷

清朱彝尊經義考及光緒金華縣志著錄，宋黃震曰：「手記視講義稍不衍文。」（註一六）金華經籍志云「今佚」。

16.春秋集傳微旨一冊

菉竹堂書目、金華經籍志、光緒金華縣志著錄，金華經籍志云「佚」。菉竹堂書目云呂祖謙元撰。

17.四傳大全三十八卷

陣第世善堂書目、四庫書目、光緒金華縣志著錄，卷數同，惟世善堂書目標題呂祖謙編，四庫提要稱不知何人所編，考東萊年譜未載，現存宋人著述目略亦不之及，或係當時課門人之作也。金華經籍志云「未見」，惟稱該書首載杜預、何休、范寧、胡安國四序；次春秋綱領，述各家議論；次春秋提要，如周十二王、魯十二公，以及會盟戰伐之數，並撮舉大凡；次春秋列國圖說，次春秋二十國年表，次春秋諸國興廢說，凡經文之下，皆分注左氏、公羊、穀梁三傳，而胡傳則別爲標出，間加音注，別無發明參考之處，考元俞臯春秋集傳釋義大成，始於三傳之後，附錄胡傳吳澄序，稱其兼列胡氏，以從時尚，而四傳之稱，亦即見於澄序中，知胡傳躐躋三傳之列，自元初已然，驗其版式，此本猶爲元槧，乃當時鄉塾讀本也。

18.禮記詳節

脈望館、絳雲樓、近古齋各書目及經義考均著錄，脈望館書目云：「元板呂東萊禮記詳節四册」，今佚。光緒金華縣志亦云「四册」。

第二節　史部著作

1.大事記十二卷通釋三卷解題十二卷

直齋書錄解題、宋史藝文志、絳雲樓、也是園、天一閣、天祿琳瑯、四庫、皕宋樓、鐵琴銅劍樓各書目，及光緒金華縣志均著錄，惟宋史藝文志作二十七卷，解題、絳雲樓書目，於通釋咸作一卷，天一閣書目止載解題十二卷，也是園作二十六卷，似有闕卷。

考東萊年譜，本書作於淳熙七年（一一八〇），初欲以每日排比一年事，自周敬王三十九年起，至周世宗顯德六年，計一千四百四十年，不期至漢武帝征和三年，因病而止，尋溘逝。所成僅此，然亦足見其梗概矣。

是書取司馬遷年表所書編年系月，以紀春秋後事，復採輯諸書以廣之。大事記十二卷，以事繫年，於每年之下，略條記該年大事，多則十餘條，少則二、三條，條下皆注出處，取材甚廣，有左傳、稽古錄、資治通鑑綱目舉要、杜預左傳釋例、皇極經世、水經注、戰國策、國語、列子等，猶如春秋之經，而無所褒貶抑揚也。解題十二卷，擇大事記中要事以釋之，猶如春秋之傳，略具本末，或考事實，或敍沿革，或發己意，或引時論，舉凡史漢異同，通鑑之得失，靡不參以己意而明辨之，又於名物象數，旁見側出者，並推闡貫通，夾註句下，蓋爲始學者設，所載皆職分之所當知，非事雜博求新奇，出於人之所不知也。通釋三卷爲全書之統紀，如說經家之有綱領，爲經典綱要，多舉引詩經、論語、孟子、史記中之要義格言，以及歷代名儒之大議論，擇精而語詳，非漫無根據者比。

按該書之作，有師法春秋經之遺意，惟用心不在褒貶，而在制度及史料之考訂，原欲編至五代止，成一以大事爲綱領之通史，故在作大事記之前，先成大事記一千四百四十年之歲目，以干支紀年，干支下並列諸王年代。東萊不敢任作書之意，故左傳、通鑑已載者不復載，其載者皆左傳通鑑所無者耳。東萊之學，終有根柢，此書亦具有體例，即如每條下各註從某書修云云，一一具載出典，固非臆爲筆削者可及也。車萊嘗書謂朱子曰：「大事記，以不敢勞力索考，有時取編過者看，百孔千瘡，不堪點檢，且欲住手，再整頓，若盡此歲以前，須稍見頭緒，是時當逐旋錄數段往求教也。」（註一七）足見其著此書態度之嚴謹。朱子語錄，每譏其所學之雜，獨謂此書爲精密，又謂解題煞有工夫，只一句要包括一段意思，良有以也。當時講學之家，惟東萊博通史傳，不專言性命，宋史遂以此黜之，降置儒林傳中，亦云陋矣！

本書金華叢書收錄，台北藝文印書館百部叢書集成，據清同治胡鳳丹輯刊金華叢書本影印，並附李大有大事記後序、陳振孫大事記解題暨四庫提要、胡玉縉提要補正於後。

東萊大事記既成，以其甚精密，故其門人不敢贊一辭。宋東陽孫德之撰有續大事記，見於元蘭谿吳師道撰之敬鄉錄二十三卷，今佚。至明有王禕（註一八）大事記續編七十七卷之作，係續東萊大事記而作，體例悉遵其舊，惟解題附各條之下，不別爲一書，自漢武帝征和四年（九五），至周恭帝顯德六年（九五九）。該書四庫全書總目著錄，民國六十三年，台北商務印書館刊印。

2.歷代奏議十卷

直齋書錄解題、菉竹堂書目、光緒金華縣志著錄，解題但標題呂祖謙集，金華經籍志卷六史部雜史類云「佚」。

3.國朝名臣奏議十卷

直齋書錄解題、宋史藝文志廣編、光緒金華縣志著錄，解題（卷十五）但標題呂祖謙集，凡二百篇，金華經籍志卷六史部雜史類云「佚」。

4.歐公本末四卷

直齋書錄解題、宋史藝文志、皕宋樓藏書志、光緒金華縣志均著錄。考東萊年譜，淳熙八年（一一八一）編本書。本書乃東萊觀歐陽公集，考其歷仕歲月同官同朝之人，略著其事迹，集中詩文亦隨時附見，非獨歐公本末，而時事時賢之本末，亦大略可觀。

胡氏金華經籍志卷六史部傳記類載是書，云「佚」，考明內閣書目（卷六）猶載此書，云：「歐公本末十册，全，宋歐陽修生平撰述及其行實，呂祖謙編次，金石錄附後」。因知本書萬曆年間猶存，今則亡佚矣！（註一九）

5.西漢精華十四卷、東漢精華十四卷

直齋書錄解題、鐵琴銅劍樓藏書目錄、四庫全書總目均著錄，光緒金華縣志但云東漢精華十四卷。舊不題名，首標東萊呂氏，宋元時書肆本貳也，明藩重刻本有刊板序。金華經籍志云「存」，惟四庫全書入史部史鈔類存目，可知清時已佚。二書合稱兩漢精華，東漢精華乃就范氏之書，摘其要語而論之，或比類以明之，於光武、明、章、和四帝紀，尤為詳悉，惟表志有略，然不具事之始末，所論每條僅一二語，略抒大意，而不申其所以然，蓋東萊讀史時摘錄於册，以備文章議論之用，後人重其名而刊之，非有意著書也。

6.十七史詳節二百七十三卷

萬卷堂、絳雲樓、也是園、天一閣、四庫、知聖道齋、皕宋樓各書目均著錄。惟也是園書目作二

八三卷，不知併入何書。此書屬雜史之類，外於正史與編年，爲野史雜記之流，蓋東萊讀史時删節備檢之本，而建陽書坊爲刻而傳之者，凡史記二十卷、西漢書三十卷、東漢書三十卷、三國志二十卷、晉書三十卷、南史二十五卷、北史二十八卷、隋書二十卷、新唐書六十卷、五代史十卷，前冠以疆理世系紀年之圖，隨時節鈔，不盡精要，或爲宂雜不純，雖爲删節之本，而可概見東萊淹通典籍，於史學用功之深。

本書永樂間其版庋於回祿，正德七年（一五一二）刊梓。按鐵琴銅劍樓藏書目錄謂世傳爲呂成公輯錄，而公弟監倉子約所撰，年譜不載，又樓宣獻祠堂記詳記東萊所著，而不及此書。其說實誤，於明建陽愼修齋劉宏毅刻本，概題爲東萊先生某史詳節，於史記則曰東萊先生增入正義、音註、史記詳節；於漢書則曰參附漢書三劉互注西漢詳節，又曰諸儒校正西漢詳節；於後漢書則曰諸儒校正東漢詳節；餘皆曰東萊校正某書詳節，乃書賈假名以增重，繼斷以非東萊所著。四庫全書總目入史部史鈔類存目，知已亡佚。

7. 新唐書略三十五卷

直齋書錄解題著錄，東萊子延年識後云：「先君授學麗澤，患新唐史文多且閱者難，因抹出體要，意存筆削，史法實在焉，太守度支趙公因命鋟木，置之麗澤書院。」金華經籍志著錄本書，云「未見」。

8. 通鑑詳節一百卷

傳是樓宋元本書目載宋本一百卷，三十二册，下署呂東萊；邵亭見知傳本書目亦載，崑山徐氏書目有二部，一大板，一小板；季滄葦書目亦云有宋刊本。金華經籍志云「未見」，與通鑑節要是否一書，不得而知。

9.呂氏家塾通鑑節要二十四卷、宋通鑑節五卷

宋史藝文志、光緒金華縣志著錄，金華經籍志云「佚」，劉兆祐先生宋史藝文志史部佚籍考（頁四一一）亦稱「已佚而無輯本」。

10.東萊先生兩漢財論十卷

宋史藝文志著錄，云「呂祖謙論，門人編」，金華經籍志卷十史部職官類云「佚」，今雖已無傳本，其記兩漢財稅制度則可知。光緒金華縣志作「東萊先生西漢財論十卷」。

11.音註唐鑑二十四卷

絳雲樓、天一閣、天祿琳瑯、四庫各書目均著錄。唐鑑一書，爲范祖禹撰，范氏字淳父，華陽人，嘉祐八年（一〇六三）進士，呂希哲之妹壻也。初治平中（一〇六四—一〇六八），司馬光奉詔修通鑑，祖禹爲編修官，分掌唐史，以其所自得者著成此書，上自高祖，下迄昭宗，撮取大綱，繫以論斷，爲卷十二，元祐初表上於朝，宋史藝文志史部史鈔類著錄。晁氏郡齋讀書志作二十卷，疑係十二之誤也。後東萊爲作音注，乃釐爲二十四卷，絳雲樓書目則作二十卷，范氏撰東萊音注之唐鑑，金華叢書史部收錄。民國二十六年，上海商務印書館國學基本叢書，有唐鑑二十四卷，附音注考異一卷，音注考異乃胡鳳丹所輯。台北商務印書館收入於人人文庫特四八五、四八六號，分上下二冊。

12.歷代制度詳說十五卷

脈望館、絳雲樓、天一閣、近古齋、結一廬、皕宋樓、四庫各書目，及光緒金華縣志均著錄，惟天一閣作十一卷，結一廬及光緒金華縣志作十二卷，四庫及金華經籍志則入子部類書類，作十三卷，少宗室、祀事二門。宋刻初名精騎集。

本書東萊年譜不載，陸隴其謂因朱子之言故也。蓋採集事類，以備答策，本家塾私課之本，其後轉相傳錄，遂以付梓，原非特著一編，欲以立教，與講學別爲一事，各不相蒙。書分「制度」與「詳說」兩部分，「制度」甚爲簡要，而「詳說」則多推古代建制之原委與沿革，頗爲精到，總目有科目、學校、賦役、漕運、鹽法、酒禁、錢幣、荒政、田制、屯田、兵制、馬政、考績、宗室、祀事，凡一十五，分卷分目記之，馬端臨之文獻通考屢引用之。書刊行於元泰定三年（一三二六），緣以有元中葉，新安朱熹之學盛行，廬陵彭飛恐人執朱子之論，而薄視此書，特序之曰：「自性理之說興，世之學者，岐道學政事爲兩途，孰知程朱所以上接孔孟者，豈皆託之空言，不如載之行事之深切著明也。紫陽夫子浙學功利之論，其意蓋有所指，永嘉諸君子，未免致疵議焉。東萊先生以中原文獻之舊，巋然爲渡江後大宗，紫陽倡道東南，先生實羽翼之，故凡性命道德之源，講之已洽，而先生尤潛心於史學，似欲合永嘉紫陽而一之也。」（註二〇）

續金華叢書收錄，台北藝文印書館叢書集成三編原刻景印。

13.史說十卷

郡齋讀書志附志著錄，金華經籍志云「佚」，不可詳考。

14.議史摘要四卷

四庫全書總目史部史評類存目，及光緒金華縣志著錄，據總目稱舊本題曰新刊祖謙呂先生議史摘要，又題曰議史摘粹，一書之中，其名已自相矛盾，今檢其文，即呂祖謙左氏博議，但增以註釋耳，然注釋亦極淺陋，惟版式頗舊，蓋元明間麻沙書坊所僞刻也（註二一）。

15.左氏國語類編二卷

宋史藝文志云門人所編，直齋書錄解題云呂祖謙撰，光緒金華縣志亦著錄。

第三節　子部著作

1.臥遊錄一卷

直齋書錄解題、皕宋樓、四庫、也是園等書目均著錄，而宋史藝文志不之及，光緒金華縣志列入史部。據東萊年譜，淳熙八年辛丑（一一八一）作此書。蓋其晚歲病廢臥家，取史傳所載古今人境勝處錄之，而以宗少文臥遊之語，寘諸卷首。四庫全書總目入諸子部雜家類存目，稱是書前有嘉定九年（一二一六）王深源序，後有嘉靖壬午顧元慶跋，凡四十五則，前二十一則全錄劉義慶世說新語，次十八則全錄蘇軾雜著及陶潛集，惟後二則不知為誰語，其言參差不倫，了無取義，祖謙必不如是之陋，此本出陳繼儒普秘笈中，殆明人依託也。此說確否待考。金華經籍志（卷十三）入子部雜家類，現存宋人著述目略入小說家類，顧氏文房小說、續百川學海、重校說郛局第七十四、寶顏宮秘笈普函、金華叢書均收錄，惟台北藝文印書館原刻影印百部叢書集成之金華叢書中未刊，台北新興書局之四部集要子部顧氏文房小說中有錄。

2.近思錄十四卷

宋史藝文志及天一閣、四庫總目、光緒金華縣志著錄。按年譜，書成於淳熙二年（一一七五）夏，是年東萊來自東陽，過朱子寒泉精舍，留止旬日，相與讀周子、程子、張子之書（註二二），共掇取其關於大體而切於日用者，而成是書，時朱子年四十六，而東萊三十九。書前有朱子原序及東萊題辭，又有葉采序及進書表。是其書乃朱子與東萊同定，朱子固自著之，又晦菴集中有乙未八月、丙申、戊戌與祖謙各一書，皆商榷改定近思錄，灼然可證，宋史藝文志尚並題朱呂類編，後之講學家力爭門戶，務黜衆說而定一尊，遂沒東萊之名，但稱朱子近思錄，非其實也。

書凡六六二條，分十四門，實集宋學之大成，爲後性理諸書之祖。淳祐十二年（一二五二），朱子已歿，葉采本朱子舊註，參以升堂紀聞，及諸儒辨論有略闕者，乃出臆說，爲之集解。有清茅星來及江永，均爲作集註，李文炤則取朱子之說而散見各書者，附於近思錄各條之下，其未備者，則益以諸家之說，間附己意，成近思錄集解十四卷；而張伯行有續近思錄十四卷，更採集宋張栻、呂祖謙、黃幹、元許衡、明薛瑄、胡居仁、羅欽順七家之遺書，成廣近思錄十四卷，仍如朱呂原書之目。清汪佑有增補五子近思錄詳解十四卷，康熙三十二年（一六九三）序萃華堂刊本；又清茅星來撰有近思錄十四卷附說一卷。

此書今劉氏傳經堂叢書、正誼堂全書收錄，上海中華書局聚珍仿宋版印近思錄十四卷，二册一函；民國二十四年上海商務印書館據故宮博物院文淵閣本影印茅星來近思錄集註，六册一函，此二種，美國柏克萊大學圖書館有藏，而日本京都吉野屋權兵衞，有出版葉采集解本。台北廣文書局印行之江永集注近思錄，獨標朱熹一人纂集，商務書館印行之清張伯行近思錄集解，亦僅標朱熹編，世界書局之近思錄集解亦然，均非所宜，而台灣中華書局四部備要有江永近思錄集注，曰宋朱熹、呂祖謙撰，則不誤也。

3.少儀外傳二卷

郡齋讀書志、直齋書錄解題、讀書志附志、文獻通考、宋史藝文志、四庫、光緒金華縣志均著錄，附志及文獻通考並作辨志錄一卷，宋史藝文志廣編入小學類。四庫提要曰永樂大典載辨志錄二卷，即此書也。

本書爲訓課幼學而設，故取禮記少儀爲名，猶之乎呂本中之有童蒙訓，採摭經史記傳所載前哲之嘉言懿行，兼及於立身行己，應世居官之道，所該繁富，不專於灑掃進退之末節，故命之曰外傳。書末有朱熹及雲谷胡嚴起跋，東萊弟祖儉作後序，朱熹謂東萊編次本書之目的，在「使人警懼懲毖而謹於細微，以就全德。丹陽譚元獻嘗刻之於學宮，歲久散佚，久無刻本，故朱彝尊經義考註曰「未見此本，載永樂大典中，尚端末完整，無所譌闕，今仍釐爲二卷，以還其舊」。

按以祖儉書後考之，知此書乃東萊手自次輯，首命其名曰帥初，更其名辨志，而其終則定以少儀外傳焉。永樂大典別載辨志錄二卷，亦題呂祖謙撰，其文全與此書同，蓋一書二名，編纂者不出一手，因而兩收也。墨海金壺子部、守山閣叢書子部及金華叢書子部皆刊列，前二者均覆四庫全書原本。民國二十五年，上海商務印書館據墨海金壺本印，入叢書集成初編。

4. 呂氏讀書記七卷

直齋書錄解題、宋史藝文志著錄，惟宋志作四卷。解題曰：「乾道癸巳、淳熙乙未家居，日閱之書，隨意手筆，或數字或全篇，蓋偶有所感發，或以備遺忘者。」金華經籍志云「佚」。考東萊呂太史別集之第十二卷至第十五卷等四卷爲讀書雜記，或即此書亦未可知。光緒金華縣志列入史部著作，另著錄讀書雜記四卷。

5. 閫範十卷

直齋書錄解題、宋史藝文志、遂初堂書目、光緒金華縣志著錄，宋史藝文志云三卷，宋史藝文志廣編入史部傳記類。據東萊年譜，乾道六年（一一七〇），與其學者，取易、詩、書、禮傳、魯論、孟子，以至子史諸書，凡聖賢發明人倫之道可爲訓示者，編次此書，時張栻南軒教授嚴州，爲之序。

東萊與朱熹書云：「弟子職、女戒、溫公居家儀，甚有補於世教，往在嚴陵刊閫範，亦是此意，但不若此書之徑直。」（註二三）東萊文集卷五與學者及諸弟云：「大抵壼範一書，須常置几案，時時觀者，所補不小也。」

按閫範一書，四庫未著錄，擇善、閫範、少儀外傳諸書，性質類似，皆采擇經史所載古人嘉言懿行，以爲後學立身處世、應對進退之範，此即東萊所謂「看史非欲聞見該博，正是要識前言往行，以蓄其德」之意也。金華經籍志胡氏按語稱此書已佚，宋嚴陵詹乂民稱此書爲南軒先生所刊，蓋即觀史類編六門之一耳。

6. 軒渠錄

僅見陳繼儒眞珠船著錄，光緒金華縣志云此書取兒識父母軒渠笑悅之意，金華經籍志云書已佚。

7. 觀史類編六卷

直齋書錄解題及宋史藝文志著錄。書分擇善、儆戒、閫範、治體、論議、處事六門，而閫範最先成，既別行，僅剩五門，而論議分上下卷。宋嘉定年間嚴陵詹乂民刻之，詹氏稱「觀史類編其門有六，曩南軒先生已刊閫範於鄉郡，今所刊者止五門」（註二四），金華經籍志云該書已佚。光緒金華縣志列入史部著作。

8. 麗譯論說集錄十卷

直齋書錄解題、宋史藝文志、萬堂卷、皕宋樓、知聖道齋、鐵琴銅劍樓、天祿琳瑯、四庫、光緒金華縣志均著錄。麗澤乃東萊講學會友之所，在金華城東。本書前有東萊從子呂喬年題記，稱「先君嘗所裒輯，不可以不傳，故今仍據舊錄，頗附益次比之。」因知是書乃東萊門人雜錄師說之作，蒐錄者爲祖儉，而喬年又補綴次第之。凡易說二卷、詩說拾遺一卷（詩說獨曰拾遺，以東萊著有家塾讀詩記也）、周禮說一卷、禮記說一卷、論語說一卷、孟子說一卷、史說一卷、雜說二卷，皆冠以「門人集錄」字，明非東萊所手著也。

天祿琳瑯書目後編卷七，以此書與東萊呂太史集並列爲五十卷，東陽王崇炳氏遂以羼入東萊先生遺集，舛漏滋甚，殊失原書之眞。萬卷堂書目載麗澤論說十卷，下書喬年；朱彝尊經義考卷三百四十三，載呂氏祖謙麗澤論說集錄十卷，存，又於卷二百五十群經門，載喬氏年麗澤論說十卷，未見，按朱氏所稱麗澤論說，即麗澤論說集錄，卷數亦符，喬年爲東萊姪，朱氏以喬爲姓年爲名，遂誤爲二書，或係沿萬卷堂之誤也。

續金華叢書收錄此書，台北藝文印書館叢書集成三編據其原刻影印；金華叢書收錄之呂東萊文集，自卷十一至二十，即本書也，台北藝文印書館叢書集成簡編據其原刻影印。東萊著作中，楊家駱先生僅以此書及近思錄列入宋代思想名著（註二五）。

9.官箴

未見著錄，本書乃應門人戴衍初仕請教而作，其文甚短，以滎陽公家塾廣記、呂本中舍人官箴附益之，收錄於呂東萊文集中。而呂本中之官箴，台北商務印書館叢書集成簡編，據百川學海本排印，而附學津討原本之欽定四庫全書提要於後。

10.金華呂東萊先生正學編一卷

宋史藝文志未著錄，據現存宋人著述目略，稱宋呂東萊撰，明趙鶴輯，牽祖堂叢書附刻收錄。

11.東萊師友問答一卷

百川書志云呂祖謙撰，光緒金華縣志著錄，惟加案語曰：「書錄解題有師友雜志一卷，呂本中撰與此卷是一是二，俟考」。

12.東萊要語四卷

光緒金華縣志著錄，云：「千頃堂書目按不載撰人」，茲錄之存考。

第四節　集部著作

1.離騷章句一卷

郡齋讀書志附志著錄，東萊以離騷經一篇爲十六章，謂王逸嘗言劉向分離騷爲十六卷，班固、賈逵各作離騷章句，惟一卷傳焉，餘十五卷闕而不錄，今觀屈原所作凡二十五篇，各有篇目，獨此一篇謂之離騷，劉向所分即此篇，猶一篇之中有數章焉！東萊集中不載，金華經籍志云「佚」。

2.東萊先生文集二十卷

本書爲呂東萊撰，東陽王崇炳編輯。集中諸說，深有會於天人理學之原，家國修齊之要，甚有功於聖教。卷一表、劄子，卷二策問、啓，卷三至卷五書，卷六記、序、銘、贊、辭、題跋，卷七卷八墓誌銘，卷九家傳、祭文，卷十官箴、宗法條目、學規，卷十一詩，卷十二至十四易說，卷十五詩說，卷十六禮記說、周禮說，卷十七論語說、孟子說，卷十八孟子說，卷十九史說，卷二十雜說。前有清胡丹鳳重刊呂東萊先生文集序、王崇炳重刻呂東萊先生文集敍、東萊從子呂喬年原序、清張坦讓呂東萊先生文集敍、王崇炳撰錄呂東萊先生本傳、後有喬年及清王柏心跋，金華叢書收錄，台北商務印書館叢書集成簡編，據金華叢書本排印，台北藝文印書館百部叢書集成，據金華叢書本原刻影印。

3.東萊呂太史文集十五卷、別集十六卷、外集五卷、附錄三卷

直齋書錄解題、宋史藝文志、萬卷堂、也是園、皕宋樓、季滄葦、鐵琴銅劍樓、四庫各書目，及金華經籍志均著錄。萬卷堂作四十七卷，不知何書併入，金華叢書目錄提要作東萊集四十卷，也是園書目載呂東萊集四十卷、外集八卷。爲東萊歿後，其弟祖儉及從子喬年編輯刻之。文集凡詩一卷、表疏一卷、奏狀劄子一卷、啓一卷、策問一卷、記序銘贊辭一卷、題跋一卷、祭文祝文一卷、行狀一卷、墓誌銘四卷、傳一卷、紀事一卷（入越錄、入閩錄、庚子辛丑日記），校諸呂東萊先生文集二十卷，內容大致雷同，前有呂喬年敍，後有淳熙壬寅朱熹跋，東萊歿後一年作也。別集凡家範六卷、尺牘五卷、讀書雜記四卷、師友問答一卷，計十六卷。外集凡策問二卷、宏詞進卷試卷共二卷、（詩文）拾遺一卷。文集附錄凡年譜、壙記一卷、祭文像贊哀詩二卷、附錄拾遺存祠堂記、祠堂奉安州郡祭文。

直齋書錄解題、宋史藝文志所錄無拾遺，凡三十九卷，皕宋樓藏宋刻本四十卷，內闕第九卷；雙鑑樓亦藏宋刻，凡二十冊；四庫本亦四十卷，卷首少代倉部知黃州謝表、代倉部池州謝表、代叔父知南安軍謝表、代叔父知南安軍謝太上皇帝表四首，卷二少進所論文海賜銀絹謝表一首，與宋本不合。東陽王王鶴潭得蘭谿葉自合鈔本，編成遺集，明嘉靖中安正堂刊本，又通爲四十卷，卷十六、十七皆策問，十八十九宏詞進卷，二十拾遺，二十一至廿六家範，二十七至卅一尺牘，三十二至三十五讀書雜記，三十六師友問答，三十七年譜、壙記，三十八至四十附錄，卷次不同，無文集、別集、外集之目，已失宋本之舊。尺牘五卷，百川書志與光緒金華縣志析出別錄之。

是書於淸同治六年（一八六七），以鄂中設立崇文書局而重刊，後續金華叢書亦收錄，並附考異四卷，台北藝文印書館百部叢書本，據續金華叢書本原刻影印。

4.東萊集註觀瀾文集六十三卷

宋史藝文志、季滄葦、皕宋樓、四庫未收書目、鐵琴銅劍樓各書目，及金華經籍志均著錄。四庫未收書目稱觀瀾集注三十卷，宋散郎林之奇編次，呂祖謙集註。宋史藝文志及金華經籍志云六十三卷，揅經室藏本厘三十卷，鐵琴銅劍樓所藏厘丙集八卷耳，前四卷皆賦，計張衡以下十五人，五卷以後爲說論記，計韓文公以下十三人；金華經籍志又稱此從宋本依樣影鈔，僅及其半，甲集凡二十五卷，自屈平以下六十五人，乙集五卷，自楊雄以下凡十九人，分類編輯，然體例不一，東萊集註，多本舊注爲主，捃拾精核，足與林之奇書相輔而行。

5.呂氏家塾增注三蘇文選五十九卷

宋史藝文志補、宋史藝文志廣編、天祿琳瑯書目、光緒金華縣志著錄，乃東萊選而建安蔡文子行之增注。三蘇人各爲編，凡蘇洵十一卷，蘇軾二十六卷，蘇轍二十二卷，每編各分體加以點抹，於題下標注本意，與蜀本及文粹篇目並異。

宋史藝文志補作三蘇文選，天祿琳瑯書目作東萊標注三蘇文集三十九卷，又宋志補另著錄有蔡文子注三蘇文選，疑爲蔡注別行本。

6. 麗澤集詩三十五卷、麗澤集文十卷

脈望館、鐵琴銅劍樓書目著錄，金華經籍志云存。鐵琴銅劍樓藏書目錄云麗澤集詩三十五卷，宋刊本不著編輯姓名，亦無序跋，方虛谷謂東萊所纂，凡樂府一卷、文選一卷、陶靖節一卷、王無功、沈佺期、陳伯玉、孟浩然、王摩詰、張說之、高達夫、儲光羲一卷、杜子美四卷、李太白、元遺山、韋應物一卷，錢起、李嘉祐、劉長卿、武元衡、韓退之一卷、孟東野、張文昌、盧仝、劉義、李長吉、賈島一卷、柳子厚、劉夢得、呂化光、李益一卷、元微之、白樂天一卷、杜牧之、王建、李文饒、張祜、李義山、溫庭筠、姚合、方干、鮑溶、陸魯望、鄭谷、羅隱、許用晦一卷、王荊公唐百家詩選一卷、宋朝四言古詩一卷、樂府歌行附雜言二卷、五言古詩六卷、七言古詩一卷、五言律詩二卷、七言律詩三卷、五言絕句一卷、七言絕句三卷、雜體詩一卷。

鐵琴銅劍樓藏書目錄稱，續增歷代奏議、麗澤集文十卷、附關鍵一卷，宋刊本不著撰人名氏，惟卷末所附關鍵，乃東萊所作，然則是書諒係東萊編集也，凡西漢五卷、東漢二卷、三國一卷、晉一卷、唐五代一卷，後附關鍵總論看文字及作文法一卷。

7. 東萊集詩二卷

宋史藝文志、宋史藝文志廣編（總集類）、光緒金華縣志均著錄，金華經籍志云伯恭撰，今已佚。又季滄葦藏書目載呂東萊詩集二十卷，云呂祖謙撰，光緒金華縣志亦載，按云「此當是詩集之足本」。

8. 宋文鑑一五〇卷

直齋書錄解題、宋史藝文志、遂初堂、萬卷堂、絳雲樓、也是園、知聖道齋、天一閣、結一廬、皕宋樓各書目、四庫全書、金華經籍志、光緒金華縣志均著錄。據東萊年譜、淳熙四年（一一七七）十一月，被旨校正聖宋文海，六年（一一七九）書成進呈。按淳熙四年，孝宗欲觀江佃（宋史作鈿）類編之聖宋文海，下臨安府校正刊行，翰林學士周必大以爲江氏類編之書，殊無倫理，書坊刊行可耳，降旨校正刻板，滋事體大，恐難傳後，莫君委館閣，別加詮次，以成一代之書。孝宗乃召東萊主其事，即取秘府及士大夫所藏諸家文集，止於南渡前，旁採傳記他書，悉行編類，凡六十一門，至次年十月，書乃克成，未及上而東萊已屬疾，東萊作進編次文海劄子（註二六）。及上，賜名文鑑，詔周必大爲之序，並降旨曰：「呂某編類文海，採摭精詳，與除直秘閣」，又宣賜銀絹三百疋兩，東萊遂上謝表（註二七）。時中書舍人陳騤駁之，繼有近臣密啓，謂其所取之詩，多言田里疾苦，乃借舊作以刺今，又所載章疏，皆指祖宗過擧，尤非所宜，於是鋟板之議亦寢。或稱東萊編文鑑，有通經而不能文詞者。張南軒謂東萊好敝精神於閒文字中，而此書無補治道，亦無補後學；朱晦菴初亦微論東萊此書去取有未當，然陳振孫書錄解題，記朱子晚年語學者曰：「此書編次，篇篇有意，每卷卷首，必取一大文字作壓卷，如賦取五鳳樓之類；其所載奏議，亦繫一時政治大節，祖宗二百年規模，與後來中變之意，盡在其中，非選粹比也。」噫！張南軒之語，亦僅南軒之私論耳，蓋渠始聞有此舉，未見此書，臆度而論之也。而朱子亦未始非之，殆日久而後論定歟！平心而論，文鑑一書，輯錄宋賢著述，於有宋文獻之保傳，居功至偉。

此書宋嘉泰間新安郡齋刊行，嘉定間趙彥适修之，端平初劉炳又新之。宋刊本卷首跨行懸「皇朝文鑑」四大字，次二行低三格題「朝奉郎行秘書省著作佐郎兼國史院編修官兼權禮部郎官呂祖謙奉聖旨詮次」，後接進書劄子、謝賜銀絹除直秘閣表及周必大序，又次爲總目，跨行題「新雕皇朝文鑑總目」八字，以下每門標目，如賦律賦之類，皆跨行頂格題大字，其卷數皆別行低一格，總目後爲目錄，分上中下，題曰「新雕皇朝目錄」，每卷首題「皇朝文鑑卷第幾」。清光緒十二年（一八八六），江蘇書局曾刊印是書。四部叢刊集部收錄者，係景常熟瞿氏鐵琴銅劍樓藏宋刊本。民國五十七年，台北商務印書館收入國學基本叢書中，計十六册，前有周必大序，呂喬年序、嘉泰郡守梁谿沈有開、嘉定趙彥适跋、端平劉炳跋、呂東萊進編次文海劄子諸文。台北世界書局亦印有宋文鑑發行，入歷代詩文總集第二期書中。

以宋文鑑篇帙浩繁，民國杭縣張相（獻之）及江山周邦英（子奇）同選評宋文鑑簡編，民國六十五年十月十日台北清流出版社出版。

明末清初，黃宗羲輯續宋文鑑，以補東萊之闕，惜未成編而逝，遺命子百家纂輯，門人楊開沅、

顧諟分輯。（註二八）

9.古文關鍵二卷

直齋書錄解題、宋史藝文志、脈望館、季滄葦、萬卷堂、絳雲樓、鐵琴銅劍樓、四庫各書目及金華經籍志、光緒金華縣志均著錄。東萊取韓愈、柳宗元、歐陽修、曾鞏、三蘇、潁濱、宛丘諸家文，凡六十餘篇，各標擧其命意布局之處，示初學者以門徑，故謂之關鍵。卷首冠以「總論看文字法」，以下按篇注釋，標抹於旁。宋史藝文志及季滄葦書目皆云二十卷，「十」字疑衍。卷首所載「看諸家文法」，王安石、蘇轍、李廌、秦觀、晁補之諸人，俱在論列，而其文無一篇錄入，或疑此本非其全書。然解題所載，亦僅二卷，與今本卷數及所稱諸家名氏相合，因知全書實止二卷，宋史藝文志謂二十卷，謬矣！四庫全書總目所錄，係江蘇巡撫採進本，明嘉靖中所刊，前有鄭鳳翔序（註二九）。清同治九年（一八七〇）古閩晏湖張氏勵志書屋曾刊。台北商務印書館叢書集成初編收錄此書，而廣文書局印行者，爲宋李文子注，清徐樹屏考異，書末附俞樾跋，藝文印書館金華叢書亦收錄。

10.詩律武庫前集十五卷、後集十五卷

汲古閣、也是園、季滄葦、四庫、藝芸精舍、楹書隅錄各書目及宋史藝文志補、金華經籍志、光緒金華縣志均著錄。也是園書目作九卷，似非足本，光緒金華縣志入子部著作，卷數則無異。本書舊本題宋呂祖謙編，清崑山余起霞丹舒氏詩律武庫序，亦以爲東萊所編，且云：「東萊呂氏，爲理學大儒，手輯詩律武庫一編，以課其子弟，在諸家類書中，尤爲傑出。……讀是集者，苟能推陳出新，化腐爲奇，即古文詞賦，皆可取材於是而用之不竭矣，豈第爲詩律之津梁已哉！」而清鄭尙忠跋云：「宋本呂東萊先生手編詩律武庫一書……自天官地輿，以至人事吉凶，下逮鳥獸蟲魚之類，其爲唫咏者所取資，而必不可已者，又莫不備具，東萊先生之集是書也，其眞大有裨于作詩者乎，謂之曰詩律武庫有以也。」然四庫全書總目以東萊年譜不載此書，且徵引故實，大抵習見之事，在類書中最爲淺陋，而斷定非東萊所爲，係後人依託。胡玉縉四庫提要補正亦云不出於祖謙無疑。

按宋史藝文志補注稱失名，蓋未知爲祖謙作。四庫全書總目提要，以東萊年譜不載，內容淺陋，遂謂後人依託，考東萊年譜所載著作，實有缺漏，今姑據舊本及金華叢書，仍作東萊之作。台北藝文印書館百部叢書集成，據金華叢書本影印，歸總類類書。民國二十八年長沙商務印書館叢書集成初編曾印行（註三〇）。

11. 三大禮賦注一卷

錢曾述古堂書目著錄，云宋呂東萊注，金華經籍志云「未見」，故列入「存疑」，胡宗楙案稱「光緒金華縣志藝文志書籍門收列此書，未敢定爲呂祖謙，姑列存疑俟考。」今師胡氏之意，錄存俟考。

附：考金華府志卷二十八，載呂東萊遊赤松記一文，呂東萊先生文集二十卷及東萊呂太史文集十五卷別集十六卷外集五卷附錄三卷所未載，茲全錄於後：

淳熙十五年十一月二十五日，南至後一日，與二三友訪呂兄仲平之廬，登高四望，縹緲赤松之居，如在屋後，後二日，呼兒覔藜杖，命友戒行囊，將出門，仰視天際，雲物飄浮，雨意墜地，興盡欲止，既而曰：「會有能爲我開之者」，緩步出北郭五里許，廛市烟火始絕，山光野色，漸與人相應接，而晴光亦時着人。又二里許，至季氏之廬，所居依山，茂林清池相映帶。季氏兄弟與其知友陳巖夫，亦亟樸被，欲共宿山中，道間有可寓目處則止，一以休足力，一以適吾意。又行十里，至小石橋，望赤松山，積靄橫翠，蔚然深明，而水聲琤琮，如環珮之相擊相應。復行三里許，入山門，長松偃蹇道旁，若不肯與世士爲伍。至橋亭，坐於老木之上，古澗橫石，激爲清湍，澎湃洶湧，人籟俱息，心目爲之醒然，止於漱玉，飲於濯纓，曩歲雷雨泉石之聲，恍然猶在耳邊，復曳杖入小桃源，暝色已滿巖谷矣！徙倚枕流，四際溟濛，天水一色，泉聲松韻，始若暴風急雨之驟至，徐而察之，又若車馳卒犇，而未有所止也。雲間時有疎星點綴林杪，與水影相照，清澈無底，坐而假寐，神清如遊乎鈞天，而不自知夜將半，始就寢，夢魂所歷，蓋亦非人間世也。晨興，復至其處，灝氣遊衍，天宇無滓，再至過清，駐目久之，道士設豆粥，即尋支徑謁二仙祠，世相傳以爲黃初平兄弟覓亡羊之地，或曰此留侯所謂願棄人間事，欲從赤松子遊者，其信然耶？其傳之非其眞耶？要皆未可以爲據也。雨微作，欲還觀中，已而復霽，偕行者俱欲登山，酌丹井飲，造之自厓而返，景移目改，亦忘乎足之前，蒼然列屏，流水在下，望桃源之亭榭，亦隱約可見，中道或有作澗，而上觀瀑泉，履白石欲窮其源而不可得，復相與會於丹井之上，山高而深，下視群谷，莫不獻狀，道家者說，葛眞人煉丹之處，其語雖若誕謾不經，然廣谷大川之間，亦安知無葛天氏之民，遺世忘言者歟！歸途高者平、險者順，山回路轉，烏紗欹斜，隨意先後，非徒望之者忘其爲誰氏之子也。雨復作，小憩於村舍，至山下，雨亦止，日猶未中，少休即飯，飯竟，信其所之，道士多扃戶，時聞棊聲。再尋桃源之遊，登御風亭，林木交翳，今皆廓然，復循山磴，遊於物外，喬木倚天，澗流清壯，此問桃源之津所從始也。過小橋，緣山而行，泉石相搏，無風而濤，行且百步，幽意益邃，橫澗爲橋，榜曰三峽，驚濤怒流，與巨石相呑嚙，前莫知其所窮，後莫知其所止，清深幽勝，殆與塵世相隔，使人凡情俗慮，不掃而自去。復行數十步，過盤石，臨浚流，景象天逸，不特與所謂物外者異，亦與所謂三峽者異，橫絕一小橋，又數步，臨澗而高，大石側立於小亭之後，其名曰冷然，平流滿盈，以止衆止，上下水石，袞袞不少休，望澗之北，山容如畫；下冷然，又數十步，復有傑石橫峙，不依物而立，由傑石而前，登棲碧，位置清穩，水聲潺湲，心迹可以俱清，傑石之後，地平如掌，可據槁梧而坐，丹井路亦可由此而上。誦招隱遊仙之篇，徘徊登眺，不知日之入，須臾，暮烟四合，不可以久留，復尋舊遊而歸。仲平賦詩，和之者亦有自得意，抵夜，復坐於枕流，林外燈火又益微茫，泉流靜深，尤與夜氣相宜。是行也，初爲一日之留，而山靈不我厭也。晦而雨，雨而晴，極目於丹井，稱心於桃源，而於枕流過清之間，朝暮幾與神交，自己未至辛酉，凡三日而後返，因識所遊之大槩及同遊者之姓名於幅紙，以爲他日之思。仲平亦姓呂氏，河南人，樂於山水而不厭者；季氏兄弟，長曰元發，次曰淳然，幼者未字；陳巖夫居古括，亦相與再宿而歸縉雲。曰：沈伯明子溫叔昭子成，東陽李從仲、喬子彊、郭元簡、陳仲益、許淑儀、徐正之、徐用之，浦江鄭厚之、石介卿，永康章仲溫，武義阮夢得、王性之，皆欲從予山行者，祖列喬年，亦令隨賓友之後，庶幾其長而亦漸知此意焉。

按：據金華府志，赤松樓在赤松門上，赤松子游金華山，以火自燒而化，故山上有赤松之祠，澗自山而出，故曰赤松澗。太平寰宇記按赤松子廟，見晉書地理志，爲祀赤松子之始。

【附註】

註一　金華經籍志，永康胡宗楙（字季樵）編輯，古亭書屋民國五十九年四月影印初版。

註二　呂東萊文集卷八頁六，祭林宗丞文。

註三　古周易朱子跋。

註四　清宋咸熙呂氏古易音訓段玉裁跋。

註五　四庫全書總目卷七，頁一七〇。

註六　朱子大全文集八三，頁七－八。

註七　朱子大全文集卷三三，頁二九。

註八　金華經籍志卷二二云：「清江乃里名，金華縣慶雲鄉三十一都一圖有清江橋、清江山，背蘭谿縣，附郭銅山鄉橫山鄉之間，亦有清江里，金華賢達傳稱時瀾爲蘭谿人，殆其地歟！」

註九　呂太史別集卷三頁一四，與朱侍講書。

註一〇　呂氏家塾詩記卷一，頁二五。

註一一　四部要籍序跋大全經部甲輯上冊頁一六六－一六七。

註一二　魏鶴山先生大全文集卷五十一。

註一三　戴溪，永嘉人，淳熙五年爲別頭省試第一，歷官工部尚書，文華閣學士，卒贈端明殿學士，理宗紹定間，賜諡文端，事蹟具宋史儒林傳。

註一四　鄭堂讀書記卷十。

註一五　金華經籍志胡宗楙按語引。

註一六　同註一五。

註一七　呂東萊文集卷四與朱侍講元晦。

註一八　王褘，字子充，義烏人，少游柳貫、黃溍之門，明初徵爲中書省掾，修元史成，拜翰林待制，使雲南，抗節死，贈翰林學士，追諡忠文，事蹟具明史忠義傳。

註一九　參見劉兆祐宋史藝文志史部佚籍考頁九四六。

註二〇　歷代制度詳說彭飛「原序」。

註二一　四庫全書總目卷八十九頁一七七八。

註二二　包括濂溪先生太極通書、明道先生文集、伊川先生文集、周易程氏傳、程氏經說、程氏遺書、程氏外書、橫渠先生文集、橫渠先生易說、橫渠先生禮樂說、橫渠先生論語說、橫渠先生孟子說、橫渠先生語說等十四部。

註二三　呂太史別集卷八頁三與朱侍講書。

註二四　見詹乂民書歐公本末。

註二五　楊家駱宋代思想名著述要（學粹第一卷第二期）。

註二六　見呂東萊文集卷一頁十八。

註二七　見呂東萊文集卷一頁八。

註二八　見鮚埼亭集卷十二梨洲先生神道碑。（世界書局）

註二九　四庫全書總目卷一八七，頁三八九四。

註三〇　美國柏克萊大學圖書館有藏。

第三章　呂東萊之學術淵源與特色

宋儒之學，起自仁宗慶曆，至神宗元豐元祐而極其廣大。南渡以來，學術亦因之而南，然盡其精微而已。迨孝宗乾道淳熙，而有朱學、呂學、陸學三分之勢，是以清全祖望同谷三先生書院記曰：「宋乾淳以後，學派分而爲三，朱學也，呂學也，陸學也。三家同時，皆不甚合。朱學以格物致知，陸學以明心，呂學則兼取其長，而復以中原文獻之統潤色之，門庭徑路雖別，要其歸宿於聖人則一也。」（註一）而宋黃震亦有「乾淳之盛，晦庵、南軒、東萊稱三先生」之言。

東萊爲婺人，婺乃浙江之婺州，即今以產火腿而名之金華縣，而非安徽之婺源，故稱婺州爲金華。宋學中在此講學有聲者，呂東萊是也，故婺學又稱呂學。東萊曰：

> 昔我伯祖西垣公，躬受中原文獻之傳，載而之南，裴回顧瞻，未得所付，踰嶺入閩，而先生與二李伯仲實來，一見意合，遂定師生之分，於是嵩洛關輔諸儒之源流靡不講，慶曆元祐群叟之本末靡不咨，以廣大爲心，而陋專門之曖昧，以踐履爲實，而刊繁文之枝葉，致嚴乎辭受出處，而欲其明白無玷；致察乎邪正是非，而欲其毫髮不差。（註二）

東萊身後三十五年，婺州守丘壽卿爲其請謚，太常孔煒正議云：

公河嶽間氣，文獻故家，自正獻公修踐相業，汲引諸賢，遣子滎陽公親受業於河南之門，獨得宗旨。公承休濟美，遠有源流，擢進士高第，博學宏詞科，公自視欿然，思欲會理成身，化今傳後，以上接賢聖之緒。

職是之故，若欲探究東萊學術之淵源，必由家學、中原文獻、濂洛關學、師友諸端析論之，而兼述呂學之特色焉。

第一節　家學淵源

宋室南渡以後，學術之承上啓下，必由滎陽龜山二路也。滎陽者，東萊之五世祖呂希哲也。呂氏家族於北宋，自正獻公起，三世爲相，極爲顯赫，據東萊所撰家傳之追述，其祖皆清廉自守，節義懍然，家風至佳，是以有後也。呂氏自希哲始以學術傳家，希哲乃公著正獻公之長子，家世執政，蟬聯珪組，世未有其盛，而公著歷事四朝，與諸儒多所往來，其學既已爲世所重，與范鎮並列爲范呂諸儒學案。正獻子希哲、希純，爲安定門人，而希哲自爲滎陽學案；滎陽子切問，列滎陽學案中。又子和問、廣問及從子稽中、堅中、弸中，別見和靖學案。滎陽孫本中及從子大器、大倫、大猷、大同，爲紫微學案。紫微從孫大器子祖謙，別爲東萊學案，而弟祖儉、祖泰附焉。然滎陽長子好問，歷從當世賢士大夫遊，以啓紫微，不能不爲之立傳，王氏已補入於滎陽學案，更益以東萊學案中祖儉子喬年、從子康年、延年，上合文靖公夷簡及正獻公公著，計七世二十二人，本枝昌茂，可謂盛矣！而東萊家學之源遠流長，亦於是乎可見矣！

以學術言之，滎陽初學於焦千之，廬陵歐陽修之再傳也，後學於胡瑗安定、孫復泰山、邵雍康節、王安石介甫，而歸宿於程氏伊川，一時名儒，如明道、橫渠、孫覺、李常，皆相與遊。大抵北宋之學，象數則濂溪邵雍，性理則二程、張載，經術則荊公、李覯，經濟則范文正，而滎陽皆收蓄之，故「集益之功，至廣至大」之譽，誠非虛語也。

滎陽之孫呂本中，不名一師，亦家風也。自元祐後諸名儒，如元城、龜山、廌山、了翁、和靖等，莫不從遊，多識前言往行，以蓄其德，收東元祐以迄建炎、紹興間之學術，故「中原文獻之傳，猶歸呂氏，其餘大儒弗及也」。黃梨洲列本中於尹氏學案，全祖望頗不以爲然，而別爲紫微學案。且謂其上紹原明，下啓伯恭，是也。

伯恭呂祖謙，雖夙從林拙齋、汪玉山、胡籍溪諸先生遊，籍溪師武夷胡文定安國，爲朱子師也，故東萊與朱子、南軒爲講友，又善陸象山，可謂兼取朱陸之長。由是觀之，呂滎陽綜元祐以前之學，呂紫微收元祐以迄紹興之學，而呂東萊又統乾淳之學，承先啓後，得其人矣！然就其家學之內容與方法言之，清晰一貫，本中再傳而爲東萊，所守者亦世傳也。

第二節　中原文獻

呂氏固有其家學之傳，然必「復以中原文獻之統潤色之」（註三），方能就其集益之功。當時學者嘗記其家學之特色，朱子稱「習典故」（註四），道命錄云：「文獻故家」（註五），眞德秀曰：「呂成公接中原文獻之正傳」。清全祖望曰：「中原文獻之傳獨歸呂氏，其餘大儒弗及也」（註六）。蓋宋室南渡，中原文獻散佚至夥，時呂好問受高宗封爲「尚書右丞」，爲高宗陳奏致亂之源，必講求典故，以圖恢復。因知呂氏中原文獻之傳，始終未絕也。

何謂中原文獻？考「中原」爲地域之名，狹而言之，謂今河南一帶，廣而言之，謂黃河中下游地區或全黃河流域。諸葛亮出師表云：「今南方已定，兵甲已足，當獎率三軍，北定中原」，又唐溫庭筠過五丈原詩曰：「下國臥龍空寤生，中原逐鹿不由人」。中原乃我中華文化發祥之地，故古書中屢見「中原」一辭。又考「文獻」一辭，源出於論語八佾篇孔子「文獻不足故也」一語，鄭氏注曰：「獻猶賢也。我不以禮成之者，以此二國之君文章賢才不足故也。」朱熹集注曰：「文，典籍也；獻，賢也。」馬端臨文獻通考序，亦以文爲典籍，獻爲賢者，曰：「凡敍事則本之經史，而參之以歷代會要，以及百家傳記之書。信而有徵者從之，乖異傳疑者不錄，所謂文也；凡論事則先取當時臣僚之奏疏，次及近代諸儒之評論，以至名流之燕談，稗官之記錄，凡一話一言，可以訂典故之得失，證史傳之是非者，則採而錄，所謂獻也。」今人金毓黻曰：「布之方策者謂之文，口耳相傳者謂之獻」（註七）是文獻二字，原含文章賢才二意，指師傳與典籍二者而言，凡正史野史，乃至片紙隻字，瑣碎史料，無非文獻也，然後世其意稍變，大抵偏重於文章典籍耳。

呂學「習典故」、「多識前言往行」，其範圍甚廣，大致可分爲二，一爲關洛之學，一爲元祐之政，關洛之學，爲呂氏義理所宗；慶曆元祐之政，爲其考究「國朝治體」之本。前者記言，後者著重在制度，而其問學之法，「不私一門」、「不主一說」，並致意於立身處世之辭受進退，與義理之是非邪正。徵諸東萊之著述，則知昔人稱其有中原文獻之統，其意含此二者無疑也。其所著如家塾讀詩記、唐鑑音註、宋文鑑、詩律武庫、大事記、歷代制度詳說等，無不用文獻家綜羅之手法，兼綜前人之說而成。讀詩記之體例，先徵引諸家，然後斷以己意，或加以取捨，最爲朱子所稱道，朱子曰：「呂氏家塾讀詩之說，兼揔衆說，巨細不遺，挈領提綱，首尾該貫，而其述作之體，則雖通徹渾然，若出於一家之言，而一字之訓，一字之義，亦未嘗不謹其說之所自。」（註八）

兼綜前言往行之外，文獻家亦重典章制度。東萊所撰之大事記，固爲編年之史，而其解題，則多借事以備言制度之沿革。另有歷代制度詳說十五卷，分科目、學校、賦役、漕運、鹽法、酒禁、錢幣、荒政、田制、屯田、兵制、馬政、考績、宗室、祀事十五項，分卷分目記之。又有兩漢財論十卷，今雖已佚，然其記兩漢財稅制度則可知。

其實，宋學中以文獻名家者，頗不乏人，特呂氏一門，爲最著者耳，故當時即獨負「中原文獻」

之盛譽。宋神宗熙寧二年（一〇六九），胡安定高第劉彝，答神宗詢問胡瑗與王安石孰優時，曾對儒學下界說，曰：「臣聞聖人之道，有體有用有文。君臣父子，仁義禮樂，歷代不可變者，其體也；詩書史傳子集，垂法後世者，其文也；舉而措之天下，能潤澤斯民，歸於皇極者，其用也。」（註九）其所謂文，乃指與儒學直接有關之文獻而言，其範疇已不侷囿於經典，而兼及史子集矣！

古今以來，中原乃吾國文獻會萃之地，於宋尤然。黃宗羲作宋元學案，以胡瑗、孫復為宋學之開宗者，其後邵雍別為一派，擅象數之術，而周周敦頤之學，純粹晶徹，實足以闡性命之根源，作人生之準則；至二程子創洛學，言「天理」，言「性即理也」，而後張載之關學起，以易為宗，以中庸為的，以禮為體，以孔孟為極，與伊洛相伯仲。綜觀北宋學術，其初安定、泰山為一輩，其次涑水、濂溪、百源為一輩，而橫渠亦有功於儒學，再次明道、伊川又為一輩，宋代性理之學，至大小程子出，方達於葉茂果熟之境，繼其蹤者，龜山、上蔡、廌山、和靖，又為一輩，承伊洛之端緒，而踵事增華，為宋代理學之正宗。

宋室南渡之後，呂成公、張南軒與朱晦庵為一輩，三賢同德同業，本未可軒輊，惜張呂早卒，未見其止，故集大成者遂歸朱也。濂洛關學諸子，皆中原之產也，而東萊之祖，本世居河南，於中原文獻，涉獵至深。東萊南居金華，中原文獻幸能相傳不絕且發揚光大者以此。東萊答特奏趙狀元啓中云：

頃在父兄之側，粗聞耆舊之餘，每思南渡以前，愰如天外，不意北方之學，復到眼前。（註一〇）

東萊之言，誠非虛語。其後王應麟獨得呂學之大宗，清全祖望推為東萊世嫡，實以其為學「兼取諸家」，綜羅文獻，師法東萊之故也。王氏作玉海二百卷，輯集制度、掌故，分二十一門，凡二百四十餘類，爲宋代文獻學之鉅作，較諸東萊，可謂青出於藍，是東萊與應麟之記典章制度，乃文獻傳統中之主流也。

第三節　呂學與濂洛關學

周敦頤（一〇一七—一〇七三），字茂叔，道州營道（今湖南道縣）人，以其所居之地有濂溪，世稱濂學。二程子之父程珦，攝通守事，視其氣貌非凡，因與爲友，且使二子顥、頤問學焉。濂溪爲人，如清風霽月，胸懷灑落，卓爾不群，嘗教人尋孔顏樂處。所著有太極圖說及通書，爲理學家所必讀。太極圖說乃以圖形說明宇宙發生之序，由無極而太極，而陰陽，而五行，依次開展；通書純粹晶徹，以誠爲本，蓋在發明易說也。宋黃震曰：「周子文約理精，言有盡而理無窮，蓋易詩書語孟之流，孔孟以來，一人而已。若無闡性命之根源，多聖賢所未發，尤有功於孔孟也。」

二程子世居中山，後遷居河南洛陽，故世稱洛學。開洛學之先河者，要推胡瑗安定與孫復泰山，安定沈潛篤實，如冬日之日；泰山高明剛健，如夏日之日，各得其性稟之所近，皆力肩斯道之傳。小程入太學，安定方居師席，嘗以「顏子所好何學」試諸生，得伊川作，大奇之，即請相見，知契獨深，親炙之日非淺，教澤所被甚廣。

大程子顥（一〇三二—一〇八五），字伯淳，學者尊爲明道先生，與弟正叔，師事周茂叔，後泛濫諸家，出入於老釋者幾十年，返求之六經，而後得之，所著以識仁篇及定性書爲著，而體貼天理，敬義夾持諸說，亦涵養要旨也。宋史道學傳謂其「資性過人，充養有道，和粹之氣，盎於面背」。

小程子頤（一〇三三—一一〇七），字正叔，明道先生之弟也，學者稱伊川先生，伯仲齊名，並稱二程。惟兄弟個性有別，明道寬和，數十年未嘗見其有忿厲之容，學者樂於接近；伊川氣宇謹嚴，容貌端莊，接學者甚嚴肅，然學生於敬畏中，具有親近溫寬、欲罷不能之意味。深於易學，於仁理性命諸概說，與明道大體相同，惟論性之善惡，則稍有出入，大程子以性含善惡，小程子則以性無不善，而氣有清濁賢愚，若肯爲學，亦有可移之理，其勉人爲學之意，至爲深切，然理氣二元之說，則起於小程子矣！其論治學之方，則以「涵養須用敬，進學在致知」兩語爲要。全祖望曰：「大程之學，謂其近於顏子，蓋天生之完器，然哉！然哉！惜其早卒，向微小程子，則洛學之統且中衰矣」。明道氣度寬宏，若萬頃之汪洋，下啓陸象山尊德性、先立其大者之氣概；伊川居敬致知之學，下啓朱晦庵道問學、即物窮理之說。是南宋之朱陸兩派，實北宋程氏兄弟之薪傳也。

二程門人極衆，而最著者必推謝良佐、楊時、游酢、尹焞，稱爲程門四先生，良佐得氣剛，言多踔厲風發；龜山得氣柔，言多優柔平緩。明道尤善龜山，而伊川則喜良佐。明道沒，龜山又師事伊川，南渡後遂衍爲洛學大宗，且爲宋代理學之正宗。洛學承先啓後之重要人物，尚有武夷胡安國文定，風度凝遠，氣魄宏闊，私淑洛學而獲大成。全謝山曰：「文定幾侔於龜山，晦翁、南軒、東萊，皆其再傳也」。文定子胡寅（致堂），季弟胡宏（五峯），亦允爲程門之嫡傳者。

張載（一〇二〇—一〇七七），字子厚，世居大梁，後僑居郿縣（今陝西郿縣）横渠鎭，學者稱横渠先生，又以郿縣在關中，故世稱關學。然探關學之源，不能不追溯於范高平仲淹（九八九—一〇五二），仲淹學通六經，尤長於易，著易義，說明平正，學者多從質問，爲執經講解，無所倦，汎愛樂善，每推其俸以食四方俊士，如孫復、胡瑗、歐陽修、張載諸人，皆受其裁成，自謂「先天下之憂而憂，後天下之樂而樂」，嘗一見横渠而奇之，授以中庸，横渠雖未從之遊，然必深受其影響。

横渠之學，以易爲宗，以中庸爲的，以禮爲體，以孔孟爲極。嘗曰：「爲天地立心，爲生民立命，爲往聖繼絕學，爲萬世開太平」，其自任之重，氣宇之宏，誠能擴前聖所未發，而與天地萬物同體矣。所著有東西二銘，及正蒙、理窟，而西銘尤爲人所稱頌，西銘是以父天母地，民胞物與之氣概，宏揚敬長慈幼、保養兄弟之道；正蒙十七篇，於天道、神化、經訓、名物，無不稱述，言天、道、性、心，皆一氣之絪緼妙用；理窟一篇，示學者必先變化氣質，然後能復見天地之性也。

濂洛關學之大要已明於上，而東萊學術之受濂洛關學影響者，則可析論之矣！

宋史東萊本傳曰：「祖謙學以關洛爲宗，而傍稽載籍，不見涯涘，心平氣和，不立崖岸，一時英偉之士，皆歸心焉。」清全祖望曰：

> 濂溪之門，二程子少嘗遊焉，其後伊洛所得，實不由於濂溪，是在高弟滎陽呂公希哲已明言之，其孫紫微本中又申言之，汪玉山應辰亦云然。今觀二程子終身不甚推濂溪，並未得與馬邵之列，

可以見二呂之言不誣也。晦翁南軒始確然以爲二程子所自出，自是後世宗之，而疑者亦踵相接焉。然雖疑之，而皆未嘗考及二呂之言以爲證，則終無據。予謂濂溪誠入聖人之室，而二程子未嘗傳其學，則必欲溝而合之，良無庸矣。（註一一）

然考東萊之外祖曾幾（文清公），遊孔文仲、武仲昆仲之門，而孔氏之父孔延之，爲濂溪之講友（註一二），雖云呂學以關洛爲宗，與濂學淵源不深，要非全然無涉也。

自北宋理學六大家相繼謝世後，洛學中之邵雍學說，所傳甚少，僅由其子邵伯溫傳其衣鉢，而無所創建，其弟子如呂希純、呂希哲，亦非專宗邵學，故一時趨於式微。而洛學中之二程學說，遂獨得後輩之崇好，綿延至廣，如呂希哲、謝良佐、尹和靖，乃至尹之弟子呂本中所成之學派，是「洛中本系」（註一三）。呂希哲偏交當世之學者，與伊川俱事胡安定，其後心服伊川之學，首師事之，是以全祖望曰：

> 滎陽少年不名一師，初事焦千之，廬陵（歐陽修）之再傳也，已而學於安定，學於泰山，學於康節，亦嘗學於王介甫，而歸宿於程氏。（註一四）

而希哲亦爲程顥之講友（註一五），呂公著又爲伊川之講友（註一六）。南渡後龜山之學爲洛學大宗，而呂本中自幼薰染家學，長從龜山、廌山、和靖遊，遂爲當世名望。尹焞（和靖）於洛學最爲晚出，而守其師說最醇，爲程氏後起之龍象，黃震（東發）以爲不失其師傳。呂和問、廣問、本中、稽中、堅中、及東萊之祖弸中、東萊之岳韓元吉，均爲尹焞之門人（註一七）。

總之，呂希哲固學於伊川，本中又學於洛門尹氏，故黃梨洲列本中於和靖學案，全祖望續作學案，雖爲本中別立一紫微學案，然仍以本中爲程門元城、龜山、廌山、了翁、和靖、震澤之門人，東萊於本中爲從孫，其洛學之淵源，實其家傳之學也，關洛之傳之不絕於南渡者，東萊實爲津梁焉。夷考東萊主張「所謂禮教，不可須臾去身」，不可有禮無樂，曰：「想像先王之樂語樂舞，安得不生起善心」（註一八），是其志存文物之統，重實踐而輕誦說，曰：「古人爲學，十分之中，九分是動容周旋，灑掃應對，一分在誦說。今之學者，全在誦說，入耳出口，了無涵蓄，所謂道聽塗說，德之棄也。」（註一九），重知力行，曰：「論致知則見不可偏，論力行則進當有序」（註二〇）此皆程門之旨也。（註二一）

朱呂陸三家皆有洛學之淵源，然學問之旨趣各異者，以朱子學術出於伊川者較多，而陸氏宗明道，而呂學則於洛學之外，兼傳關學也。

關學重典章制度，南渡後傳於浙東，故金華及永嘉學者，於經術之外，外精研史學，推究古今成敗治亂之迹，以諳悉經濟、掌故、事功爲務。東萊承文獻家學，其學固與關學相近，而實淵源自關學，爲橫渠之四傳，其文集本傳及年譜中，記其師事林之奇、胡憲、汪應辰，而林汪二氏皆嘗從呂本中游，本中爲橫渠之再傳，則東萊爲橫渠之四傳，本無疑義，然學案雖記本中爲橫渠之再傳，而其所師事者，實無橫渠門人，本中祖父希哲，雖列於橫渠學案，而爲橫渠學侶耳，且於南渡學者，以詩擅名，似無關乎關學，實則南渡後，周行己、許景衡、沈躬行傳關學於永嘉，永嘉鄭伯熊、伯英兄弟及從弟伯謙師事周行己，而開永嘉關學之傳統，東萊又與伯熊等爲講友，故門徑與無關學淵源之朱陸二派遂有別。鄭伯謙嘗作太平經國書，分十一卷，首列成周官制、秦漢官制、漢官制、漢南北軍所圖等四圖，而分其書爲敎化、奉天、省官、內治、官吏、宰相、官民、官刑、攬權、養民、稅賦、節財、保治、考課、賓祭、相體、內外官制、官衞、奉養、祭享、愛物、醫官、監酒、理財、內帑、會計等目，而東萊之歷代制度詳說，分科目、學校、賦役、漕運、鹽法、酒禁、錢幣、荒政、田制、屯田、兵制、馬政、考績、宗室、祀事十五項，實受伯謙啓導也，又東萊作東漢史詳節，卷首即附伯謙之漢南北軍所圖。由是觀之，東萊受伯熊昆仲之影響亦深遠矣！

第四節　師　友

宋儒周敦頤曰：「天地間至尊者道，至貴者德而已矣！至難得者人，人而至難得者，道德有於身而已矣，求人至難得者有於身，非師友則不可得也已。」（註二二）又曰：「道義者身有之，則貴且尊。人生而蒙，長無師友則愚，是道義由師友有之，而得貴且尊，其義不亦重乎？其聚不亦樂乎？」（註二三）呂東萊曰：「營道同術之謂友，聯事合治之謂僚」（呂東萊文集卷二通嚴州鄭敎授啓）禮記學記曰：「獨學而無友，則孤陋而寡聞」。師友於學者之進德修業，亦云重矣，不可或缺矣！東萊之學，雖本之家庭，淵源關洛，然亦多受師友之啓迪切磋而有以致之也。

東萊之師，有張九成、林之奇、汪應辰、胡憲、劉勉之、芮煜諸儒，茲分述之。

1.張九成

張九成（一〇九二—一一五九），字子韶，自號橫浦居士，亦稱無垢居士，其先開封人，徙居錢塘，從學楊龜山，宋高宗紹興二年（一一三二），廷對第一，意謂金人必亡，而中國必興，勉高宗「去讒節慾，遠佞防姦」，致力中興之本。僉判鎭東軍，與監司不合，投檄而歸，從學者日衆，出其門者多爲聞人。趙鼎薦於朝，入爲太常博士，改著作郎，除宗正少卿，權禮部侍郎兼侍講經筵。以論災異忤時相秦檜，謫守邵州，檜死，起知溫州，以軍糧事拂戶部意，乞祠歸。卒。理宗寶慶初，追贈太師，封崇國公，謚文忠。宋史卷三七四有傳。

九成夙學天成，研思經學，多有訓解，然早與學佛者遊，輒逃儒以歸於釋，凡所論著，皆陽儒而陰釋，朱子以之爲禪者之經。所著尚書詳說，時瀾稱該而華，王應麟稱於君牙、冏命、文侯之命，其言峻厲激發，讀之使人憤惋。又撰論語解，周必大稱以程氏爲重；又有孟子解、中庸解、朱子謂中庸解以佛語解儒書，其跡尤著。論語解注重治法，發明義利經權之辨，主於闡揚宏旨，不主於箋詁文句，曲折縱橫，全如論體。宋陳振孫曰：「無垢諸經解，大抵援引詳博，文義瀾翻，似乎少簡嚴，而務欲開後學之見聞，使不墮於淺狹。」（註二四）宋元學案立橫浦學案。

據宋元學案橫浦學案表，東萊之岳父韓元吉，爲九成門人，而東萊從學九成，年譜及宋史本傳均未載，世不之知。按乾道六年（一一七一），陳傅良入太學，與太學講官東萊往來密切。傅良曾云：

「余嘗聞呂伯恭父云：『某從無垢學最久，見知愛最深，至今亡矣，念無以報，獨時時戒學者無從誦世所行論語解，以爲無垢之學盡在是也』，始余以伯恭父有爲言之也，今見求仁先大夫與往還書，說論語事甚悉，蓋『雍也』以前，無垢已恨早出，餘所著未嘗示人。無垢無多著書，而論語解要非成書，學者但尊信之，以此窺見無垢，宜伯恭云爾也，則世之知無垢者何哉？」（註二五）是知伯恭受學無垢，當在少年。

2. 林之奇

林之奇（一一一二—一一七六），字少穎，一字拙齋，福州侯官人，從紫微舍人呂本中遊，極受器重，敎之以廣大爲心，以踐履爲實，稱高弟，中紹興二十一年（一一五一）進士第。嘗入對，言堯舜執中，不離仁義，宜革文弊，歸於忠實，無尙老莊之學，高宗褒納之，御製損齋記。卒謚文昭，學者稱三山先生，著有尙書、周禮、論語、孟子、楊子等講義、道山紀聞、拙齋集二十卷，有所述作，宋史入儒林傳，宋元學案入紫微學案。

高宗紹興二十五年（一一五五），東萊父大器爲福建提刑司幹官，時東萊年十九，隨侍於福唐，是年三月，林之奇任長汀尉，遂從學焉，「晨窻並几案，暮檠共燈火」（註二六），學習甚勤。清全祖望云：「三山之門，當時極盛，及門嘗數百人，今其弟子多無可考者，而呂成公其出藍者也。」（註二七）三山先生卒，東萊爲文祭之，曰：

嗚呼！昔我伯祖西垣公，躬受中原文獻之傳，載而之南，裴回顧瞻，未得所付，踰嶺入閩，而先生與二李伯仲實來，一見意合，遂定師生之分，於是嵩洛關輔諸儒之源流靡不講，慶曆元祐群叟之本末靡不咨，以廣大爲心，而陋專門之曖昧；以踐履爲實，而刊繁文之枝葉，至嚴乎辭受出處，而欲其明白無玷，致察乎邪正是非，而欲其毫髮不差，昕夕函丈，聞無不信，信無不行。……嗚呼痛哉！某未冠，綴弟子之末行，期待之厚，獨出於千百人之右。……（註二八）

追述三山先生與其伯祖之遇合，兼美其師之道德文章，而蒙沾師恩益厚，其哭益慟也。三山先生有尚書全解四十卷，頗多異說，然辨析異同，貫穿史事，覃思積悟，卓然成家，惜獨解至洛誥。東萊書說三十五卷，即續是書而作，意本在補師說之缺，成一家之說也。

3. 汪應辰

汪應辰（一一一九—一一七六），字聖錫，信州玉山人，學者稱玉山先生，以曾官端明殿學士，復有汪端明之稱。本農家子，凝重異常童，家貧，讀書無膏油，拾薪蘇以繼晷，以屬對應聲驚異玉山尉喻湍石，許爲偉器，留授之學，後且許妻以子，遂聞伊洛之學。復從張九成遊，學益進，年甫十八，登紹興五年（一一三五）進士第，以喻氏之故，得從湖南胡文定、浙東呂居仁諸先輩遊，皆奇之，勉以正學。初授鎮東簽判，召爲秘書者正字，以上疏奏力言因循無備、上下相蒙之可畏，而忤秦檜之意，出通判建州，辭歸居常山之永年院（或云蕭寺），蓬蒿滿徑，一室蕭然，饘粥不繼，裕如也，益以修身講學爲業。卒賜諡文定，有文定集五十卷（註二九），宋史有傳，宋元學案立玉山學案。

史傳謂應辰「好賢樂善」、「接物溫遜，遇事特立不回」，清全祖望曰：

先生爲學，博綜諸家，其知福州也，延致李延年講學，甫至而卒。其骨鯁極似橫浦，「多識前言往行以畜德」似紫微，而未嘗佞佛，粹然爲純潔。（註三〇）

蓋其得力於「經史典故」之學問義理，受呂本中影響爲大。

按東萊幼時即受學汪氏，據年譜載紹興三〇年（一一六〇），東萊年二十四，其父授岳州通判，隨侍居伯舅曾公原伯（逢）寓，是時胡籍溪爲秘書省正字，汪聖錫爲秘書少監，東萊皆嘗從遊，而以受汪氏影響較大。是以其妻弟韓淲云：

汪聖錫內翰曾接呂舍人講論，最爲平正，有任重之意，伯恭得於汪爲多。（註三一）

乾道五年（一一六九），東萊曾至三衢（今浙江衢縣）謁見汪應辰，留半月餘。其後與汪氏書云：「侍下無它事，得以專意書册，但冥頑之質，獨學寡陋，殊無所發明，瞻望函丈，在天一涯，無從側聽謦欬，下情但深企仰。」（註三二）又曰：「近造函丈，非惟積年依向之誠，得以開釋，而旬日獲聽教誨，警省啓發，周浹篤至，敬當服膺戴佩，不敢廢忘。」（註三三）致以「違去函丈之久，惓惓馳鄉，形於夢寐」（註三四）。今文集中仍存與汪端明信十六封，皆討論時事、學政、進學之狀，且東萊文集中與當時學者書信往來，皆不繫年月，獨於汪氏書，自癸未七月（隆興元年，一一六三），迄甲午七月之後（淳熙元年，一一七四），信中皆繫上年月，而列爲書牘之首，其尊戴汪氏之深可知矣！及淳熙三年（一一七六）汪氏卒，東萊與周丞相子充書曰：

旬日前，至三衢哭汪丈，逮今意緒慘愴，典型文獻，盡於是矣。（註三五）

撰有輓章二首，曰：

異時憂世士，太息恨才難，每見公身健，猶令我意寬，凋零竟何極，回復豈無端，此理終難解，天風大隧寒。

四海膺門峻，親承二紀中，論交從父祖，受教自兒童，山嶽千尋出，江河萬折東，微言藏肺腑，欲吐與誰同。（註三六）

又爲文祭之曰：

……蓋南渡群賢皆在之時，而北方餘論未衰之際，款門牆而徧歷，躋堂奧而獨詣，合諸老之規摹，而融其異同，總一代之統紀，而攬其精粹……大雅之音，尙聞於公，學則正統，文則正宗，樂易平曠，前輩之風；崇深簡重，前輩之容……嗚呼！繼自今以往，鎭定大事，顧盼繫輕重者，不復嗣矣，曹見大論，呼吸判成敗者，不復聞矣，百年未明之心迹，不復究其實矣，群籍未辨之眞贋，不復審其是矣，斯文將安所寄，而斯民將安所徯矣！（註三七）推崇師道，可謂至矣，而春風座冷之慟，亦云極矣！

4.胡憲

胡憲（一〇八六—一一六二），字原仲，福建崇安人，從從父胡安國學，即會悟程氏之說，平居危坐植立，時然後言，望之梠然如槁木之枝，而即之溫然，雖倉卒無疾言遽色，人或犯之，未嘗校也。紹興中，以鄉貢入太學，會伊洛學有禁，獨陰與鄉人劉勉之講誦焉。旣而學易於譙定（字天授），悟學乃克己功夫，自是一意下學，不求人知。一旦，揖諸生歸隱故山，力田賣藥，以奉其親，從遊者日衆，號籍溪先生。呂本中等以其行義聞於朝，詔特徵之，賜進士出身。初，與劉勉之俱隱，又與劉屛山（字子翬）、朱松（字韋齋）交，松將歿，特屬其子熹並受學。卒謚簡肅，傳見宋史卷四五九隱逸列傳，宋元學案立劉胡諸儒學案。

東萊受學於胡憲，乃於紹興三〇年（一一六〇），時年二十四，其父任岳州通判，隨侍赴京，居伯舅曾氏寓，而籍溪時任秘書省正字，從學時日雖短，以籍溪乃胡安國侄子，從安國受學，又學於程門之再傳譙定。安國著有春秋傳，而譙氏長於易，東萊之經學，頗受籍溪之啓發。

籍溪讀書不務多爲訓說，嘗纂論語說，復鈔取其要，附以己意，敎諸生於功課餘暇，以片紙書古人懿行，或詩文銘贊之有補於人者，黏置壁間，俾往來誦之，咸令精熟。呂氏家學，本以「前言往行」爲師，而東萊爲學，注重「爲己之學」，蓋亦兼受籍溪之影響也。早歲所編善言錄，採前人之嘉言懿行，集爲一册，顯與籍溪敎學之法如出一轍。

5. 劉勉之

劉勉之（一〇九一——一一四九），字致中，建州崇安人，少以鄉擧入太學。時蔡京方嚴挾元祐書制之禁，自是伊洛之學不行，勉之求得其書，藏於篋底，深夜下帷燃膏，潛鈔而默誦之。學易於譙天授，已而厭科擧業，南歸，見劉元城、楊龜山，皆請業焉。亂後，結茅別墅，讀書其中，力耕自給，澹然無求於世，與胡籍溪、劉子翬日以講論切磋爲事。紹興間，中書舍人呂本中疏其行義志業以聞，特召詣闕。不與秦檜合，既謝病歸，杜門十餘年，學者踵至，隨其材品，爲說聖賢教學之門及前言往行之懿，人號曰劉白水先生。一介不妄取，婦家富，無子，謀盡以貲歸於女，勉之不受，以畀族之賢者，命之奉祀。其友朱松卒，屬以後事，且戒子熹受學焉，勉之經理其家，而誨熹如子姪。卒諡曰簡肅。傳見宋史卷四五九隱逸列傳，宋元學案立劉胡諸儒學案。據該學案傳授表，東萊爲其門人。

6.芮煜（煜或作燁）

芮煜（一一一五—一一七二），字仲蒙，一字國器，吳興人。紹興進士，爲仁和尉，荒歹戴道，賑䘏有條理。初官左從政郎，憤秦檜亂政，吏誣陷之。及檜死，召用爲監察御史。歷國子司業祭酒，對諸生蹴然如重客。時東萊爲學官，摳衣講學，昌明斯道，煜以女妻之。已而以疾請祠，以右文殿修撰歸，太學之士祖送者千人，觀者太息。著有易傳一卷，奏議二卷，雜文七卷。宋元學案列於趙張諸儒學案，據該學案，芮煜爲趙（鼎）張（浚）之同調，東萊與陳傅良、陳亮、蔡幼學、陳武，同爲芮氏之門人。芮氏沒後四年，東萊以十詩哭之，詩見呂東萊文集卷十，東萊自謂：「祭酒芮公既沒四年，門人呂某始以十詩哭之」。

東萊之友甚夥，其中交篤而互勉較密者，推薛季宣、朱熹、張栻、陸九齡、陸九淵、劉清之、陳傅良、鄭伯熊、陳亮、葉適等，玆略述如後。

1.薛季宣

薛季宣（一一二五—一一七三），字士龍，號艮齋，永嘉人，爲胡安國高弟徽言之子，徽言以議國本，爭和議，有名於時。季宣年十七，從荊南帥孫汝翼，辟書寫機宜文字，獲事袁漑。漑嘗師事二程，盡以其學授之，既得其傳，加以考訂千載，遂「自六經之外，歷代史、天官、地理、兵制、農末、至於隱書小說，靡不搜研采獲，不以百氏故廢，尤邃於古封建、井田、鄉遂、司馬之制，務通於古。」（註三八），是以禮樂田賦兵制地形水利，皆淹通而可施之實用，而開永嘉學派經制學之先河。於詩、書、春秋、中庸、大學、論語，皆有訓義，其雜著曰浪語集。據全祖望學案劄記，季宣著有書古文訓義、詩性情說、春秋經解指要、大學說、論語小學約說、伊洛禮書補亡、通鑑約說、漢兵制、九州圖制、武昌土俗編，校讎陰符山海經、風后握奇經（註三九），卒謚曰文節，宋史入儒林傳，宋元學案立艮齋學案。

孝宗乾道七年（一一七一）前後，東萊在臨安太學，而薛季宣返朝，曾拜訪東萊，迄乾道九年（一一七三）七月薛氏卒前，兩人曾密切論學，多所商榷。乾道八年（一一七二），東萊丁父憂，隱居明招山時，獨薛季宣、陳傅良及周洪道、石天民時有往來，且由東萊紹介，薛氏先後認識張栻、陳亮、朱熹諸人。不意薛氏返鄉不久，一病不起，東萊爲作墓誌銘，凡三千五百餘言，爲文集中最長者，曰：

> 自周季絕學，古先制作之原，晦而不章，若董仲舒名由，諸葛亮治軍，王通汾河之講論，千有餘年，端倪蓋時一見也。國朝程顥氏、程頤氏、張載氏，相與發揮之，於是本原精粗，統紀大備，門人高弟，既盡晚出者，或騖於空無，不足以涉事耦變，識者憂之。公之學既有所授，博覽精思，幾二十年，百氏、群籍、山經、地志、斷章闕簡，研索不遺，過故墟廢壠，環步移日，以驗其

蹟，參繹融液，左右逢源，凡疆里、卒乘、封國、行河、久遠難分明者，聽其講畫，枝葉扶疏，縷貫脈連。於經無不合，於事無不可行。（註四〇）

按道學家僅重形而上之道，不重形而下之器，然季宣以爲道存乎形器之內，言道不離器，故其學主禮樂制度，以求見之事功，而補救當時空談心性者之偏。東萊確認「義利之和」之論，實受薛氏影響，故東萊於其卒後，書謂朱熹曰：

> 薛士龍七月後，以疾不起，極可傷。其爲人坦平堅決，其所學確實有用，春來相聚，比舊甚虛心，方欲廣咨博訪，不謂其止此也。（註四一）

東萊與之共聚論學，晚年詳於名物典章，除汪應辰外，蓋受季宣影響爲多，故清全祖望曰：

> 乾淳之際，婺學最盛。東萊兄弟以性命之學起，同甫以事功之學起，而說齋則爲經制之學。考當時之爲經制者，無若永嘉諸子。其於東萊、同甫，皆互相討論，臭味契合，東萊尤能并包一切（註四二）。

2.朱熹

朱熹（一一三〇—一二〇〇），字元晦，一字仲晦，徽州婺源人，父韋齋先生松，第進士，行誼爲學者所師。熹家故貧，少依父友劉子翬，寓崇安，後徙建陽之考亭。五歲讀孝經，即題曰：「不若是非人也」，紹興十八年（一一四八）登進士，歷事高宗、孝宗、光宗、寧宗四朝。嘗面論孝宗未嘗隨事以觀理，不能即理以應事，當講求格物致知，不可溺心於淺迫虛無之學。復言君父之仇，不共戴天，復仇即爲天理，並非人欲之私念。其所奏聞，皆誠正修齊治平之道。卒，累贈寶謨閣直學士，諡曰文。居崇安時，榜廳事曰「紫陽書堂」，故有紫陽之稱，又結草堂於建陽蘆峯之雲谷，匾以晦庵，自號雲谷老人，亦曰晦翁。晚卜築於建陽之考亭，創竹林精舍，更號滄洲病叟，終更名遯翁。

熹雖近師劉子翬及李愿中，而實遠祖孔、曾、思、孟所傳之正統思想，近宗濂溪、百源、橫渠及伊川之性理學，融合而齊和之，以其新儒學之體系，立其體用一貫之「理氣二元論」哲學，故其爲學，大抵窮理以致知，主敬以立本，反躬以踐實，而以居敬爲入手功夫，全體大用，兼綜條貫，表裏精粗，交底於極。嘗謂聖賢道統之傳，散在方册，聖經之旨不明，而道統之傳始晦。於是竭力以研窮聖賢之經訓，於百家之文，二氏之誕，不憚深辯而力闢之。所著有易本義啓蒙、蓍卦考誤、詩集解、大學中庸章句、論語孟子集註、太極圖通書、西銘解、楚辭集註、韓文考異，所編次有論孟集議、孟子指要、中庸輯略、孝經刊誤、小學書、通鑑綱目、宋名臣言行錄、家禮、近思錄、河南程氏遺書、伊洛淵源錄，爲文凡一百卷，生徒問答八十卷，別錄十卷。世謂朱熹集宋學之大成，猶漢學之有鄭康成，非過譽也。宋史入道學傳，宋元學案立晦翁學案。

朱熹之交遊，張栻、陸九淵外，尚有東萊，而尤以東萊最爲親密。淳熙二年（一一七五），東萊自婺州訪朱子於寒泉精舍，相與編次近思錄。有鑑於朱陸兩家學術有異同，乃約朱陸於信州鵝湖寺（註四三）講辯，折衷其間，煞費苦心。

東萊對學術之興趣，偏於史學，與朱子偏於玄學微異，惟東萊性格和易，故能周旋於朱、陸與陳亮之間，而朱子語錄中，頗多評議東萊之短，雖然，及東萊之卒，與劉子澄書曰：「伯恭逝去，令人悲痛，吾道之衰，一至於此」，又爲文祭之，曰：

往歲已奪吾敬夫，今者伯恭胡爲又至於不淑耶？道學將誰使之振？君德將誰使之復？後生將誰使之誨？斯人將誰使之福耶？經說將誰使之繼？事記將誰使之續耶？君我之愚，則病將孰爲之箴？而過將孰爲之督耶？然則伯恭之亡，曷爲而不使我失聲而驚呼，號天而慟哭耶？（註四四）一字一淚，情何以堪？又曰：

伯恭有蓍龜之智，而處之若愚；有河漢之辨，而守之若訥。胸中有雲夢之富，而不以自多；辭章有黼黻之華，而不易其出。孝友絕人，而勉勵如弗及；恬淡寡欲，而持守不少懈，盡言以納忠，而羞爲訐；秉義以飭躬，而恥爲介。是則古君子猶或難之，而吾伯恭猶欲然未有以自大也。蓋其德宇寬宏，識量閎廓，既海納而淵渟，豈澄清而撓濁，矧涵濡於先訓，紹文獻於厥家，又隆師而親友，極探討之幽遐，所以秉之既厚，而養之深；取之既博，而成之粹，宜所立之甚高而亦無取而不備。故其講道於家，則時雨之化；進位於朝，則鴻羽之儀；造辟陳謨，則宣公獨御之對；承詔奏篇，則右尹祈招之詩。（註四五）

且贊其畫像曰：

以一身而備四氣之和，以一心而涵千古之秘，推其有足以尊王而芘氏，出其餘足以立教以垂世。（註四六）

由上引述，知熹之推重東萊亦至矣！淳熙九年（一一八二），朱熹巡歷婺州、衢州，哭東萊墓，至永康，訪東萊讀書處，欲屋之，以事未果（註四七）。

3.張栻

張栻（一一三三—一一八〇），字敬夫，一字樂齋，號南軒，四川廣漢人，徙居衡陽，丞相浚子。少從胡安國季子宏問程氏學。宏一見知其大器，即以孔門論仁親切之恉告之，乃益自奮勵，以古聖賢自期，作希顏錄以見志。五峯之門，固得南軒而增光輝，然南軒之造詣，較五峯更純粹。及病革且死，猶手疏勸上「親君子遠小人，信任防一己之偏，好惡公天下之理」，年四十八卒，世咸惜之，朱熹書告黃幹曰：「吾道益孤矣！」（註四八）所望於賢者亦云重矣！嘉定間，賜謚宣，淳祐初，詔從祀孔廟。所著有論語解、孟子解、太極圖說、洙泗言仁錄、伊川粹言、諸葛武侯傳、經世紀年、南軒集，宋史入道學傳，宋元學案立南軒學案。

張栻爲人坦蕩明白，表裏洞然，詣理既精，信道又篤，勇於徙義，奮發明快，無毫髮滯吝之意，故能德日新，學益廣，而有見乎論說行事之間也。黃宗羲曰：

湖南一派，在當時爲最盛。然大端發露，無從容不迫之氣象。自南軒出而與考亭相講究，去短集長，其言語之過者，裁之歸於平正。「有子考無咎」，其南軒之謂與？（註四九）

南軒長東萊四歲，乾道三年（一一六七），東萊丁母憂，講學於明招山中，陳亮及張栻常與之相往還，互究所學。五年（一一六九），東萊與韓二夫人結褵不久，任嚴州教授，時栻守嚴，兩人尤密切往來論學。次年五月，東萊除太學博士，南軒亦召爲吏部郎兼侍講，聯舟西上臨安，相比爲鄰，朝夕講論。南軒嘗與朱熹書云：「伯恭鄰牆，日得晤語。近來議論甚進，每以愚見告之，不得少隱也。」（註五〇）而東萊與南軒書曰：「某質魯材下，雖竊有意於學，而顓蒙蔀塞，莫知入德之門，願承下風，而請餘教，爲日久矣」。（註五一）又云：「兩年承教，可謂浹洽」（註五二），兩人交誼之密篤可知。宋葉適曰：

在乾道中，京師多士，坐席推高，曰張呂氏。（註五三）

是張呂二氏，時人多並稱。後嚴州人士念當日兩儒相聚共學，設有「嚴州二先生祠堂」，以爲紀念。其實，是時東萊與南軒、晦庵齊名，號稱東南三賢。故宋陳亮云：

乾道間，東萊呂祖謙、新安朱元晦及荊州鼎立，爲一世學者宗師。（註五四）

陳北溪張呂合五賢祠說曰：

南軒守嚴，東萊爲郡文學，是時南軒學已遠造，猶專門固滯，及晦翁痛與反覆辯論，如翻然爲之一變，無復異趣。東萊少年豪才，藐視斯世，何暇窺聖賢門戶，及聞南軒一語之折，愕然屏去故習，道紫陽，沿濂洛，以達鄒魯，雖於南軒所造有不齊，要不失爲吾名教中人，視世之竊佛學以自爲，屹立一家門戶，且文聖賢之言以蓋之，以爲眞有得乎千古心得之妙，誤學者於詖淫邪遁之域，爲吾道之賊者，豈不相萬邪？」（註五五）

黃宗羲於南軒之學，亦至爲推崇，曰：

南軒之學，得之五峯。論其所造，大要比五峯更純粹。蓋由其見處高，踐履又實也。朱子生平相與切磋得力者，東萊、象山、南軒數人而已。東萊則言其雜，象山則言其禪，惟於南軒爲所佩服，一則曰敬夫見識卓然不可及，從遊之久，反復開益爲多；一則曰敬夫學問愈高，所見卓然，議論出人表，近讀其語，不覺胸中灑然，誠可歎服。（註五六）

要而言之，是時北宋伊洛之學，由於張呂朱三家之講學闡揚，已蔚成當世之主要學風矣！

4. 陸九齡

陸九齡（一一三四—一一八二），字子壽，學者稱復齋先生，撫州金谿人。孝宗乾道五年（一一六九）及進士第，與乃弟象山齊名，人稱江西二陸，以比河南二程。時秦檜當國，無道程氏學者，九齡獨尊其說，聞新博士學黃老，不事禮法，慨然嘆曰：「此非吾所願學也」，從父兄講學益力，繙閱百家，晝夜不倦，悉通陰陽、星曆、五行、卜筮之說。文辭有韓愈之風，道學則得子思、孟子之旨，未中進士，已名重一時。時有盜匪將略郡境，郡府委其捍衞鄉里，門人不悅，然其以爲男子生當以弧矢射四方，文武二事，本不可分，於是受命不辭，調度屯禦皆有法。卒諡文達，宋史入儒林傳，宋元學案立梭山復齋學案。

宋史本傳曰：「九齡嘗繼其父志，益修禮學，治家有法。闔門百口，男女以班各供其職，閨門之內嚴若朝廷。而忠敬樂易，鄉人化之，皆遜弟焉。與弟九淵相爲師友，和而不同，學者號二陸。」

晚年與東萊論學，言符心契。東萊嘗致晦庵書曰：「陸子壽前日經過，留此二十餘日，幡然以鵝湖所見爲非，甚欲著實看書、講論，心平氣下，相識中甚難得也。」（註五七）又於另一書曰：「撫州士人陸九齡子壽，篤實孝友，兄弟皆有立，舊所學稍偏，近過此相聚累日，亦甚有問道四方之意，每思學者所以徇於偏見，安於小成，皆是用工有不實，若實用之，則動靜語默日用間，自有去不得處，心悚然不敢安也。」（註五八）及九齡歿，東萊又與晦庵書曰：「陸子壽不起，可痛。篤學力行，深知舊習之非。求益不已，乃止於此！於後學極有所關繫也，痛痛！」（註五九）東萊復志其墓，謂「方先生勇於求道之時，憤悱直前，蓋有不由階序者矣，然其所志者大，所據者實，有肯綮之阻，雖積九仞之功，不敢遂有毫釐之偏，雖立萬夫之表，不敢安公聽並觀，卻立四顧，弗造於至平至粹之地弗措也。」（註六〇）非深知九齡者，曷能道此？

5.陸九淵

陸九淵（一一三九—一一九二），字子靜，號存齋，學者稱象山先生，九齡弟也。幼聞人誦伊川語，以爲與孔子孟子不類，讀論語，即疑有子之言支離。讀古書，至「宇宙」二字，大悟「宇宙內事，乃己分內事；己分內事，乃宇宙內事」，又嘗曰：「宇宙便是吾心，吾心便是宇宙」。又以爲東海西海南海北海，以至千百世之上下有聖人出焉，莫不心同理同，此爲其學術之根源。乾道八年（一一七二）登進士第，爲東萊所識也。士爭從遊，乃闢舊屋「槐堂」爲講堂，敎學生大致先令求放心，不在言語文字間切切講求。有意作文者，敎其收拾精神，涵養德性。淳熙二年（一一七五），與朱熹會於鵝湖寺，論辯學術異同。嗣後應朱子之邀，至白鹿洞書院，爲講「君子喻於義」章，聽者有至泣下者，朱子跋其講義後曰：「切中學者隱微深涸之病……於此反身深察，可以不迷入德之方。」卒，謚曰文安，著有象山先生全集，宋史入儒林傳，宋元學案立象山學案。

象山之學，出於自得，本無所承，宋黃東發謂其遙出於上蔡，全謝山則謂兼出於王蘋，且蘋極爲龜山所許，然二人從不爲象山所推崇。其教學者，以尊德性、辨義利爲先。

乾道八年（一一七二），象山春試南宮，東萊爲考官，讀其易卷，擊節歎賞，又讀其「天地之性人爲貴論」，愈加讚美，至策，文意俱高。東萊遽以內難出院，乃囑知貢學尤袤曰：「此卷超絕有學問者，必是江西陸九淵之文，此人斷不可失也。」又併囑考官趙汝愚，二人亦嘉其文，遂中選（註六一），自是東萊與象山爲知交。

朱陸爲斯時儒學之雙璧，惟其學術之異同，乃吾國哲學史上之盛事，實則朱陸各有偏異，亦有其所同。吾師周一田先生曰：

晦庵論「性即理」，言理氣，教人泛觀博覽，而後歸之約，其工夫爲自外而內；象山論「心即理」，重心主性，教人先發明人之本心，而後使之博覽，工夫則爲由內而外，立論設教，雖各相偏異，然歸本於儒家之道，終爲仁義之用，則又其所同也。」（註六二）

立論精當平正。東萊極力調停兩學，遂有鵝湖之會。孰料雙方各執一偏，爭論不休，不歡而散。惟象山終曰：「比年以來，觀省加細，追維曩昔，麤心浮氣，徒致參辰，豈足酬義？」（註六三）蓋自述其過於鵝湖之會也。

及東萊之歿，象山哭之，曰：

主盟斯文在數君子，纍纍奪之，天乎何意，荊州（張南軒）云亡，吾兄旣逝，曾未期年，公又棄世。

又曰：

> 玉在山輝，珠存川媚，邦家之光，繄人是寄。惟公之生，度越流輩，前作見之，靡不異待，外朴如愚，中敏鮮儷，晦嘗致侮，彰或招忌，纖芥不懷，惟以自治，侮者終敬，忌者終愧；遠識宏量，英才偉器，孤騫無朋，獨立誰配？屬思紆徐，摛辭綺麗，少日文章，固其餘事。顏曾其學，伊呂其志，久而益專，窮而益厲，約偏持平，棄疵養粹，玩心黃中，處身白賁，停澄衍溢，不見涯涘，豈伊人豪，無乃國瑞。（註六四）

哀悼深痛，推譽備至，豈關乎知遇而已哉？

6. 劉清之

劉清之（一一三九—一一九五），字子澄，江西廬陵人，學者稱靜春先生，靖之子和孝敬先生之弟。初受業於子和，登紹興進士，往見朱熹，慨然有志於義理之學，以力行切己，省察性情爲務。承周必大之薦，孝宗召對，首論民困兵驕，大臣退托，小臣苟偷。又言用人四事，辨賢否、正名實、使材能、聽換授是也。嘗築槐陰精舍，以處來學者。所著有曾子內外雜篇、訓蒙新書外書、戒子通錄、墨莊總錄、祭儀、時令書、續說苑、農書、文集等，宋史入儒林傳，宋元學案列清江學案。

清之與呂伯恭、張栻皆神交心契，汪應辰、李燾亦敬慕之。當罷官嚴陵，亟至東萊呂公書院，講論經義，留數月乃去。曾參與鵝湖寺之會，東萊與陳同甫書云：「某留建寧凡兩月餘，後同朱元晦至鵝湖，與二陸及劉子澄諸公相聚切磋，甚覺有益。」（註六五）及卒也，東萊與周丞相子充書曰：「子澄遭憂，甚爲之駭痛」（註六六），彼此交誼之篤可見。

清全祖望曾闢其爲朱子門弟子之謬，曰：

朱張呂三先生講學時，最爲同調者，清江劉氏兄弟也。敦篤和平，其生徒亦徧東南。近有妄以子澄爲朱門弟子者，謬矣！（註六七）

7. 陳傅良

陳傅良（一一三七——一二〇三），字君擧，號止齋，溫州瑞安人。師事鄭伯熊，講義理之學，後從薛季宣遊七八年，傳永嘉之學。及入太學，與張栻、呂祖謙友善，相得如兄弟。東萊爲言本朝文獻相承條序，而主敬集義之功，則多得於張栻，以爲其長，不獨在文字，亦能實究治體。宋葉適曰：

公之從鄭薛也，以克己兢畏爲主，敬德集義，於張公盡心焉，至古人經制，三代治法，又與薛公反復論之。而呂公爲言本朝文獻相承，所以垂世立國者，然後學之，內外本末備矣！（註六八）

君擧於乾道八年（一一七二）登進士第甲科，寧宗朝，累遷中書舍人，與朱子同朝。疏留朱子，爲韓侂胄所忌，詆其學術不正，遂罷去，杜門居一室，曰止齋，故學者以止齋先生稱。卒，謚曰文節。所著有周禮說、春秋後傳、左氏章指、毛詩解詁、建隆編、讀書譜、西漢史鈔、止齋文集等，周禮說三卷，爲其經制之學代表作，曾獻上光宗，爲當日科擧家推重。宋史入儒林傳，宋元學案立止齋學案。

今之學者劉伯驥曰：

> 傅良之學，以義理爲本，以文章制度爲用，本周禮以考王道之經制，緣詩書以求文武之行事，遂確立永嘉之學。其論聖學，以孔孟爲歸，論王道以周禮爲備。終以通知成敗，實究治體，諳練掌故爲長，不專於坐談心性，既不涉植黨之私，亦不涉爭名之見，在宋儒中可稱篤實。（註六九）

允爲的論。林下偶談卷四載曰：

> 淳熙間（按當爲乾道間），永嘉英俊，如陳君擧、陳蕃叟、蔡行之、陳益之六七輩，同時並起，皆赴太學補試。芮國器爲祭酒，東萊爲學官。東萊告芮公曰：「永嘉新俊，不可不收拾」。君擧訪東萊，東萊語以一春秋題，且言破意。就試，果出此題。君擧徑用此破意，且以語蕃叟。（蕃叟其從弟也）遂皆中榜。

或有論者，遂謂東萊不免徇私之嫌，實則東萊以譽望取士，惟恐失賢才耳！似私而實公也。

乾道六年（一一七〇）五月，東萊除太學博士，改添差嚴州教授，張栻爲州牧，過從甚密，是時陳傅良既識張呂二氏，秋入太學，三人交誼如手足。東萊與周丞相子充書曰：「前月末，偶陳君擧來，相聚山中數日，殊不落莫。」（註七〇）八年（一一七二）春，東萊丁父憂，返金華，傅良是年進士及第，出爲泰州教授。此後兩人以書信論爲學要旨。今呂東萊文集中，約有十封書，與其論中原文獻止齋之學，乃經學、史書制度之學，與夫義理之學，口氣剛勁，與一向敦厚柔緩者不類，以傅良年壯氣盛故也。止齋之學，兼容並蓄，與東萊爲近，嘗自述晚年爲學所得，在於六藝兢業之本，此實與東萊相互切磋之故，蓋「兢業」之說，實乃東萊「變化氣質」之旨也。其所著毛詩解詁二十卷，乃以東萊家塾讀詩記爲範本，而補其不足。惟晚年不談經制事功，醉心陸九淵心學，嘗勸東萊弟祖儉受學象山，然祖儉乃承續父兄文獻之傳者也。

及東萊卒，君舉以「通判」之名，爲文祭之，曰：

惟公紹絕學之遺統，緬潛心於一貫，立六藝之要津，涉九流而弗畔，既超乘於先得，亦加鞭於後倦，可謂明古人之大體，而能通當世之變。汎觀人物，粤自秦漢，勳臣擅其器略，儒雅隆於詞翰，通人爲草草，法士焉斷斷，以余觀公，與夫專善偏長之士，豈可同日而論哉？若乃推本皇家，講明文獻……痛小雅之未復，先群疑而獨辨。（註七一）

今披止齋文集，中有「哭呂大著至明招寺簡潘叔度」詩章，答朱文昭書亦云：「近到東陽哭呂著作墓」。

止齋知東萊弟祖儉承續父兄文獻之傳，乃誡之曰：老兄年衰，讀書得趣，而門庭反狹，陳義略高，而意氣略肆。夫門庭狹則風流不接，意氣肆則士友不附。所冀追紹前緒，旁求後來，所謂坐進此道者，非君尚誰堪耶？（註七二）

呂陳二人交誼之篤可知矣！

8.鄭伯熊

鄭伯熊（一一二八－？），字景望，永嘉人。少慕呂申公（公著）、范淳夫（祖禹）之爲人，受學於周行己，論事則慕漢之賈誼及唐之陸贄，友吳松年與王十朋，以重振程門之學爲志。紹興間及進士第，德行夙著，邃於經學，於古人經制治法，討論尤精。紹興末，伊洛之學幾息，伯熊與弟伯英、伯海、從弟伯謙並起，推性命微眇，酌古今要會，師友警策，惟以統紀不接爲懼，乃雕程氏書於閩中，振風氣於鄉里，一時甌海學者蔚起，無不以其兄弟爲表率，乾淳間永嘉之學得以復昌者，鄭氏之功也。其爲人謹厚方峻，臧否人物尤矜愼，悃愊無華，一本仁義，徇道寂寞，不戀名位，雖不達，而官績敎澤，多繫去思，故負鄉里重望，卒謚文肅。所著有六經口義拾遺、讀語、記聞及文集三十卷，皆佚。宋史無傳，宋元學案列於周許諸儒學案。

鄭伯海，字彥容，紹興進士，授海門尉，歷沿海制置司參議，卒於官。持躬廉愼，家居立義塾，延師訓生徒，人名所居里曰學堂里。鄭伯英（一一三〇－一一九二），字景元，號歸愚翁，俊健果決，喜慷慨論事，第隆興元年進士，性剛，自度不能俯仰於時，甫任秀州判官，遂以親老丐祠，有歸愚翁集二十六卷。鄭伯謙，字節卿，任衢州府學敎授，有太平經國書十一卷，發揮周禮之義。

鄭氏於永嘉傳關學，東萊與之爲講友，重典章制度，不無受其影響，本章第三節已述及，茲不贅。

9.陳　亮

陳亮（一一四三－一一九四），字同甫，一字同父，原名汝能，上孝宗書時，更名同，人稱龍川先生，浙江永康人，與陳傅良似同族。在太學中，名氣大，並稱兩陳。自幼穎異，目光有芒，才氣超邁，有「平蓋萬夫」之概（註七三）。喜談兵，覩國勢之日非，慨然有經略四方之志，議論風生，下筆數千言立就，嘗考古人用兵成敗之跡，著酌古論。乾道五年（一一六九），宋金和議初成，朝野忻然，慶得蘇息，獨持異議，上中興五論，主廢除和議，建議移都建業（今南京），又作行宮於武昌，而以襄漢爲練兵重鎭。不報，歸休於家，益力學著書，學者多歸之。光宗紹熙四年（一一九三）進士卒年五十二，端平初，追謚文毅。所著有三國紀年、歐陽文粹、龍川文集、龍川詞等。生前嘗自題像贊云：「且說當今之世，孰是人中之龍、文中之虎？」宋史入儒林傳，宋元學案立龍川學案。

同甫本與朱子友善，而持論每相左，蓋其不贊同理學家空談性命，排斥事功，嘗與朱子書，主「義利雙行，王霸並用」，朱子譏其「坐利欲膠盤中」，而仍抨擊當時正統宋學，不遺餘力，言雖過激，實切中時弊。

東萊與同甫屬遠婭（註七四），東萊較長六歲。紹興三十二年（一一六二），二人同試漕臺，陳氏曰：「亮二十歲時，與伯恭同試漕臺，所爭不過五六歲，亮自以姓名落諸公間，自負不在伯恭後。而數年之間，地有肥磽雨露之養，人事之不齊，伯恭遂以道德爲一世師表。」（註七五）且嘗與吳益恭書曰：「四海相知惟伯恭一人，其次莫如君舉，自餘惟天民、道甫、正則耳！（註七六）

乾道三年（一一六七），東萊丁母憂，講學於明招山中，亮與張栻常與之相往還，互究所學。五年（一一六九）夏，東萊除太學博士，而同甫亦在太學。八年（一一七二）春，東萊父大器卒，同甫往弔，爲文祭之曰：

亮以晚生，不及拜公於堂間，獲從公之子游，誘之掖之，蓋公之教。則今日之俯伏道傍，擧觴一慟者，誠未徑敢自附於知生之義也。

是年秋，東萊在明招，致書同甫，謝弔親喪，深惜當時「荒頓迷錯，悼心失圖，匆匆竟不得款語，迨今歉然也」（註七七），遂約同甫秋末來山作十日談。翌年，約同甫來明招編史及春秋論。淳熙元年（一一七四）五月，陸九淵訪東萊於婺州，談及同甫言行，有言：「雖不相識，但見其文字開豁軒翥，甚欲得相聚」。四年（一一七七），同甫以不滿考試官而去太學，東萊書慰之，曰：「試闈得失，想自見慣……本無足論；但深察得考官却是無意，其間猶有誤認監魁卷子爲吾兄者，亦可一笑也！」（註七八）淳熙五年（一一七八）冬東萊感疾，次年春，退居金華，同甫間往視之，輒極論至夜分。八年（一一八一），東萊來永康，訪同甫於壽山石洞，相與講論所學，陳呂門人翕然嚮往。秋七月，東萊卒，同甫爲文祭之，曰：

嗚呼！孔氏之家法，儒者世守之，得其粗而遺其精，則變而爲度數刑名；聖人之妙用，英豪竊聞之，徇其流而忘其源，則變而爲權譎縱橫。故孝悌忠信，常不足以趨天下之變，而材術辯智，常不足以定天下之經，在人道無一事之可少，而人心有萬變之難明，雖高明之獨見，猶小智之自營，雖篤厚而守正，猶孤壘之易傾，蓋嘗欲整兩漢而下，庶幾及見三代之英，豈曰自我，成之在兄。方半夜之劇論，嘆古來之未曾，講觀象之妙理，得應時之成能，謂人物之間出，非天意之徒生，兄獨疑其未通，我引數而力爭……人之云亡，學者莫勝。假使有聖人之宏才，又將待幾年而後成！孰知夫一觴之慟，徒以拂千古之膺！伯牙之琴，已分其不可復鼓，而洞山之燈，忍使其遂無承耶？……（註七九）

據呂東萊文集卷五及呂太史外集卷五，錄與同甫書凡三十五封，其中一封兩集均收，仍有三十四封之多，從信中，亦可考知同甫致東萊之書，多達二十三封（註八〇）。東萊與師友書信往來之頻繁，除朱熹外，即屬同甫矣！

東萊不貴爭辯，無語錄之習，陳亮極推崇之，謂：「伯恭規模宏闊，非復往時之比，敬夫、元晦已願在下風矣！」（註八一）按東萊本嫻於義理之學，其後研究史學，遂重經制實學，主「義利之和」，融義理於法制，極近同甫王霸之學。朱熹極不滿同甫王霸之學，遂波及東萊。東萊卒後，朱陳二氏終引發熱烈之學術論戰，各立門戶，壁壘森列，一如朱陸然。

10.葉　適

葉適（一一五〇——一二二三），字正則，號水心，永嘉人。淳熙五年（一一七八）進士及第，終寶文閣學士，卒，謚曰忠定。其爲學也，以禮爲宗，以恕爲本，根據經子，力矯當時浮論。爲文藻思英發，志意慷慨，雅以經濟自負，以爲聖人之言，必務平實，凡幽深玄遠者，皆非聖人之言。於北宋周張二程，尤多排斥。推翻理學正統，詆斥佛老，而於經典上建立浙學之理論體系。嘗曰：「既無功利，則道義乃無用之虛語」。清全祖望曰：

乾淳諸老既沒，學術之會，總爲朱陸二派，而水心斷斷其間，遂稱鼎足（註八二）

此乃就其哲學而言，如就史學言，所提經世事功之見，無一不從吾國歷代政治制度及演變立論。所著有習學記言五十卷、水心文集二十八卷、拾遺一卷、別集十六卷、制科進卷九卷、外稿六卷等，宋史入儒林傳，宋元學案立水心學案。

乾道八年春（一一七二），東萊以父喪歸金華，四方學者蝟集其門，葉適時方弱冠，固陳亮而識東萊，時往麗澤書院拜訪東萊，遂聞麗澤之敎。是後二人即相往來，水心文集中「月谷」之詩，有「昔從東萊呂太史，秋夜共往明招山」之句。淳熙五年（一一七六）春，水心進士方及第，東萊任職臨安，陳同甫曾函請東萊獎掖之（註八三）。

水心本與同甫共研王霸之學，自同甫上書孝宗，進王伯學旨謀國議政之論，受挫而歸，遂轉而虛心接受東萊之學。水心「隆禮」之學，即受東萊「智察禮卑」學養之啓益也。東萊嘗書示其治學之要旨，云：「靜多於動，踐履多於發用，涵養多於講說，讀經多於讀史，工夫如此，然後能可久可大。」（註八四）及東萊卒，葉氏爲文祭之，曰：

昔余之於公也，年有長少之序，輩有先後之隔，每將言而輒止，意遲遲而太息，今余之於公也，喪前路之鄉導，廢旁觀之軌則，縱欲言而誰聞？恨冥冥而不白，人材兮離合，世道兮開塞，彼蒼蒼之吉凶，竟無所考兮，余亦安能至此而不惑也？……（註八五）

11.周必大

周必大（一一二六—一二〇四），字子充，一字洪道，號平園，江西廬陵人。紹興二十年（一一五〇）進士，又中博學宏辭科，在翰苑幾六年，制命溫雅，周盡事情，爲一時詞臣之冠。後除參知政事，拜左丞相。卒，諡文忠。著有平園集二百卷，宋史有傳，宋元學案入陳鄒諸儒學案。

考呂東萊文集中，東萊與必大書十數封，中有「舍弟果獲親炙，不勝感荷」之語。東萊與劉子澄書曰：「子充無三日不往來，善類方孤，得其復留，於正道極有助，但忌之者亦多，殊岌岌耳。」（註八六）及必大拜左丞相，東萊病中復書曰：

自聞公得政，雖爲廟社生民賀，然天下之望，稱塞實難，亦私爲公憂之，翟公巽所謂「視成於牒檢者，施於薄物細故」則可耳，至於消長安危所繫，則當念茲在茲，無所不致其力，雖大臣與國同體，起福無形，消禍未萌；不汲汲於自見，苟弗替此心，善觀國者，要自知之，若有所懷而不盡，力不足而遂止，則非明主獨察於衆訾漂搖之中，遂授以政之意也。至於虛懷盡下，以公滅私，雖公之所素期，然歐陽公每以平心自許，濮議之成，蓋在治平之前，辭氣尚有餘怒，況諸公交疏之際乎，以此知臨事之難也……（註八七）

觀其書，知情義非不殷切。周必大以東萊「涵養久，知典故，不但文字之工」，遂薦以校正聖宋文海一書，書成，賜名皇朝文鑑，而必大爲之序。

及東萊之卒，必大爲文祭之，曰：

伯恭河嶽之英，公卿之裔，躬蹈五常，心潛六藝，學富而醇，文敏而麗，通今不流，博古不泥，高明之識，力去其弊，卓絕之行，亦矜其細，他人有一，自足名世，惟君兼之，夫孰能儷？其知東萊之深，有如此者，洵非泛泛之交者可比也。

第五節　呂氏家學之特色

呂氏自希哲始以學術傳家，故於學術有承上啓下之功者，必推希哲。基於家學之傳承，潤色之以中原文獻之統，繼濂洛關學之餘緒，師友之切磋，而造成學術之特色，約而言之，有恪守中原文獻之統而無常師、兼重經史、旣尊德性又道問學、參融儒釋諸端，茲分述之。

一、恪守中原文獻之統而無常師

全祖望曰：「滎陽少年不名一師，初學於焦千之，廬陵之再傳也。已而學於安定，學於泰山，學於康節，亦嘗學於王介甫，而歸宿於程氏。集益之功，至廣且大。」（註八八）又曰：「大東萊（呂紫微）爲滎陽（呂希哲）冢嫡，其不名一師，亦家風也。自元祐後諸名宿，如元城、龜山、廌山、了翁、和靖，以及王信伯之徒，皆嘗從遊，多識前言往行，以畜其德。而溺於禪，其家門之流弊乎！」（註八九）又曰：「宋乾淳以後，學派分而爲三：朱學也、呂學也、陸學也。三家同時，皆不甚合。朱學以格物致知，陸學以明心，呂學則兼取其長，而復以中原文獻之統潤色之。門庭徑路雖別，要其歸宿

於聖人則一也。」（註九〇）

案東萊既承中原文獻之統，復兼傳關洛之學，秉諸前人者，於乾淳諸儒中爲獨厚，而爲學之態度，亦因之有異於同時諸儒。其最大特色即在能擴大胸襟，兼採博取，包容各家，且能兼取其長，於南宋學派之壁壘中力主調和折衷。故全祖望謂其「平心易氣，不欲逞口舌以與諸公角，大約在陶鑄同類，以漸化其偏」。（註九一）

此一學風之優點，是門庭寬廣，滙納衆流；而其缺點，則在不免於博雜浮泛。故朱子雖與東萊爲至交，而批評東萊既多且嚴，如曰：

呂公家傳，深有警悟人處……，但其論學殊有病。如其不主一門，不私一說，則博而雜矣！如云直截勁捷以造聖人，則約而陋矣！舉此二端，可見其本末之皆病，此所以流於異學而不自知其非邪？（註九二）

博雅極害事，伯恭日前只向博雜處用功，卻於要約處不曾仔細研究。（註九三）

東萊聰明，看文理却不仔細。（註九四）

近日浙中一項議論，盡是白空撰出，覺全捉摸不著。恰如自家不曾有基址，却要起甚樓臺，就上面添一層又一層，只是道新奇好看。（註九五）

平心而論，朱子之批評過於苛刻而失之平允。東萊調和折衷之精神，兼容並蓄之氣度，於鵝湖調停於朱陸之間，與朱熹商訂近思錄、參酌伊洛淵源錄，又爲朱熹與陳亮調解紛爭，於學派之分歧中最具寬容之精神。

二、兼重經史

呂謙學先生曰：

宋代史學在特別強調義理精神下，而進一步想把經與史合為一體，程伊川、范淳夫（祖禹）倡意於前，張栻（南軒）、呂東萊、朱晦庵繼起於後，先後二百餘年間，史學在道學（即理學或經學）的孕育下，史學中的義理，吸取道學的精義，道學中的事為，藉史學而發揮，范淳夫便是此一思想最早的創作者。（註九六）

又曰：

經史合一的義理觀念，發展至南宋而大盛，如楊時、張栻、呂祖謙、朱晦庵，都想把史學中的義理而經學化。東萊博議既是以經的觀點而議論得失，通鑑綱目更是以聖賢之道而論說事理。（註九七）

張其昀先生曰：

浙東學術之特色，扼要言之，曰：「言心性者必衷於史」，易言之，即為哲學與史學之綜合體。哲學源於易，推顯以至隱，史源於春秋，推隱以至顯，一為理論，一為實證。一為內聖之學，一為外王之學，浙東學術之要旨，在於微顯闡幽，表裏洞澈，坐而言可以起而行，此正儒學精

義所在，亦即中原道統之所寄託。（註九八）

按呂張二氏之言是也，范淳夫有唐鑑之作，而東萊爲之音註，亦必主以史學而發揮道學，況從呂滎陽、呂紫微至呂東萊，「中原文獻故家」，一脈相傳。由於呂氏累朝宰輔，對文獻之掌理與治道之瞭解，得天獨厚。故呂氏家學特別「講求典故」、「講求治績」，因之「以史論經」。東萊之左氏傳說、東萊博議，即基於此「經史合一」、「着眼行經世之道而不棄功利」之理念完成。東萊宗經重史，與朱學遂有異趣，朱子抨擊江浙史學功利之風，遂每涉及東萊。

三、尊德性與道問學並重

中庸謂：「故君子尊德性而道問學，致廣大而盡精微，極高明而道中庸，溫故而知新，敦厚以崇禮」，是以聖人之道，洋洋乎，發育萬物，峻極於天。是尊德性與道問學皆爲入聖之階梯，不可偏廢。然黃宗義曰：「紫陽之學，以道問學爲主，格物窮理，乃入聖之階梯。象山之學，以尊德性爲宗，先立乎其大者，而後不爲小者所奪。苟本體不明，徒致力於外索，是無源之水也。」是「尊德性」與「道問學」，朱陸兩家各有偏重，兩家門人之爭辯，則斷斷迄未有已。然東萊則兼取朱陸所長，其與朱侍講書曰：

致知力行，本交相發。學者若有實心，則講貫玩索，固爲進德之要。亦有一等後生，推求言語工夫常多，點檢日用工夫常少。雖便略見髣髴，然終非實有諸己也。默而成之，不言而信，存

乎德行訓誘之際，願常存此意，非謂但使之力行，而以致知爲緩；但示之者當有序。夫子亦有可以語上不可以語上之別。（註九九）

又涵養與省察，孰重孰輕，爲湖湘學派與朱熹相左之處，張南軒與朱熹多所論難，東萊從中調停，曰：

登高自下，發足正在下學處，往往磊落之士，以爲鈍滯細碎而不精察。（註一〇〇）

靜多於動，踐履多於發用，涵養多於講說。讀經多於讀史，工夫如此，然後能可久可大。（註一〇一）

四、參融儒釋

佛教於東漢明帝永平間始入中華，迨至隋唐，其學大行。中唐之世，昌黎韓愈大振儒家之業，極斥浮屠之言，然至宋而佛學復興，太宗志奉釋老，崇飾宮廟，於是佛寺逐漸恢復（註一〇二），汴京寺塔之雄偉，固無論矣，而西京之王公戚里，富商大姓，喜於事佛者，輒割脂田沐邑貨布之贏，奉祠宇爲莊嚴，故浮屠氏之居，與侯家主第之樓臺屋瓦，高下相望於洛水之南北，若弈棋然。而於佛經之訪求整編與翻譯，亦不遺餘力。

佛教流行，風靡上下，山林避世之士，固無論矣，而士大夫亦多篤信其學，發明禪理。儒學淑世，禪宗證空寂，本不相侔，然理學尊德性一派，重內在世界觀，其所取「唯心」本體觀，每與大乘佛法相通，因有宋儒佛化、儒釋合一之說。周敦頤與佛徒往來，無庸諱言，故曾有窮禪客之稱，其太極圖似得之道敎，而參以洪範、易傳，與以中庸爲根據之通書相合。宋史程明道本傳，謂其出入老釋幾十年，小程子作大程子行狀，亦曰：「自十五六時……出入老釋幾十年」。高景逸曰：「先儒惟明道先生看得禪書透，識得禪弊眞」。小程子與佛徒亦有往來，二程遺書曰：「伊川少時多與禪客語，以觀其學之淺深；後來則不覩其面，更不詢問」。張橫渠排佛之言爲多。朱熹曰：「游楊謝三君子，初皆學禪，後來餘習猶在，故學之者多流於禪。游先生大是禪學」。（註一〇三）而朱子少壯之時，亦浸漬釋老之學，不能無所取。陸象山亦嘗參禪，故其學流於異端。明劉宗周曰：「朱子惑於禪而闢禪，故其失也支；陸子出入於禪而避禪，故其失也粗。文成似禪而非禪，故不妨用禪，其失也玄」，其說雖尚可商榷，然亦可爲全謝山所謂「兩宋諸儒，門庭徑路半出於佛老」（註一〇四）相參。錢賓四先生曰：「宋明六百年理學，主要精神，自在排佛伸儒上，但他們却擺脫不掉佛學思想裏把一切分成本體與現象作雙層看法的那一點」（註一〇五）旨哉斯言。

呂氏之學，參融儒釋，始自公著。公著曾對司馬光曰：「佛家心法，只取其簡要」。希哲曾追述其文公著曰：

正獻公守潁時，有誠大夫在湖西薦福院講華嚴經，潁倅張隱之（比部）喜內學，舊與誠遊。一日，誠爲素饌，召隱之。公聞之，使人語誠，欲掇坐。誠即加籩豆之實，而隱之家亦備蔬俎甚豐，公又豐爲具以往。人言有此院來，未有此盛會也。（註一〇六）

而希哲晚年習靜，雖是程門之學，而其源則與佛學相貫，別白是非，斟酌融通。其習靜工夫至深，呂本中師友雜志云：

滎陽公晚年習靜，雖驚恐顛沛，未嘗少動。自歷陽赴一守，過山陽，渡橋，橋壞；轎人俱墜浮於水，而滎陽公安坐轎上，神色不動，從者有溺水者。

全祖望曾謂希哲「晚年又學佛，則申公家學未醇之害也」。然其可以爲後世師者，終得力於儒也。本中自幼薰染家學，長從楊時、游酢、尹焞遊，渡江後，遂爲當世名望，而亦嘗習佛，東萊嘗述其伯祖本中之學曰：

吾家紫微翁，獨守固窮節；金鑾罷直歸，朝飯尚薇蕨。峨峨李杜壇，總角便高躡；暮年自誓齋，銘几深刻責；名章與俊語，掃去秋一葉；冷淡靜工夫，槁乾迂事業。有來媚學子，隨扣無不竭；辭受去就間，告戒意尤切；典型自耆老，護持何敢闕？嗟予生苦晚，名在諸孫列，撫頭雖逮事，提耳未親接。（註一〇七）

朱子對呂學之以儒通佛，大不以爲然，曰：「呂家之學，大率在於儒釋之間，習典故，居仁遂去學作詩」（註一〇八），於呂氏大學解云：「呂氏之先，與二程夫子遊，故其家學最爲近正，然未能不惑於浮屠老子之說，故其末流不能無出入之弊。」（註一〇九）且答呂子約書謂：「然熹之愚，猶竊有疑於伯恭詞氣之間，恐其未免有陰主釋氏之意，但其德性深厚，能不發之於口耳，此非小病，吾輩於此，若猶或有纖芥之疑，速須極力講究，以去其非，而審其是，不可含胡隱忍，存而不決，以貽

他日走作之患也。」（註一一〇）

其實，參融儒釋，乃宋代理學家之學風，朱子又何能之免？金李屏山云：「李翱見藥嶠，因著復性書。張載二程出，其徒張九成、劉屏山、張南軒、呂伯恭、朱熹，皆借佛祖之意，箋註經書，自爲一家之言。其論佛老也，實與之而文不與。陽擠之而陰助之，蓋有微意存焉。」（註一一一）橫渠、二程、朱子等大儒猶如是，他儒之不能出佛老之外，又更無論矣！

熊十力先生以爲經學可含攝佛氏，其言曰：

印度傳來之佛學，雖不本於吾之六經，而實吾經學之所可含攝。其短長得失，亦當本經義以爲折衷，如明乎大易變與不易二義，則說眞如只是無爲，卻不悟無爲而無不爲；說心物諸行，只是生滅流行，卻不曾於流行洞識無爲實體，是猶析體用爲二。其由趣寂一念，差毫釐而謬千里，斷可識矣。夫至極之眞，萬物之本，不待向外窮索，返求之於心而自識，大學所云明明德是也。離身家國天下，心意知物，無所謂涅槃。即誠正格致，修齊治平，便是涅槃。斯不亦致廣大、盡精微，極高明、道中庸乎？故佛法須斷以經義也，則舉經學而足以含攝佛氏，非奮言也。（註一一二）

錢賓四先生亦曰：

不知辨異端乃明辨雙方異同，自必兼通雙方。非治儒家言，即拒不窺釋道書；以門戶閉塞聰明，則又何從而辨之……近人或疑理學家亦頗雜道釋兩家義，謂其持論不純。或則譏其陰釋陽儒，

有懸羊頭賣狗肉之嫌，是皆不識辨異端之學五字義。（註一一三）

宋儒本孔孟義理之學，而融合道家之玄理，佛家之心性，相激相盪，相反相成，而瓶爲理學，斯乃儒學之新境界。呂東萊嘗謂：「佛老，亂眞者也，勿徒曰清虛寂滅，盍的言其亂眞者，疇深疇淺？申韓，害正者也，勿徒曰刑名術數，盍確論其害正者，疇亡疇存？」（註一一四）是知呂學乃入於佛而出於佛者也，復觀乎上引熊、錢二先生之論，參融儒釋，實呂學宋學之特色，不足以爲呂學病，亦不足以爲宋學病也。

【附註】

註一　宋元學案卷五一東萊學案引。

註二　呂東萊文集卷九祭林宗丞文。

註三　清全謝山同谷三先生書院記語，宋元學案東萊學案引。

註四　朱子語類大全卷一三二、本朝六、中興至今人物下。

註五　知不足齋叢書道命錄。

註六　宋元學案紫微學案。

註七　中國史學史論文選集一，頁一一七金氏釋記注。

註八　東萊呂氏家塾讀詩記序。

註　九　宋元學案安定學案。
註一〇　呂太史文集卷四頁八。
註一一　宋元學案卷八濂溪學案敍錄。
註一二　見宋元學案濂溪學案。
註一三　見黃公偉宋明清理學體系論史頁一六六。
註一四　宋元學案滎陽學案。
註一五　見宋元學案明道學案。
註一六　見宋元學案伊川學案。
註一七　見宋元學案和靖學案。
註一八　見呂東萊文集周禮說。
註一九　見呂東萊文集禮記說。
註二〇　見呂東萊麗澤講義。
註二一　參見黃公偉宋明清理學體系論史頁一九六。
註二二　通書「師友」上及「師友」下。
註二三　同註二二。
註二四　直齋書錄解題卷二無垢尙書詳說條。
註二五　止齋文集卷四二頁四跋陳求仁所藏張無垢帖。

註二六　呂太史外集卷五過九江贈同舍陳伯秀。
註二七　見宋元學案紫微學案。
註二八　呂東萊文集卷九祭林宗丞文。
註二九　宋元學案玉山學案，雲濠案其文多散佚，四庫重輯爲二十四卷。
註三〇　宋元學案玉山學案。
註三一　澗泉日記卷中頁九—一〇。
註三二　呂東萊文集卷三與汪端明聖錫。
註三三　呂太史別集卷七頁三。
註三四　同註三二。
註三五　呂東萊文集卷四與周丞相子充。
註三六　呂東萊文集卷十一。
註三七　呂東萊文集卷九祭汪端明文。
註三八　浪語集薛公行狀。
註三九　宋元學案艮齋學案雲濠案語引。
註四〇　呂東萊文集卷七薛常州墓誌銘。
註四一　呂太史別集卷一頁一與朱元晦書。
註四二　宋元學案說齋學案。

註四三　今江西鉛山縣東。
註四四　朱文公文集卷八七祭呂伯恭著作文。
註四五　同註四四。
註四六　晦庵朱先生大全文集卷三（商務四部叢刊本）。
註四七　見朱子年譜。
註四八　理學宗傳卷三十六。
註四九　宋元學案南軒學案。
註五〇　張栻南軒集卷二二頁二答朱元晦。
註五一　呂東萊文集卷三頁四六與張荊州敬夫。
註五二　呂太史別集卷七頁五。
註五三　水心文集卷二八頁三七五祭邱樞使。
註五四　龍川集卷二一頁四張定叟侍郎。
註五五　宋元學案東萊學案。
註五六　宋元學案南軒學案。
註五七　呂東萊文集卷四與朱侍講元晦。
註五八　呂東萊文集卷三與朱侍講元晦。
註五九　呂東萊文集卷四與朱侍講元晦。

註六〇　呂東萊文集卷八陸先生墓誌銘。
註六一　象山先生全集卷三六年譜。
註六二　學粹第十一卷第六期宋元明理學在儒家思想中之發展。
註六三　宋元學案象山學案。
註六四　陸象山先生全集卷二六頁二〇一祭呂伯恭文。
註六五　呂東萊文集卷五頁一一〇。
註六六　呂東萊文集卷四頁八四。
註六七　宋元學案清江學案。
註六八　水心先生文集卷十六寶謨閣待制中書舍人陳公墓誌銘。
註六九　宋代政教史頁一二二六。
註七〇　呂東萊文集卷四頁八二。
註七一　止齋文集卷四五頁七祭呂大著。
註七二　止齋文集卷三七頁一—二與呂子約書。
註七三　辛棄疾祭陳同甫文。
註七四　陳亮祭呂東萊文有：「從表弟永康陳亮奔哭其柩」之句。（呂太史外集祭文類）
註七五　龍川集卷二十頁五—七甲辰答朱元晦秘書。
註七六　龍川集卷二十一頁八與吳益恭安撫書。

註七七　呂東萊文集卷五與陳同甫。

註七八　呂太史外集與陳同甫。

註七九　陳亮集卷二四頁三六四—三六五祭呂東萊文（河洛圖書公司印行）。

註八〇　今陳亮集中，致東萊書僅見四封，可見散佚之多。

註八一　龍川集卷二十一與吳益恭安撫。

註八二　宋元學案水心學案。

註八三　書云：「正則才氣俱不在人後，非公孰能挈而成之？」（龍川集卷一九頁一〇與呂伯恭正字二。）

註八四　呂太史外集卷五頁一七與葉侍郎正則。

註八五　水心先生文集卷二八頁三一三—三一四。

註八六　呂東萊文集卷四。

註八七　呂東萊文集卷四與周丞相子充。

註八八　宋元學案滎陽學案。

註八九　宋元學案紫微學案。

註九〇　全氏同谷三先生書院記，宋元學案東萊學案引。

註九一　宋元學案東萊學案。

註九二　宋元學案滎陽學案。

註九三　朱子語類卷一百廿一。

註九四　同註九三。
註九五　同註九三。
註九六　中國史學史論文選集一頁四一〇呂謙舉宋代史學的義理觀念。
註九七　中國史學史論文選集一頁四一三呂謙舉宋代史學的義理觀念。
註九八　現代政治第十三卷第十二期四明叢書序。
註九九　宋元學案東萊學案。
註一〇〇　同註九九。
註一〇一　與葉正則書，東萊學案引。
註一〇二　重修之佛寺有：五臺十寺、峨嵋五寺，又建開寶寺、靈感塔，以藏師舍利。
註一〇三　朱子語類大全卷一〇一程子門人總論。
註一〇四　全氏題眞西山集，夏君虞宋學概要頁二八引。
註一〇五　錢著宋明理學概述頁四〇四。
註一〇六　呂氏雜記頁二七。
註一〇七　呂太史文集卷一頁八酬上饒徐季益學正。
註一〇八　朱子語類卷一四〇頁五一四五。
註一〇九　朱子大全文集卷七十二頁一三二五。
註一一〇　朱子大全文集卷四十七頁二十三—二十四答呂子約。

註一一一　林科棠著宋儒與佛教頁六引。

註一一二　讀經示要卷一頁四。

註一一三　宋代理學三書隨劄頁一五三。

註一一四　呂東萊文集卷二頁二一太學策問。

第四章　呂東萊之文學

高仲華先生曰：「夫言者，敍事緣情，明理見性，乃居世接物，經國濟民，所恃以爲用者。而文則所以載言，使其行遠而傳久也。故我先民，罔不唯文是尙。古者，登高能賦，山川能祭，師旅能誓，喪紀能誄，作器能銘，則可以爲大夫，是其證矣。洎乎作者蔚起，文籍朋興，一若人人皆握靈蛇之珠，篇篇皆韞荊山之玉，於是雅鄭雜陳，良莠無分，必待有所選輯，而後蕪穢咸除，菁華畢出，此總集之所由起也。」（註一）斯言雖論總集之所由起，要之，其於文學之體用，亦敍述簡賅而精當。

文學乃人類抒情適性之具，吾國文學，邃古無論矣，自三百篇以降，體製日增，迄於趙宋而大備。東萊以理學兼擅文史，本章述其文學，首作宋代文學概述，後依次論東萊之散文駢文、作文看文之法、詩。

第一節　宋代文學概述

「有宋文運宏開，五星再聚」（註二），宋陳宗禮序曾南豐全集曰：「文章非小技也，三代而下，惟漢近古，唐惟昌黎、柳州能復古，繼是弊矣。宋興，文治一新，滌凡革腐，幾與三代同風，而士以文鳴者稱之。」宋史藝文志云：「宋有天下，先後三百餘年，考其治化之汚隆，夙氣之離合，雖不足以儗倫三代，然其時君汲汲於道藝，輔治之臣，莫不以經術爲先務，學士縉紳先生，談道德性命之學，不絕於口，豈不彬彬乎進於周之文哉？宋之不競，或以文勝之弊，遂歸咎焉，此以功利爲言，未必知道者之論也。……自是而後，迄於終祚，國步艱難，軍旅之事，日不暇給。而君臣上下，未嘗頃刻不以文學爲務。大而朝廷，微而草野，其所著作講說，記述賦詠，動成卷帙，絫而數之，有非前代之所及也。雖其間釽裂大道，疵贅聖謨，幽怪恍惚，瑣碎支離，有所不免，然而瑕瑜相形，雅鄭各趣，譬之萬派歸海，四瀆可分，繁星麗天，五緯可識，求約於博，則有要存焉。」準此而論，趙宋一代之文學，爲吾國有史以來蔚然一大觀也。

宋代文學，語其大別，無間新舊，有散文、四六文、詩、詞、戲曲、小說六種。散文上承唐舊，而發揮光大。古文家後世所奉爲正宗者，厥惟歐陽修、曾鞏、王安石、三蘇父子。而道學派之文，託始於周敦頤，二程、楊時、張載、謝良佐、游酢、朱熹、呂東萊、張栻、陸九淵，皆一時大師；南渡後薛季宣、陳傅良、葉適、陳亮等，雖致力典章經濟，而其文亦異於流俗，爲功利派之文。道學派之文，說理精粹，有從容閑暇之象，以平實坦易爲主，返樸還淳；而功利派之文，多切於實用，而密栗堅峭，自然高雅。先師李健光先生曰：

理學家所言者道德，所行者仁義，謂文以載道，若徒雕琢其辭，華而無實，亦末乎云爾，安有風雅之名哉？然而人之生也，有性必有情，有體必有用，即聖門教人，依仁則游藝，餘力則學文，未嘗離情以言性，舍用而言體也。但發而中節與否，則在人而不在天。惟邵周張程，以迄於朱呂三陸，皆講求心性理氣，其陳義精粹，又有從容暇豫之象，是爲道學派之詩。與朱呂三陸同時者，浙東有薛葉二陳等，致力典章經濟，其論事切實，又多踔厲奮發之思，是爲事功派之詩。（註三）

此雖爲論宋詩之言，而移以論宋文，當無不可。李先師又曰：

南宋理學於朱陸之道學外，而別樹一幟者，爲浙東之事功派。反對空談性命，而主經世致用之實學。事功派又分金華、永康、永嘉三系，金華系爲呂祖謙提倡；永嘉系則導源於薛季宣，發揚於陳傅良，光大於葉適；永康系乃爲陳亮所領導。（註四）

今人柯敦伯之論南宋文體，亦有道學功利兩派之說，曰：

按南渡以後，道學功利兩派諸人文體，大抵沿襲歐陽及曾王三蘇，各得其一節之似，朱熹瓣香曾鞏，陳傅良初學歐陽，後學張耒，此其昭然者，呂祖謙之辯博凌厲，葉適之縱論政治，陳亮之不可控勒，皆有蘇氏父子之風，即其功利之談，亦未始不略合於王安石「文者務爲有補於世」之說也。（註五）

是以欲求知古人之意，必通其文，欲求載道而用世，不能廢文辭。理學家雖鄙視文藝，然其所吐棄者，乃僅靡麗雕琢之文，而於古文，則非但未廢棄，反增益其盛也。

宋代之文，循五代之舊，亦多駢麗之辭，范仲淹所謂「不追三代之高，而尚六朝之細」是也（註六）。且宋代以辭賦取士，名爲博學宏詞，故士大夫例能四六。宋初爲駢文者，無不恪守唐人矩矱，雍穆者師燕許，繁縟者法樊南，而藻麗者則宗義山也。自歐蘇出，以古文之氣格，運駢文之辭句，務以氣行，別出機杼，唐宋四六之精神面貌始殊，蓋唐代之駢文，可謂駢文中之駢文，而宋代之駢文，爲駢文中之散文矣。大體說理論事之作，多用散文；而詔誥牋表等，則用駢文。南宋古文衰而駢文盛，皆出於科擧，若孫覿、滕庾、洪遵、洪适、洪邁、周必大、呂祖謙、眞德秀之倫，在博學宏辭科，最爲傑出，而有文名。

宋詩上承唐舊，而變化生新，能與唐人爭勝。宋詞亦上承唐舊，而體製加緊，附庸蔚爲大國，獨占一代文壇，後世莫能繼焉。北宋東都戲曲之盛，已漸具端倪，下逮元明，乃大備耳。小說由來舊矣，李唐以前，大都以紀怪述事爲宗，入宋則雜取史實，行以諢詞，於是平話興焉，於近代文學史上別樹一幟。以上所述，乃宋代文學之梗概也。

第二節　駢文與散文

東萊能詩亦能文，而其文兼擅駢散，早葩而晚實。自元祐後，宋儒談理者祖程文，論文者則宗蘇，而理與文遂二分，東萊病其然，思融會而貫通之，是知東萊之文學觀，乃「因文示義」也，其所編宋文鑑，選文條例重出，然基本要素，即在義理與詞章二者，文理具佳方爲文學最高標準。

東萊於孝宗隆興元年（一一六三，二十七歲），應禮部會試，進士及第後，又中博學宏詞科。按博學宏詞科，在南宋三歲一試，哲宗紹聖元年（一〇九四），所試者章、表、露布、檄書，均用四六駢儷體，頌、箴、銘、誡、諭、序、記，用古體或四六，南宋高宗紹興之際，就制、誥、詔、表、露布、檄、箴、銘、記、贊、頌、序等，雜出六題，分三場，每場體制一古一今，成績分三等取人，每取不過五人，依宋會要所載，全宋宏詞科總計三十一人，詞學兼茂科三十六人，博學宏詞科三十四人，總計一〇一人，據光緒金華縣志載，宋代金華府中博學宏詞科者，僅唐仲友及呂東萊二人而已。欲中之難可見，而東萊文學造詣之高亦可知矣。

東萊之姪喬年序東萊文集曰：「喬年聞之先君曰：太史之於文也，有不得已而作，故今所傳，詩多挽章，文多銘志，餘皆因事涉筆，未嘗有意於立言也。是以平生之作，率無文稿，若其問學之致，敎人之方，與其處己、接物、齊家、事君之大略，則既行乎宮庭，關乎國論，傳諸庠序，不待文字之摹刻而可見矣。」以其未嘗刻意立言，益見其文之盡眞、盡善且盡美矣。林下偶談卷三「詞科習氣」曰：「東萊早年文章，在詞科中最號傑然者，然藻繢排比之態，要亦消磨未盡，中年方就平實，惜其不多作而遂無年耳！」是東萊雖早年旣擅於詞章，惟必自中年，方歸諸平實典美。

清張坦讓呂東萊先生文集敍曰：「呂氏三朝宰輔，文獻名家，而三子朝請郎弸中，復自武林遷婺，再世而生先生。先生得理學正傳，心平氣和，一切彈近裏着己工夫，嘗曰：『操存則血氣就軌而不亂，收斂則精神內守而不浮』，故其爲文也，如匣劍帷燈，渾金璞玉，髫時讀其遺編，恍見洙泗支流，而一種靜穆之致，使人彷彿興起……先生之宏詞偉句，非第手澤之所存，實爲心思之攸寄，夫亦安知殘編斷簡，非有靈爽爲之呵護而能留此耶？」

清胡丹鳳重刊呂東萊先生文集序曰：「今讀集中諸說，蓋深有會於天人理學之原，家國修齊之要，其有功於聖教，更非博議可比。」

清王崇炳重刻呂東萊先生文集敍曰：「其學近裏切己，貴涵養實踐，不貴爭辨，於洙泗爲近。其爲人閎廓平粹，志在經世，而恥苟合。其爲文波流雲湧，珠輝玉潔，爲一時著作之冠，其釋經研精覃思，婉轉歸己，拔義於訓詁之外，讀其書可知也。」

近人金秬香論東萊之駢文曰：「祖謙之學，本之家庭，得中原文獻之傳，旣友晦庵，學益精切，初蔭補入官，後舉進士，復中博學宏詞科，讀其宏詞進卷，擬皇叔封東平郡王制曰：『周建國以親諸侯，用侈宗盟之慶；漢置官而序九族，是司屬籍之蕃，睠吋叔父之賢，首我內朝之望，博稽輿誦，董正皇支，升之上將之壇，賜以鉅邦之履，飭宣丕號，申詔治庭。』其中書舍人除翰林學士誥曰：『內外演綸之職，獨高翰苑之清華，左右持橐之臣，疇若禁林之邃密，維時盛選，屬我鴻儒，輟從西掖之聯，延入北門之直』云云，典雅切實，漢京之遺。其餘露布檄文，尤爲典麗裔皇。厥後進功德疏曰：『奉玉巵於十月，適當聖誕之辰；上金鏡於千秋，共罄愛君之志』，又云：『七政璿璣，占瑞肇開於

漢朔；千秋金鑑，獻規思輯于唐臣』，云云，頌揚可謂得體矣。」（註七）

上引古今人之論，皆甚精當，而無過譽之詞，觀東萊文集中表、箚子、策問、啓諸作，亦益信金氏言之有據也。總之，東萊少習辭章，垂青東坡之文，在詞科中最爲傑出者，然藻績排比之態，消磨未盡，中年以後，義理精進，其文多熟權利害，而有豪邁駿發之氣。蓋渠家學淵源，不涉游談，撰作制誥，類能典雅切實，至其露布檄文，尤典麗矞皇，進呈疏表，莫不頌揚得體，久爲學者稱道。謂其爲南宋文章宗匠之一，誰曰不宜？惜其不多作而遂無年耳！

第三節　作文看文之法

呂東萊之文學觀，要而言之，文理兼重，文理相融。是以宋葉適親炙東萊，承其論文之要，評文鑑要旨云：「因文示義，不徒以文」（註八）。清章學誠亦作如是觀，曰：「義理不可空言也，博學以實之，文章以達之，三者合於一，庶幾哉！」（註九）

宋代學者談四六文之修辭者，頗不乏人，南渡後尤夥。東萊論作四六之法曰：

> 凡作四六，須聲律協和，若語工而不妥，不若少工而瀏亮，上句有好語，而下句偏枯，絕不相類，不如兩句俱用常語。

東萊編宋文鑑，取劉筠大酺賦一首、賀册皇太子表一首，又回穎州曾學士啓一首，皆麗而有則之作也。而錢惟演春雪賦一首，晏殊中園賦一首，狀表各一首，連珠一首，皆四六文也。張詠（按屬西崑派），文疏通平易，不爲嶄絕之語，其聲賦一首，窮極幽渺，或歎爲一百年不見此作，東萊亦選入宋文鑑。

東萊以爲養「宏詞」之根本，在讀秦漢韓柳歐曾文字，嘗與其表弟曾德寬書云：「小三弟欲習『宏詞』，此亦無害。今去試尚遠，且讀秦漢韓柳歐曾文字，（四六且看歐王東坡），以養根本，如總類，蓋是時文，近試半年旋看可也。」（註一〇）又嘗教學者作文之法，先看精騎，次看春秋權衡，自然筆力雄樸，格致老成，每每出一人頭地。朱子評精騎一書曰：「雖是學文，恐亦當就全篇中，考其節目關鍵。」

東萊爲文，重曲折有韻，善解析文章之句法體式，教人作文，當看獲麟解，以其曲折故也。按此乃得自家學淵源也。其伯祖呂本中童蒙詩訓云：

前人文章各自一種句法，如老杜「今君起柂春江流，余亦江邊具小舟」、「同心不減骨肉親，每語見許文章伯」，如此之類，老杜句法也。東坡「秋水今幾竿」之類，自是東坡句法。魯直「夏扇日在搖，行樂亦云聊」，此魯直句法。學者若能徧考前作，自然度越流輩。

又曰：

學文須熟看韓柳歐蘇，先見文字體式，然後更考古人用意下句處。（註一一）

學詩須熟看老杜蘇黃，亦見體式，然後遍考他詩，自然工夫度越過人。（註一二）

其所謂句法體式云者，乃作者性情體氣之具見於作品者，故句法體式，言人人殊，要皆緣心氣之體現，心有昏明，氣有厚薄，句法亦遂有高下之異，所謂格高格卑，初非自言語構造處立論也。必先得體式，再究語言與意思。

東萊曾作古文關鍵一書，於體格源流，具有心解。該書原爲前賢所集古今文之可爲法者，取之而詳加批注，各標擧其命意布局之處，示初學者以門徑，故曰「關鍵」，由該書大略可見東萊辭章學之造詣，而其伯祖呂本中，以文章議論馳騁一世，尤對東萊具有啓導之功。

古文關鍵卷首冠以「總論看文字法」，擇古人之文章而批點之，王安石蘇軾之文雖未採入，然亦在論列之中，朱熹嘗以拘於腔子議之，要之，不爲無益，亦治學之一端耳。玆錄「總論看文字法」及看諸大家文法於後：

總論看文字法

學文須熟看韓柳歐蘇，先見文字體式，然後徧考古人用意下句處，蘇文當用其意，若用其文，恐易厭人，蓋近世多讀故也。

第一看大槩主張。

第二看文勢規模。

第三看綱目關鍵。

如何是主意，首尾相應，如何是一篇鋪敍次第，如何是抑揚開合處。

第四看警策句法。

如何是一篇警策，如何是下句下字有力處，如何是起頭換頭佳處，如何是繳結有力處，如何是融化屈折翦截有力處，如何是實體貼題目處。

看韓文法

簡古　一本於經，亦學孟子。

學韓簡古，不可不學他法度，徒簡古而乏法度，則朴而不文。

看柳文法

關鍵　出於國語

當學他好處，當戒他雄辯，議論文字亦反覆。

看歐文法

平淡　祖述韓子，議論文字最反覆。

學歐平淡，不可不學他淵源，徒平淡而無淵源，則委靡不振。

看蘇文法

波瀾　出於戰國策、史記，亦得關鍵法。

當學他好處，當戒他不純處。

看諸家文法

曾文　專學歐，比歐文露筋骨。

子由文　太拘執。

王文　純潔，學王不成，遂無氣焰。

李文　太煩、亦麄。

秦文　知常而不知變。

張文　知變而不知常。

晁文　麄率、自秦而下三人，皆學蘇者。

以上評韓柳歐蘇等文字，說齋先生唐仲友，亦常以此說誨人。

按韓愈之學術思想，尊儒排佛，其文學觀，乃復古明道，故極不滿六朝以來之學術與華豔無質之文風，而主思想回古代之儒家，文體歸樸質之經典，主文學爲貫道之器。嘗曰：

愈之所志於古者，不惟其辭之好，好其道焉爾。（註一三）愈之爲古文，豈獨取其句讀不類於今者耶？思古人而不得見，學古道則欲兼通其辭。通其辭者，本志乎古道者也。（註一四）

柳宗元亦反六朝之文風，而主復古，論文主宗經，反對華靡淫薄之空文，且在古代典籍中求作文之道，其取道之原，乃「本之書以求其質，本之詩以求其恆，本之禮以求其義，本之春秋以求其斷，本之易以求其動；參之穀梁以厲其氣，參之孟荀以暢其支，參之莊老以肆其端，參之國語以博其趣，

參之離騷以致其幽，參之太史以著其潔。」（註一五）

歐陽修爲宋代文壇之巨擘，四六詩詞兼擅，其古文尤居於承先啓後之重要地位，有「宋之韓愈」之譽。蘇東坡敍其文曰：「歐陽子論大道似韓愈，論事似陸贄，記事似司馬遷，詩賦似李白。」陳善捫蝨新話，亦稱歐文多擬韓作，略云：「韓文重於今世，蓋自歐公始倡之。公集中擬韓作多矣，予輒能言其相似處。公祭吳集文似祭薛中丞文；書梅聖俞詩稿，似送孟東野序；弔石曼卿文似祭田橫墓文，蓋其步驟馳騁，亦無不似。」而歐公亦自謂非韓不學，其言曰：

予爲兒童時，得韓昌黎先生文集六卷，讀之，見其深厚而雄博，然予猶少，未能悉究其義，徒見其浩然無涯之可愛。是時天下學者，楊劉之作，號爲時文，能取科第擅名聲，以誇耀當世，未嘗有道韓文者。予亦方舉進士，以禮部詩賦爲事。年十七，試於州，爲有司所黜，因取所藏韓氏之文，復閱之，則喟然歎曰：學者當至於是而止爾。……後七年舉進士及第，官於洛陽，而尹師魯之徒皆在，遂相與作爲古文。因出所藏昌黎集而補綴之，求人家所有舊本而校定之。其後天下學者亦漸趨於古，而韓文遂行於世，至於今蓋三十餘年矣。學者非韓不學也，可謂盛矣。（註一六）

由此觀之，東萊謂歐文「祖述韓子」，信而有徵矣！

蘇軾爲歐公所拔擢，詩詞書畫，冠絕一時，爲文涵渾奔放，意想高遠，汪洋縱恣，如長江大河，浩浩瀚瀚，可喜可愕；而策議論辯之作，尤所擅長，宋史本傳論，稱其「器識之閎偉，議論之卓犖，文章之雄雋，政事之精明，四者皆能以特立之志爲之主，而以豪邁之氣輔之。故意之所向，言足以達其有猷，行足以遂其有爲，至於禍患之來，節義足以固其有守，皆志與氣所爲也。」故其文風靡一時，上自天子（孝宗），下至庶人，莫不翕然誦讀，時有「人傳元祐學，家有眉山書」之語。東萊嘗謂其內弟曾德寬欲習宏詞，且讀秦漢韓柳歐曾文字，四六且看歐王、東坡三集，以養本根。（呂東萊文集卷四與內弟曾德寬）

戰國策乃戰國時游士，輔所用之國爲之策謀，最擅論辯，太史公作史記多取之。東萊謂蘇文「出於戰國策史記」，自非信口雌黃也。東萊先祖希哲，師事伊川，與蘇軾情誼亦篤，故東萊少習宏詞，即熟習蘇文，作詩文亦頗襲其語，復習其經義策論，故晚年撰左氏傳續說，卷首綱領上，獨引東坡之論，而不及他家。（註一七）書中亦屢引蘇氏之論而品評之。朱熹以東坡之學「壞人心術」，不喜蘇文，對東萊之護持蘇文，時表不滿，難免意氣用事，然直至晚年，亦喜蘇文，謂其「文字明快」，儘有好處。

論作文法

東萊古文關鍵，繼總論看文字法及看諸家文法後，又揭櫫「論作文法」及「論文字病」，亦甚精要，殊堪爲學古文之圭臬，茲迻錄於後：

文字一篇之中，須有數行齊整處，須有數行不齊整處，或緩或急，或顯或晦，緩急顯晦相間，使人不知其爲緩急顯晦，常使經緯相通，有一脈過接乎其間，然後可，蓋有形者綱目，無形者血脈也。

有用文字，議論文字是也。爲文之妙，在敍事狀情。筆健而不麄，意深而不晦，句新而不怪，語新而不狂。常中有變，正中有奇。題常則意新，意常則語新。辭源浩渺，而不失之冗。意思新轉處，多則不緩。結前生後，曲折斡旋，轉換有力，反覆操縱。

上下　離合　聚散　前後　遲速　左右　遠近　彼我　一二　次第　本末　明白　整齊
緊切　的當　流轉　豐潤　精妙　端潔　清新　簡肅　清快　雅健　立意　簡短　閎大
雄壯　清勁　華麗　縝密　典嚴

以上格製，詳具於下卷篇中。

論文字病

深　晦　怪　冗　弱　澀　虛　直　疏　碎　緩　暗　塵俗　熟爛　輕易　排事　說不透
意未盡　泛而不切

東萊爲諸生課試而作左氏博議，雖以闡發義理爲主，然亦可見其文學之造詣。蓋其爲文，「有山迴海立之勢，意雖未必盡當，而文章機軸，卓然一家」（註一八）、「章法整而能變」（註一九）、「結構嚴密，文氣鬱勃，奇情警思，往往溢於行間」（註二〇）、「立論正大，吐詞雄渾，有學之文也」（註二一）、「識見高卓、筆力遒勁」（註二二）、「語多警切，可以垂戒萬世」（註二三）、「說理至精細處，直傳聖人心法，可謂說經之宗」（註二四）、「文有理趣，而語句洒脫」（註二五）、

「文勢縱橫，然觀其步驟，却又按轡而馳」（註二六）。張明德曰：

東萊文章，所以爲後學開法門者，全在立義高而出筆快。每遇一題，必先度其題之虛實輕重，創定一不拔之論，推原出一段至理，說得原原本本，令人無可議處。……前後起伏，無一不規規于法。（註二七）

又曰：

先生不獨行文勝人幾籌，即此等經濟，此等學問，亦周程張朱遺派也。（註二八）

其餘諸家之評，則不勝枚舉。清俞樾之文，以古樸爲尚，而不取雕飾，不拘宗派，淵然有經籍之光。嘗勉學者熟讀東萊博議，曰：

學者熟讀東萊博議，則其爲文必能曲盡事理，反覆詳明，而筆力之馳騁，局陣之變化，亦自斐然可觀矣。（註二九）

然以博議時有註釋本，而無評論本，初學者讀之，仍恐不得其門而入，故俞樾復欲讀東萊博議者，必兼讀東萊之古文關鍵，古文關鍵頗爲俞氏所推許，俞氏曰：

先生論文極細，凡文中精神命脈，悉用筆抹出，其用字得力處，則或以點識之，而段落所在，則鉤乙其旁，以醒讀者之目，學者循是以求，古文關鍵可坐而得矣！（註三〇）

東萊擅辭章之學，長於鑑文，曾被旨校正聖宋文海，乃發三館四庫所藏，裒縉紳故家所錄，編類凡六十一門，所選皆北宋詩文。書成，孝宗嘉其有益治道，賜名皇朝文鑑，命翰林學士周必大爲之序，賜銀絹三百疋兩。周必大發其選文旨趣，謂「古賦詩騷，則欲主文而譎諫；典冊詔誥，則欲溫厚而有體；奏疏表章，取其諒直而忠愛者；箴銘贊頌，取其精慤而詳明者；以至碑記論序、書啓雜著，大率事辭稱者爲先，事勝辭則次之，文質備者爲先，質勝文則次之，復謂律賦經義，國家取士之源，亦加采掇。」是以該書囊括一代文體，黜浮崇雅，採摭精詳，遂爲歷代選文名著之一。

東萊選文標準，在文辭與義理二端，義無所考，雖甚文不錄；言之有物，雖稍質不廢；鉅家鴻儒，以浮淺受黜；稀名短句，以幽遠見收。呂喬年在文鑑始末文中，論之尤詳，曰：

> 國初文人尙少，故所取稍寬；仁廟以後，文士輩出，故所取稍嚴，如歐陽公、司馬公、蘇內翰、黃門諸公之文，俱自成一家，以文傳世，今姑擇其尤者，以備篇帙。
>
> 其人有聞於時，而其文不爲後世所誦習，如李公擇、孫莘老、李泰伯之類，亦搜求其文以存其姓氏，使不湮沒。
>
> 其人嘗仕於朝，不爲清議所予，而其文亦自有可觀，如呂惠卿之類，亦取其不悖於理者，而不以文廢言。本朝文士，比之唐人已少韓退之、杜子美，如柳子厚、李太白，即可與追逐，如周美成汴都賦，亦未能侈。國家之盛，止是別無作者，不得已而取之。

朱熹以爲文海條例甚當，惟文勝而義理乖僻者，恐不可取，只爲虛文而不說義理者卻不妨，佛老文字，苟有如歐陽公登眞觀記、曾子固仙都觀菜園記乃可入，而贊邪害正者，文詞雖工，皆不可取（註三一）。朱熹亦曾嫌東萊重史學，輕經學，又謂其博雜；張栻則徑謂東萊之皇朝文鑑，是「閑文字」，無補於治道。實則，東萊之宋文鑑，尤致意有關治道諸文，所選奏疏之文，皆寓有諷諫針砭之意焉，遂受台諫懷挾，雖然，終而爲後所推尊，朱子與張栻，僅以理學家眼光視之，遂曰博雜，曰閒文字，均非持平之論也。朱熹晚歲方有所悟，嘗語學者，以爲該書編次，篇篇有意，每卷卷首，必取一大文字作壓卷，其所載奏議，皆係一代政治之大節，祖宗二百年規模，與後來中變之意思，盡在其間，讀者着眼便見。宋嘉定趙彥适跋宋文鑑，以爲「文鑑之名爲無負，文鑑之利爲甚博」；宋劉炳序宋文鑑，譽曰：「前輩之文粹然出正，蓋累朝涵養之澤，而師友淵源之所漸也。此書會粹略盡，眞足以鳴國家之盛」。清章學誠譽宋文鑑以「包括全代，與史相輔，可與蕭統文選、姚氏唐文粹、蘇氏元文類等量齊觀」（註三二），方屬識者之卓見也。

吾國文學體類之分，言人人殊，魏曹丕之典論論文，始分奏議、書論、銘誄、詩賦四類（註三三），而文章辨體，以六朝爲盛，晉陸機之文賦，分詩、賦、碑、誄、銘、箴、頌、論、奏、說十類（註三四）；摯虞之文章流別，今雖亡佚，自藝文類聚及太平御覽中輯出之逸文，知將文學分賦、頌、詩、七、箴、銘、誄、哀辭、表策、解嘲、碑、圖讖十二類；梁昭明太子所輯之文選，分賦、詩、騷、七、詔、册、令、教、策、表、上書、啓、彈事、牋、奏記、書、檄、對問、設論、辭、序、頌、贊、符命、史論、史述贊、論、連珠、箴、銘、誄、哀文、碑文、墓誌、行狀、弔文、祭文等三十七類；劉勰之文心雕龍，分文體爲二十類；後人析類益繁，如梁任昉之文章緣起，分爲八十四類；唐姚鉉之唐文粹，分爲二十二類；元蘇天爵元文類分十五綱四十三類；明吳訥之文章辨體，分爲五十四類；

徐師曾之文體明辨，分爲一百零一類；程敏政之明文衡，分三十八類；賀後徵之文章辨體彙選分爲一百三十二類，引據既疎，復傷穿鑿，後世多或病其繁碎，至清代姚鼐古文辭類纂，始合爲論辨、序跋、奏議、書記、贈序、詔令、傳狀、碑誌、雜記、箴銘、頌贊、辭賦、哀祭等十三類；曾國藩之經史百家雜鈔，分三門十一類。

東萊雖未有專文論文體之分類，惟就所編宋文鑑考之，分爲：賦（含律賦）、詩（含四言古詩、樂府歌行、五言古詩、七言古詩、五言律詩、七言律詩、五言絕句、七言絕句、雜體）、騷、詔、勅、赦文、册、御劄、批答、制、誥、奏疏、表、牋、箴、銘、頌、贊、碑文、記、序、論、義、策、議、說、戒、制策、說書、經義、書、啓、策問、雜著、對問、移文、連珠、琴操、上梁文、書判、題跋、樂語、哀辭、祭文、諡議、行狀、墓誌、墓表、神道碑、神道碑銘、傳、露布等五十二類，以今觀之，亦未免繁碎之病也。

第四節　詩論

詩大序曰：「詩者，志之所之也，在心爲志，發言爲詩。情動於中而形於言，言之不足，故嗟歎之；嗟歎之不足，故永歌之；永歌之不足，不知手之舞之，足之蹈之也。」文心雕龍明詩篇曰：「人禀七情，應物斯感，感物吟志，莫非自然」，物色篇亦云：「歲有其物，物有其容，情以物遷，辭以情發」，蓋詩之作本乎人情，東萊亦以爲然，曰：

詩者，人之性情而已，必先得詩人之心，然後玩之易入。（註三五）

詩三百篇，大要近人情而已。（註三六）

看詩須是以情體之，如看關雎詩，須識得正心，一毫過之，便是私心，如『窈窕淑女，寤寐求之』，此樂也，過之則爲淫；『求之不得，展轉反側』，此哀也，過之則傷；天生蒸民，有物有則，自有準則，在人心，不可過也。（註三七）

兩宋理學家注重體察人情，故莫不有詩。宋詩之梗概，可由清全祖望宋詩紀事序見之，全氏曰：

宋詩之始也，楊劉諸公（註三八）最著，所謂西崑體者也。慶曆以後，歐蘇梅王數公出（註三九），而宋詩一變。涪翁（註四〇）以崛奇之調，力追草堂，所謂江西詩派者，而宋詩又一變。建炎以後，東夫（註四一）之瘦硬，誠齋（註四二）之生澀，放翁（註四三）之輕圓，石湖（註四四）之精緻，四壁俱開。及永嘉徐趙諸公（註四五），以清虛便利之調行之，則四靈派也，而宋詩又一變。嘉定以降，江湖小集盛行，多四靈之徒也。及宋亡，而方謝（註四六）之徒，相率爲迫苦之音，而宋詩又一變。

蓋宋初詩人，聲名較著者，類皆因襲晚唐五代餘風，不足以言轉移風氣也。其後楊億、劉筠、錢惟演，是爲西崑派，自蘇梅歐以後，迄於江西派之詩，力矯西崑之浮靡，於唐音之外，誠足別開生面。江西詩派或稱江西宗派，簡稱江西派，而沈德潛說詩晬語諸書，有稱西江派者，疑傳刻之誤也。自元祐而後，江西詩派勢力，佔全宋詩壇。

先師李健光先生，稱理學家之詩曰理學體詩，且述其流別，分道學派及事功派，而道學派又分百源、濂溪、關、洛、閩五系；事功派分金華、永嘉、永康三系，金華一系為呂東萊所提倡（註四七）。東萊雖不以詩名，然其詩作不少，其文集二十卷中，第十一卷收錄之。以其學本周程，又特精史獻，兼理文章，朱子固病其雜，然其詩作頗雅馴，如和御製秋月幸秘省一詩可證，詩曰：

麟閣龍旗日月章，中興再見赭袍光。
仰視焜燿人文盛，始識扶持德意長。
功利從今卑管晏，浮華自昔陋盧王。
願將實學醇天造，敢效明河織女襄。

東萊之詩，有其家學之淵源，蓋其伯祖呂本中擅長於詩，詩論與創作俱佳，嘗作紫微詩話，有東萊詩集，童蒙訓中，亦多論詩之言，於理學則折衷二程，於詩文則取法蘇東坡、黃庭堅，顧今世所傳童蒙訓三卷，則近語錄者全存，近詩話者全汰，四庫全書總目提要以為或因「洛蜀之黨既分，傳是書者輕詞學而重道學，不欲以眉山緒論錯雜其間，遂刊除其論文之語」，其詩文汪洋閎肆，兼備衆體，間出新意，愈奇而愈深厚，一時學士宗焉。自言傳衣鉢江西，作江西詩社宗派圖，意在尊黃山谷，以明詩法之相傳，一空依傍，獨標慧解，以詩社及宗派二義，綜攝宇內諸賢，別為二十五派，而皆祖豫章，故名其圖曰江西，戛戛獨造，誠可開宗百代，風標千古矣。

詩社者，中唐社會變遷後之會集組織也；宗派者，中唐世族分化後之氏族結構也。唐末張爲作主客圖，列一人爲主，而分列餘人爲入室等類，實宗派圖之先河，蓋視鍾嶸之溯源分品，又有進焉者也。江西詩社宗派圖自黃山谷而下，列陳師道（註四八）、潘大臨（註四九）、謝逸（註五〇）、洪芻（註五一）、饒節（註五二）、僧祖可（註五三）、徐俯（註五四）、洪朋（註五五）、林敏修（註五六）、洪炎（註五七）、汪革（註五八）、李錞（註五九）、韓駒（註六〇）、李彭（註六一）、晁沖之（註六二）、江端本（註六三）、楊符（註六四）、謝薖（註六五）、夏倪（註六六）、林敏功（註六七）、潘大觀（註六八）、何覬（註六九）、王直方（註七〇）、僧善權（註七一）、高荷（註七二）、合二十五人，而本中殿之，其序數百言，大略云：

古文衰於漢末，先秦古書存者爲學士大夫剽竊之資，五言之妙，出三百篇、離騷爭烈可也。唐自李杜之出，焜燿一世。後之言詩者，皆莫能及。至韓柳孟郊、張籍諸人，激昂奮厲，終不能與前作者竝。元和至國朝，歌詩之作，多依效舊文，未盡所趣。惟豫章始大而力振之，抑揚反復，盡兼衆體。而後學者，同作並和。雖體制或異，要皆所傳者一。予故錄其名字，以遺來者。

案宋詩爲詩史流衍中正變之樞紐，價値之鈐轄，而江西又爲宋詩之總綱，名最著而影響最深，幾爲宋詩之代表，確能牢籠一代，爲宋詩之特色。惟漁隱叢話謂「選擇弗精，議論不公」，而劉後村亦以爲宗派圖中，有非江西產者多人，而曾幾及贛人，又與紫微公以詩往還，反不入派，其去取之意難明。或謂后山與山谷同在蘇門，詩格亦與山谷不相似，乃抑之入江西派，尤似不倫。殊不知宗派圖者，非地域之劃分，而乃風格與價值之判斷也，不知其究竟，致生爭辯耳。馮詠江西詩派論曰：「人不產於江西，而以江西派之；學不出於山谷，而以山谷派之，出異歸同也。」（註七三）楊萬里江西宗派詩序亦曰：「江西宗派詩者，詩江西也，人非皆江西人也，而詩曰江西者何？繫之也；繫之者何？以味不以形也。」（註七四）馮楊二氏之言是也。江西詩派雖不盡出自江西，而大半出自江西；雖非盡祖山谷，而氣味皆似山谷，名之曰江西詩派，自無不可。考呂本中製圖之本意，蓋示對黃庭堅之尊敬，及表黃氏對當世之影響也。

呂本中論詩，主識「活法」，曰：

學詩當識活法，所謂活法者，規矩備具，而能出於規矩之外；變化不測，而不背於規矩也。是道也，蓋有定法而無定法，無定法而有定法。知是者，則可與語活法矣。謝元暉有言：『好詩流轉，圓美如彈丸』，此眞活法也。（註七五）

又有詩曰：

文章有活法，得與前古並，默念智與成，猶能愈吾病。（註七六）

南宋詩人劉克莊江西詩派小序云：「國初詩人，如潘朗、魏野，規規晚唐格調，寸步不敢定作；楊劉則又專爲崑體；故優人有撏撦義山之誚。蘇梅二子，稍變以平淡、豪俊，而和之者尚寡；至六一坡公，巍然爲大家數，學者宗焉。然二公各極其天才筆力所至而已，非必鍛鍊勤苦而成也。豫章稍後出，會粹百家句律之長，究極歷代體制之變，搜獵奇書，穿穴異聞，作爲古律，自成一家，雖隻字半句不輕出，遂爲本朝詩家宗祖，在禪學中比得達摩，不易之論也。」對黃庭堅之推崇，可謂至矣極矣！

按黃庭堅之詩論，見諸與其外甥洪駒父書，曰：

……自作語最難。老杜作詩，退之作文，無一字無來處。蓋後人讀書少，故謂韓、杜自作此語耳。古之能爲文章者，眞能陶冶萬物，雖取古人之陳言，入於翰墨，如靈丹一粒，點鐵成金也。文章最爲儒者末事，然索學之，又不可不知其曲折，幸熟思之。至於推之使高，如泰山之崇崛，如垂天之雲；作之使雄，如滄江八月之濤海，運吞舟之魚，又不可守繩墨，令儉陋也。（註七七）

究黃氏之意，並非力倡模仿蹈襲，而須吸收融化，俾能青出於藍，優於古人。故須「以俗爲雅，以故爲新」，苟若是，則其神奇將如孫吳之兵、甘蠅、飛衞之射矣，其再次韻楊明叔序云：

庭堅老懶衰墮，多年不作詩，已忘其體律，因明叔有意於斯文，試舉一綱而張萬目：蓋以俗爲雅，以故爲新，百戰百勝，如孫、吳之兵；棘端可以破鏃，如甘蠅、飛衞之射。此詩人之奇也。（註七八）

而黃庭堅「以俗爲雅，以故爲新」之詩論，實得自其師蘇東坡。東坡題柳子厚詩云：

詩須要有爲而作，用事當以故爲新，以俗爲雅；好奇務新，乃詩之病。柳子厚晚年詩極似陶淵明，知詩病者也。（註七九）

黃庭堅除倡「點鐵成金」外，尚創「奪胎換骨」之說，惠洪冷齋夜話卷二，引山谷語曰：

詩意無窮，而人才有限；以有限之才，追無窮之意，雖淵明、少陵不得工也。不易其意而造其語，謂之換骨法；規摹其意而形容之，謂之奪胎法。（註八〇）

奪胎謂取前人之詩意，如奪人腹中之胎也，劉若愚在其所著中國詩學中，釋「奪胎」爲「舊瓶裝新酒」，「換骨」爲「新瓶裝舊酒」（註八一），實則「奪胎」、「換骨」，乃二而一，無須視爲二種不同之法。奪胎換骨後，遂令詩意深勝原作，蓋語雖用古，實則新創，句勢略同，而命意實別矣。

呂本中且主爲詩「字字當活，活則字字自響」，所謂響者，致力處也，猶之乎潘大臨言七言詩第五字要響，五言詩第三字要響。如「返照入江翻石壁，歸雲擁樹失山村」，「翻」字「失」字是響字也；如「圓荷浮小葉，細麥落輕花」，「浮」字「落」字是響字也。（註八二）

呂本中活法之說，係由黃山谷奪胎換骨轉出。凡論詩而能悟活法者，其詩作類皆沖澹簡遠，讀之，使人寵辱偕忘，安時處順，超然物外，縱不能至，猶心嚮往之。故所謂活法，不獨求諸文字間，而亦須致力於涵養也。此乃江西詩學觀念與詩作特徵之所在也。

呂本中活法之說，不獨有偶，俞成螢雪叢說卷上亦論活法，曰：

文章一技，要自有活法，若膠古人之陳迹而不能點化其句語，此乃謂之死法。死法專祖蹈襲，則不能生於吾言之外；活法奪胎換骨，則不能斃於語言之內。吾言者生吾言也，故爲活法。（註八三）

江西詩派流衍於後者，則由曾幾而啓南渡四大家。呂本中時與曾幾論詩，幾字吉甫，東萊之外祖也，學於韓駒，詩以杜甫、黃庭堅爲宗，風骨高騫，而含蓄深遠，昔人稱其介乎豫章劍南之間，蓋有山谷之清新，而能變其生硬，趨於圓活也。陸游撰其墓誌，謂其文章，雅正純粹，而詩尤工；江西詩話譽其詩古雅贍麗，瀛奎律髓稱其詩清勁雅潔，雖不無溢美，亦正得其佳處。四大家者，尤楊范陸是也（註八四），尤詩婉雜平淡，於律尤勝；楊詩才思健拔，間雜俚語；范詩滑潤清新；陸詩清新刻露，圓潤自然。

自宗派圖出後，至宋末，而方回撰瀛奎律髓，選唐宋兩代詩，分爲四十九類，所錄皆五七言近體，故名律髓，排斥西崑體，主張江西派，倡一祖三宗之說，一祖爲杜甫，三宗爲黃庭堅、陳師道、陳與義（註八五）。

東萊既承伯祖本中家學之淵源，復受外祖曾幾之薰陶，領悟「活法」最深，論詩有得，茲錄其詩說拾遺（註八六）於後，雖非長篇大論，而片言隻字，亦彌珍貴。

詩者，人之性情而已，必先得詩人之心，然後玩之易入。

詩三百篇，大要近人情而已。

看詩且須詠諷，此最治心之法。

看詩者，欲懲穿鑿之弊，欲只以平易觀之，若有意要平易，便不平易。

今之言詩者，字爲之訓，句爲之釋，少有全得一篇之意者。

上蔡曰：善乎明道之言詩也，未嘗章解而句釋也。優游吟諷，抑揚舒疾之間，而聽者已煥然心得矣。

詩有六體，逐篇一一求之，有兼得者，有偏得一二者。

興於詩，興發乎此也。

看詩須是以情體之，如看關雎詩，須識得正心，一毫過之，便是私心，如窈窕淑女，寤寐求之，此樂也，過之則爲淫；求之不得，展轉反側，此哀也，過之則爲傷；天生蒸民，有物必有則，自有準則，在人心不可過也。

凡觀詩，須先識聖賢所說大條例，如孟子言，不以文害辭，不以辭害志，又大序言，言之不足故嗟歎之。又橫渠言，置心平易，始知詩之類皆是。

前人於詩，有舉之者，有釋之者。舉之者，斷章取義；釋之者，則如大學之淇澳，乃正釋詩之法也，又詩體寬，不可泥著，然亦不可只便讀過，若只便讀過，亦不見其言外之意趣。

以上所引，雖皆針對詩經而言，然詩經乃吾國詩歌文學之總源，以其道而概後世之古體近體，當無不可。

東萊詩作不多，以挽章爲夥，雖然，亦有活法可觀焉，如淸曉出郊：「落月窺甕牖，殷勤喚人醒」、城樓：「某聲傳下界，雁影沒長空」，春日七首之四：「若使畫成驚顧陸，更教吟出壓曹劉」之句，其致力處皆響字也。

至若乎詞，其發展，迨乎兩宋，正如赤日中天，嬌花放蕊，惟考呂東萊文集，未見收錄詞作。然東萊之伯祖本中，其外舅韓元吉，與乎摯友朱熹、陳亮，皆有詞作。本中之詞，近人趙萬里始彙輯爲一卷，名曰紫微詞，刊於校輯宋金元人詞中，凡二十六首；唐圭璋編全宋詞，用趙氏輯紫微詞，稍有增補，凡收二十七首，茲錄其二於後：

采桑子　別情

恨君不似江樓月，南北東西，南北東西。只有相隨無別離。　恨君却似江樓月，暫滿還虧。暫滿還虧。待得團圓是幾時？

南歌子　旅思

驛路侵斜月，溪橋度曉霜。短籬殘菊一枝黃，正是亂山深處過重陽。　旅枕元無夢，寒更每自長。只言江左好風光，不道中原歸思轉淒涼。

前一首寫離多聚少，難得團圓，以月作比，有民歌之親切風味；後一首清暢中頗寓愁思。

東萊外舅韓元吉，係與辛棄疾唱和之詞友，所撰南澗詩餘，又名焦尾集詞，今佚。黃昇花菴詞選稱其「政事文學爲一代冠冕」，唐圭璋編全宋詞收其詞八十首，茲錄四首：

好事近　汴京賜宴，聞教坊樂有感。

凝碧舊池頭，一聽管絃淒切。多少梨園聲在，總不堪華髮。　杏花無處避春愁，也傍野煙發，惟有御溝聲斷，似知人嗚咽。

按汴京乃金都，金史交聘表云：「世宗大定十三年（亦即宋孝宗乾道九年，一一七三）三月癸巳朔，宋遺禮部尚書韓元吉、利州觀察使鄭興裔等賀萬春節。」因知此詞乃元吉出使金國，於北宋舊都汴京，觸景傷情，有家國淪亡之痛，乃以哀怨之調，寫故宮禾黍之悲。

水調歌頭 九日

今日俄重九，莫負菊花開。試尋高處，攜手躡屐上崔嵬。放目蒼巖千仞，雲護曉霜成陣，知我與君來。古寺倚修竹，飛檻絕纖埃。笑談間，風滿座，酒盈杯。仙人跨海，休問隨處是蓬萊。落日平原西望，鼓角秋深悲壯，戲馬但荒臺。細把茱萸看，一醉且徘徊。

此詞乃韓氏重陽節遊雲洞作。雲洞在信州（今江西上饒市）西，洞有仙骨巖。詞中「知我與君來」，君係指同遊之辛棄疾也。詞之命意，不止於題詠重陽節與雲洞景色，誠如黃蓼園蓼園詞選所言：寄「神州陸沈之慨」也。

霜天曉角 題采石蛾眉亭

倚天絕壁，直下江千尺。天際兩蛾凝黛，愁與恨，幾時極？ 怒潮風正急，酒醒聞塞笛。試問謫仙何處？青山外，遠煙碧。

此詞乃描繪壯麗之景，並寓以家國之感。在題詠采石蛾眉亭中，吳師道吳禮部詞話稱「未有能繼之者」。楊愼詞品亦同意此論。周密絕妙好詞題爲劉仙倫作。韓元吉與陸放翁、辛稼軒均有酬贈之作，故風調略近於辛詞，如：

水龍吟 壽辛侍郎

南風五月江波，使君莫袖平戎手。燕然未勒，渡瀘聲在，宸衷懷舊。臥占湖山，樓橫百尺，詩成千首。正菖蒲葉老，芙蕖香嫩，高門瑞，人知否。涼夜光躔牛斗，夢初回，長庚如畫。明年看取，鋒旗南下，六贏西走。功畫凌烟，萬釘寶帶，百壺清酒。便留公賸馥，蟠桃分我，作歸來壽。

朱熹有晦庵詞（註八七），有江氏靈鶼閣彙刻名家詞本，唐圭璋編全宋詞錄十餘首。其詞頗清暢淡遠，不類一道學家嚴肅口吻，茲舉一首：

水調歌頭

江水浸雲影，鴻雁欲南飛。攜壺結客，何處空翠渺烟霏。塵世難逢一笑，況有紫萸黃菊，堪插滿頭歸。風景今朝是，身世昔人非。酬佳節，須酩酊，莫相違。人生如寄，何事辛苦怨斜暉。無盡今來古往，多少春花秋月，更那有危機。與問牛山客，何必獨沾衣？

再者，東萊遠姬摯友陳亮，有龍川詞一卷，龍川詞補一卷。唐圭璋編全宋詩錄六十餘首。其詞雄肆者居十之八，秀妍者僅十之二，與辛稼軒同時，往來至密。毛子晉跋其詞云：「讀至卷終，不作一妖語、媚語」，然其水龍吟、虞美人等詞，則又委婉疏宕，不以豪壯著稱矣，茲錄於後：

水龍吟

鬧紅深處層樓，畫簾半捲東風軟，春歸翠陌，平莎茸嫩，垂楊金淺。遲日催花，淡雲閣雨，輕寒輕暖。恨芳菲世界，遊人未賞，都付與鶯和燕。寂寞憑高念遠，向南樓，一聲歸雁。金釵鬥草，青絲勒馬，風流雲散，羅綬分香，翠綃封淚，幾多幽愁。正銷魂，又是疏烟淡月，子規聲斷。

虞美人

東風蕩颺輕雲縷，時送瀟瀟雨。水邊臺榭燕新歸，一口香泥濕帶，落花飛。海棠糝徑鋪香繡，依舊成春瘦。黃昏庭院柳啼鴉，記得那人和月，折梨花。

東萊文集中未見詞作，是未嘗作抑未見錄，不得而知，惟考兩宋理學家有詞作者極少，其故安在哉？蓋宋代文學，雖詩詞二體同時發展，然詞體宋人但視為時髦玩意，茶餘酒散聊以消遣耳，「以詞名家，豈不小哉？」且詞起於燕樂，本為用以悅耳目快心意者，自然流於纖豔輕薄，內容局限於男女相思離別之情，靡靡之音，充塞詞壇，風格始終柔弱無力，極少例外，故未逾「詞為豔科」之藩籬。理學家為人嚴謹，人格清高，極重修為，以修己安人、齊家治國平天下為理想。必斥「詞為末技」，鄙不屑為。且以孔子未立詞教，而有「溫柔敦厚」之詩教，後世詩作，必以「思無邪」之詩經為規範。近人劉大杰論之詳矣，曰：

文要載道，詩要講詩教，但詞是一種新興的歌辭，本來就是妓女口中的玩意兒，生來便具有淫靡豔麗的素質。載道也無從載起，講詞教也無從講起，因此，道學家便輕視了這一支文學界的游擊隊，認為它出身卑賤而把它放棄了。所以在宋有道學古文家，有道學詩人，而不見有道學詞人，一來是詞這種東西，本不便裝進道學，二來也是道學家看不起詞。於是詞在這種環境之下，便成爲浪漫才人發洩情慾的良田，爲士大夫脫去道學面孔以後，表現私生活的避難所，爲民間流行的樂府與歌謠，而日趨於繁盛發達之途，形成最自由最浪漫的新體詩了。（註八八）

苟明乎此，則理學家多詩作而少詞作之由，則思過半矣！東萊未承傳其伯祖本中之詞學，亦未受其外舅韓元吉及並世師友之影響，而致力於詞學，亦作如是觀可也。

【附註】

註一　中華文彙弁言。

註二　明劉大謨欒城集序語。

註三　臺灣師範大學國文學報第二期頁二五一兩宋理學體詩之流別。

註四　同註三。

註五　宋文學史頁四九。

註六　范文正公集卷七奏上時務書語。

註七　金氏駢文概論頁一一九－一二〇。

註八　習學記言卷五〇頁十六－十七呂氏文鑑。

註九　文史通義內篇頁二九原學上。

註一〇　呂太史別集卷一〇頁二三。

註一一　耆舊續聞二仕學規範三九引。

註一二　同註一一。

註一三　答李秀才書。

註一四　題歐陽生哀辭後。

註一五　答韋中立論師道書。

註一六　六一題跋。

註一七　左氏傳續說卷首「綱領」云：「東坡蘇氏曰：『周之失計，未有如東遷之謬也，使平王定不遷之計，收豐鎬之遺氏，以形勢臨東諸侯，齊晉雖大，未敢貳也。』此蘇氏之論，亦失之考之不精。」

註一八　東萊博議世界書局版頁五鄭伯克叙於鄢「諸家集評」朱字綠語。

註一九　東萊博議世界書局版頁二四鄭伯侵陳「諸家集評」朱字綠語。

註二〇　東萊博議世界書局版頁七三桓公文姜如齊「諸家集評」朱字綠語。

註二一　東萊博議世界書局版頁一〇二鄭厲公殺傅瑕原繁「諸家集評」王鳳洲語。

註二二　東萊博議世界書局版頁一四七齊寺人貂漏師「諸家集評」楊升庵語。

註二三　東萊博議世界書局版頁一二三晉殺其世子申生「諸家集評」朱字綠語。

註二四　東萊博議世界書局版頁一六六齊桓公辭鄭太子華「諸家集評」徐揚貢語。

註二五　東萊博議世界書局版頁一七九梁亡「諸家集評」唐荊川語。

註二六　東萊博議世界書局版頁一八七宋人圍曹「諸家集評」孫月峯語。

註二七　東萊博議世界書局版頁二四八臧文仲分曹田「諸家集評」張明德語。

註二八　東萊博議世界書局版頁二五五先軫死師「諸家集評」張明德語。

註二九　古文關鍵跋。

註三〇　同註二九。

註三一　參見朱子大全文集卷三四頁四—五答呂伯恭，或鵝湖講學會編頁七〇—七一朱子答伯恭書。

註三二　參見文史通義內篇頁八書教中。

註三三　曹丕典論論文曰：「奏議宜雅，書論宜理，銘誄尙實，詩賦欲麗，此四科不同，故能之者偏也。」

註三四　陸機文賦曰：「詩緣情而綺靡，賦體物而瀏亮，碑披文以相質，誄纏緜而悽愴，銘博約而溫潤，箴頓挫而清壯，頌優游以彬蔚，論精微而朗暢，奏平徹以閑雅，說煒曄而譎誑。」

註三五　呂東萊文集卷五拾遺。

註三六　同註三五。

註三七　同註三五。

註三八　謂楊億、劉筠、錢惟演也。

註三九　謂歐陽修、蘇舜欽、梅堯臣、王安石也。蘇舜欽（一〇〇八—一〇四八），字子美，景佑中進士，有蘇學士集十六卷。梅堯臣（一〇〇二—一〇六〇），字聖俞，嘉祐初詔賜進士，歷尙書都官員外郎，有宛陵集六十卷。蘇詩以豪放奇峭勝，梅詩則以清新平淡見長。六一詩話云：「聖俞、子美齊名於一時，而二家詩體特異，子美筆力豪雋，以超邁橫絕爲奇。聖俞覃思精微，以深遠閒淡爲意。各極其長，雖善論者，不能優劣也。」王安石（一〇二一—一〇八六），字介甫，號半山，江西臨川人，慶曆二年進士，其詩有魄力，有骨格，不同流俗。

註四〇　黃庭堅（一〇四五—一一〇五），字魯直，自號山谷老人，後貶四川涪縣，又號涪翁，江西分寧人。天才峻拔，學識豐富，詩文騷辭，無所不能，詩與東坡齊名，號蘇黃；詞與少游齊名，號秦七黃九。東坡嘗稱之，曰：「其詩文超逸絕塵，獨立萬物之表，世人久無此作。」滄浪詩話云：「宋詩至東坡、山谷，始自出己意以爲詩，唐人之風變矣。山谷用工尤爲深刻，其後法席盛行，海內稱爲江西宗派。」

註四一　蕭德藻，字東夫，閩三山人，紹興二十一年（一一五一）進士，自號千巖老人，師事曾幾，瀛奎律髓謂其詩「苦硬頓挫而極工」，詩法萃編謂「戛戛獨造，骨硬味苦，絕無甜熟輭媚語」，尤延之稱其詩高古，全祖望稱其詩瘦硬，皆能道其詩之長。

註四二　楊萬里（一一二四—一二〇六），字廷秀，吉州吉水人，紹興二十四年進士，名其室曰誠齋，因以爲號。通經學，重名節，有誠齋集百三十三卷，詩學江西，五七古律，無體不備，志在諧俗，狀物寫情，曲盡妙極，明易流暢，爲其特色；拖泥帶水，至於冗俚，乃其弊端。

註四三　陸游（一一二五—一二一〇），字務觀，山陰人，才氣超邁，幼即能詩，不拘禮法，人譏其放，因自號放翁。有劍南詩稿八十五卷，渭南文集五十二卷，爲詩初私淑呂本中，繼師事曾吉甫，詩清新刻露，圓潤自然，篇什豐富。

註四四　范成大（一一二六—一一九三），字致能，吳郡人，紹興二十四年（一一五四）進士，自號石湖居士，有石湖詩集三十四卷，其詩「追溯蘇黃遺法，而約以婉峭，自成一家」，溫潤清新。

註四五　謂徐照（字靈暉）、徐璣（字靈淵）、翁卷（字靈舒）、趙師秀（字靈秀），爲四靈派，皆爲永嘉人，又稱永嘉派。

註四六　謂方鳳、謝翺。謝翺（一二四九—一二九五），字皐羽，福建長溪人，有晞髮集。

註四七　同註三。

註四八　陳師道（一〇五三—一一〇一），字無己，又字履常，號後山，彭城人。爲文師曾鞏，爲詩學山谷，又游東坡之門，世稱爲蘇門六君子之一。有後山集行世，詩渾雄雅健，極似老杜。嘗謂「寧拙毋巧，寧樸毋華，寧粗毋弱，寧僻毋俗，詩文皆然」（後山詩話），爲宗派圖中二十五人代表。

註四九　潘大臨，字邠老，黃岡人，有柯山集，已佚。常有佳句，自云師法杜甫，東坡、山谷尤喜之。其爲人風度恬適，殊有塵外之韻，詩如其人，呂本中嘗服其詩之精苦。

註五〇　謝逸，字無逸，號溪堂，臨川人，以布衣終其身，能文善詞，尤精詩，秉性峻潔，名重搢紳，學古高潔，詩富贍，文詞鍛鍊，篇篇有古意。黃山谷許其爲張晁之流，呂紫微評其詩似謝康樂，劉克莊則稱其輕快有餘，而欠工緻。有溪堂集行世。

註五一　洪芻，字駒父，朋之弟，豫章人，山谷之甥，工詩，紹聖元年（一〇九四）進士，靖康中，仕至諫議大夫，汴京失守，坐爲金人括財，流沙門島，卒。所著老圃集、駒父詩話已佚，四庫全書有輯本老圃集二卷。

註五二　饒節，字德操，臨川人，初與謝逸相契，後從潘邠老遊，元符間，至京師，客知樞密院曾布家，上書請布引用蘇子瞻黃魯直諸公，不能合，遂辭去，後爲僧，法名如璧，道號倚松老人，有集行世，陸放翁稱爲當時詩僧第一，或謂足與呂居仁對壘，居襄漢間，名望甚重。

註五三　祖可，字正平，丹陽人，蘇伯固子，蘇養直兄也，住廬山，素有癩疾，人以癩可稱之，與善權同學詩，骨氣高邁，有東溪集、瀑泉集，今佚。

註五四　徐俯，字師川，號東湖居士，分寧人，山谷之甥，官至權參知政事，有東湖集，已佚。山谷嘗歎其詩辭氣雄壯，目為頽波砥柱。

註五五　洪朋，字龜父，南昌人，山谷之甥，與弟芻、炎、羽，號稱四洪。山谷極讚其詩句甚壯。

註五六　林敏修，字子來，蘄春人，隱居不仕，以詩與其兄敏功及夏倪饒節相切磋，有無思集，已佚。其詩頗清爽。

註五七　洪炎，字玉父，紹聖元年（一〇九四）進士，坐元祐黨貶，高宗朝，官至秘書少監，有西渡集行世。詩新峭。

註五八　汪革，字新民，臨川人，紹聖四年（一〇九七）進士，有青溪集，已佚。為文無不精到，詩尤警拔。

註五九　李錞，字希聲，里籍不詳，曾官秘書丞，有集與詩話，皆佚。論詩主高古。

註六〇　韓駒，字子蒼，蜀陵陽仙井人，政和詔試賜進士及第，除秘省正字，坐蘇黨謫知分寧，有陵陽集行世，山谷許其詩超逸絕塵。

註六一　李彭，字商老，建昌人，山谷外舅李公擇尙書家子弟也，有日涉園集行世，其詩綽有法度，頗具鑪錘，紫微贊之曰：「商老詩文富贍宏博，非後生容易可到」。

註六二　晁冲之，字叔用，一字用道，自號具茨先生，鉅野人，有具茨集行世，後村詩話稱其詩「意度洪闊，氣力寬餘，一洗詩人窮餓酸辛之態，激昂慷慨，南渡後惟放翁可以繼之」。

註六三　江端本，字子我，陳留人，有陳留集一卷，已佚。

註六四　楊符，字信祖，出處未詳，有信祖集一卷，已佚。

註六五　謝薖，字幼槃，自號竹友，逸之弟，有竹友集十卷行世。其詩律法得自山谷。

註六六　夏倪，字均父，蘄州人，著遠遊堂二卷，已佚。其詩法原自山谷。

註六七　林敏功，字子仁，敏修之兄，有高隱集、蒙山集，已佚。

註六八　潘大觀，字仲達，大臨弟，詩爲山谷所稱，惜無存者。

註六九　何覬，事蹟不詳，詩亦不存。

註七〇　王直方，字立之，開封人，自號歸叟，有歸叟集、直方詩話，皆佚。

註七一　善權，本姓高，字巽中，靖安人，精詩，貌素清癯，人號之曰瘦權，與祖可齊名，有眞隱集，已佚，其詩清淡。

註七二　高荷，字子勉，自號還還先生，江陵人，元祐中太學生，晚年爲童貫客。有還還集一卷，已佚。

註七三　梁昆宋詩派別論頁六四引。

註七四　同註七三。

註七五　呂本中夏均父集序（中國歷代文論選中冊著錄）。

註七六　呂東萊詩集卷七，大雪不出寄陽翟寧陵。

註七七　見四部叢刊本豫章黃先生文集卷十九頁二〇四答洪駒父書。

註七八　見四部備要本山谷全集內集卷十二頁七。

註七九　見宋人題跋第一冊頁三十七，台北世界書局重印本。

註八〇　見胡仔苕溪漁隱叢話上冊卷三十五頁二三二，世界書局印行；又見魏慶之詩人玉屑卷八頁一五七，商務印書館印行。

註八一　劉若愚中國詩學，James Liu: The Art of Chinese Poetry: Chicago, 1962, P. 78.

註八二　呂本中童蒙詩訓。

註八三　見「文章活法」條。又參見胡仔苕溪漁隱叢話卷八引石林詩話「論死法」條。

註八四　尤袤，（一一二七ー一一九四），字延之，號梁溪，無錫人，其詩平淡。楊萬里（一一二四ー一二〇六），字廷秀號誠齋，吉水人，自謂少作詩千餘篇，後皆焚之，大抵江西體也。其詩凡數變，晚年學五律於陳后山，學七絕於王荆公，又學絕句於唐人。范成大詳註四四，陸游詳註四三。

註八五　陳與義（一〇九〇－一一三六），字去非，號簡齋，洛陽人，與呂本中、曾幾往返唱和，爲江西詩派後期代表作家，其詩以簡嚴掃繁縟，以雄渾代尖巧。

註八六　呂東萊文集卷十五。

註八七　見莊嚴出版社中國文學欣賞全集詞篇六頁二六〇四。

註八八　劉大杰中國文學發達史頁五六九－五七〇。

第五章　呂東萊之史學

吾國史學特別興起時期有三，一爲兩晉南北朝，因今古經學衰歇，而史學代興，二爲兩宋，因理學興而史學並世以興，三爲明清，因考證學風盛，而史學亦興。

宋代自性理之說興，世之學者，歧道學政事爲兩途，致但知有宋以理學名，其實史學之成就，亦大有可觀者。蓋程朱上接孔孟，並非徒託空言而廢政事。政事不外典章制度，凡記錄人類社會變遷進化之因果，典章制度之沿革，則謂之史也。故歐陽修曰：

史者，國家之典法也，自君臣善惡功過與其百年之廢置，可以垂勸戒示後世者，皆得直書而不隱，故自前世有國者，莫不以史職爲重。（註一）

考宋尚文治，太祖既得天下，欲令武人多讀書史，故非讀書人不得入相，在此右文政策下，加之印刷業發達，且承襲唐代注重修史之餘緒，史學特別發達，人才輩出，著作甚豐，諸體詳備。大體而言，北宋史學注重發揮義理精神，強調殷鑑作用；南渡後，政治頹敗，國勢阽危，學術研究略爲式微，史學研究，亦由注重義理而轉向經世事功之學，熱衷於歷史及制度之研究。重要之史學著作，有：薛居正等人編舊五代史，歐陽修、宋祁、范鎭等撰新唐書，而歐陽修私編新五代史，司馬光撰資治通鑑，鄭樵撰通志，袁樞撰通鑑紀事本末，馬端臨撰文獻通考，此外尙有呂夷簡等之國史，熊克之中興小記，李心傳之建炎以來繫年要錄，王溥等之各朝會要，李昉等之太平廣記、太平御覽，王應麟之玉海，無不包羅宏富，影響後世史學甚大。而宋修史機關，多於往代，有國史院、實錄院、史館、玉牒殿等；以史官言，有左右史、起居郎、著作郎、著作佐郎、提舉國史、監修國史、提舉實錄院修國史、同修國史、史館修撰、同修撰、實錄院修撰、直史館編修官、檢討官、校勘、檢閱、校正、編校官、玉牒官等（註二），名目繁多；以史籍種類言，有：起居注、日曆、時政記、實錄、國史、國朝會要、玉牒（註三）、寶訓（註四）。史官及修史機關雖或時置時廢，而宋人重視史學，可見一斑矣！

據呂謙學先生之研究，宋代史學薈萃爲四大派，一爲義理派，以司馬光、劉恕、范祖禹、朱晦庵、呂東萊爲代表，其史學精神，以道德義理爲目標，治亂興亡爲內容，爲吾國傳統史學思想之大宗，上承春秋史學義理，下啓浙東史學思想，主要史著如通鑑、唐鑑、通鑑綱目、東萊博議等；二爲典章派，以杜佑、宋白、鄭樵、馬端臨爲代表，其史學精神，以文物變革爲目標，典章制度爲範圍，爲吾國史學之小宗，然以今日科學史學觀點言，對吾國文化史貢獻甚大，爲研究吾國制度之淵海，其主要史著如通典、續通典、通志、文獻通考等；三爲史事派，以袁樞爲代表，其史學精神，以事理發展經過爲目標，前後因果關係爲總結，爲吾國史學之孽子，其史著爲通鑑紀事本末；四爲方域派，以樂史、王應麟爲代表，其史學精神，以域地變革爲目標，興廢遷移爲著眼，爲吾國史學之旁枝，至清季而大盛，其史著如寰宇記、通鑑地理考等（註五）。

宋代史學盛矣！是以楊家駱先生曰：

駱自讀司馬光通鑑，李燾續通鑑長編而愛之，遂嘗徧考宋代乙部著述之存佚，以求一代治史之風尚，每覺論者於理學之盛，咸推有宋無異詞，而不知史學之盛，固亦莫宋若也。通史之創作，舊史之重修，政書之纂輯，金石之搜訂，世有其書，猶所易見。至其史官制度之完整，史體史法之精密，著述之繁，卷帙之巨，前代既罕其倫，後世亦難幾及，則似世少究論，遂致湮沒而不彰。（註六）

楊先生又推究宋代史學特盛之故，曰：

朝廷之鼓勵，士林之推重，固與有力，其尤要者，則以宋儒治理學，遂善於運思，而復重躬踐，既知史籍爲國家興衰，生民休戚之所繫，察俗布政，鑑往知來之所資，於是網羅遺聞，群起秉筆，宋代史學之特重當代史者，亦以此也。是理學與史學，又何嘗相仿而不相成哉？（註七）

宋代史學之盛，已如上述，而東萊於孝宗乾淳間，倡道於浙東，學者四集。嘗云：「達於事變，則能得時措之宜」（註八），是以中原文獻之舊，巋然爲渡江後大宗。朱熹倡道東南，東萊實羽翼之，故凡性命道德之源，講之已洽，而東萊遂尤潛心於史學，似欲合永嘉朱熹而一之，使儒者知窮經以立其本，涉史而通其變，研究事理以觀其會通，故其史學造詣精深，於本章加以論述。

第一節　呂東萊史學之家學淵源

呂東萊家傳云：「自正獻公而上，勳德行治，皆在太史氏」（註九）。夷考東萊先祖呂蒙正、呂夷簡、呂公著，三世爲相，而呂蒙正及呂夷簡，又三居相位，分別爲九年及十年十月，呂公著亦獨當國政三年。而宋之史館，如國史院及實錄院，雖初隸秘書省，其後多以宰相領之。故呂夷簡曾與修三朝國史一百五十卷，宋晁公武郡齋讀書志卷五正史類云：

三朝國史一百五十卷，右皇朝國史紀十卷，志六十卷，列傳八十卷，呂夷簡等撰。初景德中，詔王旦、李文元、楊億等九人撰太祖太宗兩朝史，至天聖五年，詔夷簡、宋綬、劉筠、陳堯佐、王居正、李俶、黃鑑、謝絳、馮元同修，加入眞宗朝史，王曾監修。曾罷，夷簡代，八年書成，計七百餘傳，比之三朝實錄增者大半，事覈文贍，褒貶得宜，百世之所考信云。

實錄之撰，起於南朝之梁，隋書經籍志著錄有周興嗣撰梁皇帝實錄三卷及謝昊撰梁皇帝實錄五卷。唐代以後，實錄盛行，各朝皆修撰前一代之實錄。宋仍唐制，有起居注、時政記及日曆，文獻通考經籍考，著錄有高宗日曆一千卷，而宋史藝文志著錄高宗日曆一千卷、孝宗日曆二千卷、光宗日曆三百卷，及寧宗日曆五百一十卷、理宗日曆七百九十二册、度宗時政記七十八册，宋代所修此種史料甚爲豐富。史官輒據以上史料，撰成前代實錄，由太祖至理宗十四朝，皆有實錄，而英宗實錄三〇卷，乃呂公著等所撰，宋史及文獻通考均著錄，而公著亦曾參與神宗實錄之修撰事宜，據晁以道言：

元祐元年，詔修神宗實錄，鄧溫伯、陸佃修撰，林希、曾肇檢討，蔡確提舉。確罷，司馬光代。薨，呂公著代。公著薨，大防代。六年奏御，趙彥若、范祖禹、黃庭堅，後亦與編修，書成，賞勞皆遷官一等。紹聖中，諫官翟思言元祐間呂大防提舉實錄，祖禹、庭堅等編修，刊落事迹，變亂美惡，外應姦人詆誣之說。命曾布重行修定。其後奏書，以舊錄爲本，用墨書，添入者用朱書，其刪去者用黃抹。（註一〇）

呂氏之先，既三世爲相，政壇代有名人，故呂氏子孫受此家庭薰染，爲學多嫺於治體，高宗紹興八年（一一三八），詔呂本中侍講左氏傳。呂本中論史，即每本此觀點立論，嘗謂：

凡導之輔晉，蓋得子產治鄭之意，每委曲遷就，以求合人心者，未可以常理論也。王右軍與殷浩言中興之業，以「道勝寬和」爲本，又顧和勸王導：「明公爲政，當使網漏吞舟之魚」，此皆深達當時治體。（註一一）

東萊讀史，好究治體，當受家學影響。且彼於乾道六年（一一七〇），三十四歲，十二月兼國史院編修官，實錄院檢討官，撰徽宗實錄；淳熙三年（一一七六）四十歲，除秘書省秘書郎，兼國史院編修官，實錄院檢討官，重修徽宗皇帝實錄；翌年，實錄院進徽宗實錄二百卷，以與修實錄有勞，轉承議郎，罷檢討，仍兼史職；淳熙五年（一一七八），四十二歲，四月除著作佐郎兼史職；淳熙七年（一一八〇），四十四歲，除著作郎兼國史院編修官，辭未就。東萊任職史館多年，閑於史學，自不必贅言，乾道八年（一一七二）丁憂居於明招，山中「耳目清淨，林泉幽邃」，與較接近門生數人共讀，其爲潘叔度所列書目，泰半爲史書，其書曰：

某到山間近十日，初欲遊歷近村，而窗明几淨，閱通鑑頗有緒，遂兀坐不復出戶也。詩兩種已收看，春秋三傳伊川說之外，胡劉（原註原父、質夫）、陸（纂例指微）、孫（發微）皆當參看。（註一二）

由此觀之，東萊史學之成就，一則淵源於家學，一則得諸實際任職史館之經驗也。

第二節　經史一體之歷史觀

近人劉師培有「古學出於史官論」（註一三），史學乃吾國學術之大宗，吾國凡百學術，蓋皆出自史學。論史學起源之早，綿延之久，範圍之廣，舉世莫之與京；而史家風骨之崢嶸，史料之豐富，修史制度之健全，歐美亦瞠乎其後矣！梁啓超先生之言可證，曰：

誠一繙四庫之書，其汗牛充棟，浩如煙海者，非史學書居十六七乎？上自太史公、班孟堅，下至畢秋帆、趙甌北，以史學名者，不下數百，茲學之發達，二千年於茲矣！（註一四）

夷考兩宋史學興起之因，與經學大有關係，世皆知宋代之理學，係受佛教禪宗之影響，而宋代史學又受理學之影響，却甚少人知。蓋理學家係將史學與經學包括於其體系之內，並予以一定之地位。

理學研究心性理氣之精義，必透過現實之人生。史學所撰述者，不外制度沿革，人事遷變，其要點在興亡成敗之因果，與乎善惡休咎之褒貶，以現實之人生，歸結於天道人道相應之關係，此司馬遷所謂「究天人之際」者，是也。天道者，天理之謂；人道者，治道之謂，而治道必本乎人道。故宋代史學之價值觀，在於事理之驗證，歷史乃提供印證事理之實例耳，欲瞭解歷史，首須把握聖人揭示之義理；宋代史學之功用觀，乃在道德之實踐，讀史必特別明辨義利忠奸，以爲今世之鏡鑑。司馬光之資治通鑑，以國家興亡、生民休戚爲主旨，發揚人道精神，既與儒家之道德觀一致，復與理學家之義理觀脗合。故胡三省通鑑注序云：

> 世之論者率曰經以載道，史以記事，史與經不可同日而語也。夫道無不在，散於事爲之間，因事之得失成敗，可以道之萬世亡（無）弊，史可少歟？

史與經同爲經世之用，治史者雖千頭萬緒，經緯萬端，仍須求得義理之安，故經之與史，本爲一科，可垂之法教者謂之經；見諸行事者謂之史，經史固二而一者也。司馬遷之史記，既以董仲舒所言春秋大義，爲其著書之基本原則，漢班固六略，以史記附於春秋經，良有以也，故經與史必相輔相成，相得益彰。惟自著錄家尊經爲甲，抑史爲乙，經史一體之義微，世但知經學研究之本體爲心性理氣，史學撰述之事物爲典章制度及人物善惡，而不知經學須藉史事，其理始有置根處；而史學亦須本乎六經，方可通徹衆理。至唐劉知幾出，乃釐革前失，援經入史。作史通一書，六家篇中，以尚書、春秋、與左傳、國語、史記、漢書並列，且以春秋左傳各爲一家，不分主從，論者謂當尊經之時代而有此見，識亦卓矣。

以受理學之影響，宋代史學多強調義理精神，期使史學經學化，並進而將經史合為一體，使之同歸於理學之領域，故宋代史學中，有濃厚之義理觀念，豈非吾國史學之特色歟？

宋代經史合一之義理思想，程伊川、范淳夫（祖禹）倡意於前，至南宋而大盛，張栻、呂東萊、朱晦庵，皆主史學經學化，先後二百餘年間，史學中之事理，吸取道學之精義，而道學中之事為，則藉史學而發揮。范淳夫為司馬光編修資治通鑑最得力人之一，而已則以經學思想另撰唐鑑，書成於宋哲宗元祐元年（一〇八六），以春秋為意，以左氏為法，以義理為斷，是揉合經史為一體之史學。伊川集中載：「范淳夫嘗與伊川論唐事，乃為唐鑑，盡用先生之論。先生謂門人曰：『淳夫乃能相信如此！』」（註一五），因知范氏之史學思想得自伊川，惟朱熹評之曰：「范淳夫論治道處極善，說到義理處却有未精。」（註一六）朱子之通鑑綱目，亦以聖賢之道而論說事理。

南宋浙東史學家對唐鑑一書，極為稱賞，呂東萊並為之音註，是知東萊亦認同於經史一體之史學觀矣！惟朱熹抨擊江浙史學功利之風，遂每涉及東萊，謂東萊之學，「於史分外仔細，於經却不甚理會」，實乃意氣之論。張其昀先生曰：

浙東學術之特色，扼要言之，曰：言心性者必衷於史，易言之，即為哲學與史學之綜合體。哲學源於易，推顯以至隱，史學源於春秋，推隱以至顯，一為理論，一為實證，一為內聖之學，一為外王之學，浙東學術之要旨，在於微顯闡幽，表裏洞澈，坐而言可以起而行，此正儒學精

義所在，亦即中原道統之所寄託。（註一七）

張氏論浙東學術之特色，亦云明正矣！東萊之言可爲證，其言曰：

> 看詩即是史，史乃是實事，如詩甚是有精神抑揚高下，吟咏諷道，當時事情，可想而知。（註一八）

左氏三書，爲東萊史學之代表，成書最早之東萊博議，凡百六十八篇，多係假藉春秋史事，發揮義理之見；左氏傳說評論人物，解析義理之筆調略少，轉而注意名物訓詁；左氏傳續說成書最晚，已不再析理虛論，而呈現經制實學之面貌矣！

經與史乃儒者修業之主要內容，東萊雖長於史學，然仍以爲「讀經多於讀史」，學問方可大可久。經史二者，東萊並未嚴加畫分，故曰：「觀史先自書始，然後次及左氏、通鑑，欲其體統源流相承接耳」（註一九）。尚書左傳皆屬經之範疇，因之彼主由經入史，雖無「六經皆史」之觀念，然其係以史學眼光讀經，以理學眼光讀史，易言之，即期多「識前言往行，以畜其德」。（註二〇）

宋儒之歷史觀，不一而足，要而言之，司馬光着眼於歷史中之人事問題，強調「善可取法，惡可爲戒」；歐陽修則以史學觀點衡量儒學；張載、陳傅良則着眼於歷史中之制度，以儒學解釋傳統制度；邵雍則以術數解釋歷史；胡安國致力春秋學，以爲聖人藉史傳經，有功於振衰起弊；而胡寧則以爲經史大別，史學不如經學之具有生命；朱熹則謂史學亦須具義理之辨；永嘉諸士則注重歷史中之盛衰與廢，尊王賤霸，厚古薄今；而呂東萊則合經史爲一，謂治史之目的，在明治亂、觀得失，並能本史學之客觀態度以修史，而編有大事記。

經史一體之論，宋葉適亦主之，其言曰：

蓋箋傳之學，惟春秋為難工。經，理也；史，事也，春秋名經而實史也。（註二一）

其後明儒宋濂、王陽明皆主之，而清儒龔自珍、錢大昕、王鳴盛、袁枚、章學誠諸人更無論矣！而近人劉師培氏，更有九流學術皆源於史之論，江瑔本之，乃作百家之學俱源於史一文。茲引述諸家之言，以為本節之論證焉！

宋濂曰：

或問龍門子曰：「金華之學，惟史最優，其於經則不密察矣，何居？」龍門子曰：「何為經？」曰：「易詩書春秋是也。」曰：「何謂史？」曰：「遷固以來所著是也。」曰：「子但知後世之史，而不知聖人之史也。易詩固經矣，若書若春秋，庸非虞夏商周之史乎？古之人何嘗有經史之異哉？凡理足以牖民，事足以弼化，皆取之以為訓耳，未可以歧而二之，謂優於史而不密察於經，固學之士固亦有之，而非所以議金華也。（註二二）

王陽明示門人之言曰：

以事言謂之史，以道言謂之經。事即道，道即事。春秋亦經，五經亦史。（註二三）

又謂：

易是庖羲氏之史，書是堯舜以下之史，禮樂是三代之史。（註二四）

龔自珍曰：

六經者，周史之宗子也。易也者，卜筮之史也；書也者，記言之史也；春秋也者，記動之史也；風也者，史所采於民而編之竹帛付之司樂者也；雅頌也者，史所采於士大夫也；禮也者，一代之律令，史職藏之故府，而時以詔王者也。故曰五經者，周史之大宗也……諸子也者，周史之支孽小宗也。（註二五）

孔子述六經，則本之史。史也、獻也、逸民也，皆於周爲賓也，異名而同實者也。（註二六）

錢大昕曰：

經與史豈有二學哉？昔宣尼贊修六經，而尚書、春秋實爲史家之權輿；漢世劉向父子，校理秘文爲六略，而世本、楚漢春秋、太史公書、漢書著紀，列於春秋家，高祖傳、孝文傳，列於儒家，初無經史之別。厥後蘭臺東觀，作者益繁，李充、荀勗等刱立四部，而經史始分，然不聞陋史而榮經也。自王安石以猖狂詭誕之學，要君竊位，自造三經新義，驅海內而誦習之，甚至詆春秋爲斷爛朝報，章蔡用事，祖述荊舒，屏棄通鑑爲元祐學術，而十七史皆束之高閣矣。嗣是道學諸儒，講求心性，懼門弟子之汎濫無所歸也，則有訶讀史爲玩物喪志者，又有謂讀史令人心粗者，此特有爲言之，而空疏淺薄者，託以藉口。由是說經者日多，治史者日少。彼之言曰：經精而史粗也，經正而史雜也。予謂經以明倫，虛靈玄妙之論，似精實非精也，經以致用，迂闊刻深之談，似正實非正也。太史公尊孔子爲世家，謂載籍極博，必考信於六藝；班氏古今人表，尊孔孟而降老莊，皆卓然有功於聖學，故其文與六經竝傳而不媿。若元明言經者，非勦襲稗販，則師心妄作，即幸而厠名甲部，亦徒供後人覆瓿而已，奚足尙哉？（註二七）

袁枚史學義例序云：

古有史而無經，尙書春秋，今之經，昔之史也；詩易者，先王所存之法，其策皆史官掌之。

章學誠曰：

六經皆史也，古人不著書，古人未嘗離事而言理，六經皆先王之政典也。（註二八）

又曰：

愚之所見，以爲盈天地間，凡涉著作之林，皆是史學。（註二九）

諸君子皆主經史一體，然則析經史而二之者，妄也。

第三節　尊王攘夷之思想

周室東遷，世衰道微，弒父弒君，策不絕書，孔子遂懼而因魯史舊聞作春秋，筆削褒貶，游夏不能贊一辭。

經學漢稱極盛，宋初承漢唐注疏之遺，篤守古義，未能創新；然自慶曆以後，風氣突變，大異乎往代，不重章句注疏，而講求義理，以己意議經，清朝皮錫瑞稱之爲「變古時代」。宋儒之經學，以春秋學爲最盛，宋史藝文志載錄春秋之書，凡二百四十部，二千七百九十九卷。舉其要者，有孫復春秋尊王發微十二卷、劉敞春秋權衡十七卷、春秋傳十五卷、春秋意林二卷、趙鵬飛春秋經筌十六卷、王晳春秋皇綱論五卷、孫覺春秋經解十三卷、胡安國春秋傳三十卷、蘇轍春秋集解十二卷，崔子方春秋經解十二卷、春秋本例二十卷、春秋例要一卷、高閌春秋集注四十卷、程頤春秋傳、呂祖謙春秋左氏傳說二十卷、春秋左氏傳續說十二卷、左氏博議二十五卷，陳傅良春秋後傳十二卷、李明復春秋集義五十三卷、洪咨夔春秋說三十卷、呂大圭春秋集傳、春秋或問二十卷、魏了翁春秋左傳要義三十一卷，而以孫復春秋尊王發微及胡安國春秋傳，闡明尊王攘夷之義，影響尤鉅。嘗思宋代春秋學顯盛之由，蓋治春秋者重歸納，推現以至微，況自南渡後，國勢一蹶不振，士大夫恨夷禍之日亟，痛恢復之難期，情殷中興，念切雪恥，無以寄志，退而著書也。

春秋一經，質簡而文深，深寓儒家一脈相承之道統。道統不立，則五倫隳敗，王綱不振，忠義滅絕，國本動搖。故宋室平定天下後，有識之士，倡興理學，以宏揚儒家道統，從而倡導忠君尊王，鞏固治統，以期撥亂反正，臻於至治，遂滙成時代思潮之主流。迨靖康以後，外患日熾，貽禍無窮，南宋諸儒，復倡尊王攘夷。

夷考唐代藩鎭割據跋扈之史實，已激發尊王攘夷之思想，近人陳寅恪謂唐代之古文運動，實以尊王攘夷爲其中心，且由藩鎭之割據，四夷之交侵所引起，堪稱卓識，其言曰：

唐代古文運動一事，實由安史之亂及藩鎭割據之局所引起。安史爲西胡雜種，藩鎭又是胡族或胡化漢人，故當時特出之文士，自覺或不自覺，其意識中無不具有遠則周之四夷交侵、近則晉之五胡亂華之印象，『尊王攘夷』所以爲古文運動中心之思想也。在退之稍先之古文家，如蕭穎士、李華、獨孤及、梁肅等，與退之同輩之古文家，如柳宗元、劉禹錫、元稹、白居易等，所同有此種潛意識，然均不免認識未清晰，主張不徹底，是以不敢亦不能因釋迦爲夷狄之人，佛敎爲夷狄之法，抉其本根，力排痛斥，若退之之所言所行也。退之之所以得爲唐代古文運動領袖者，其原因即在於此。（註三〇）

宋太祖懲唐五代藩鎭跋扈之弊，確立強幹弱枝、中央集權之策，提高君主之地位，影響所及，「尊王」思想遂爲宋代學術之思潮。今人陳芳明謂史學界有忠君史學之產生，曰：

此時的史學，一方面撰史，一方面以忠君的史學思想，貫注史籍之中，可以說是以史經世的時代。（註三一）

宋代中央集權之政治，雖獲速效，惟權奸竊國，黨禍屢起，導致王室闇弱，王權旁落，外族入侵，終不免喪權辱國，衰敗滅亡。南宋金兵逼城，二帝被虜，高宗倉皇南渡，力圖復興。惟外患與其國運相始終，遼、金、西夏相繼侵陵，稱臣、納幣、割地、議和，受盡屈辱。

春秋乃孔子據魯史所删訂，後世雖尊爲經，實乃一部編年體之史書，備載二百四十二年周室興衰之史實，寓有褒貶之微言大義，所揭大義，首爲尊王攘夷，爲春秋之中心思想，發明尊王攘夷之義，嚴夷夏之防，愼王霸之辨，爲宋儒者春秋學之主流，而兩宋春秋學之盛，其客觀因素，乃如上所述。今人

陳慶新曾論述宋儒對春秋之貢獻，曰

平心而論，宋儒對春秋的貢獻，遠遠凌駕歷代學者之上。漢學家的成績，止是在章句訓詁方面，並未能賦予春秋以活潑潑的生命。宋儒卻不然，一部千多年的古書，在他們手裏復活了，一份「斷爛朝報」，與兩宋三百二十年的歷史血肉相聯地結合起來。（註三二）

尊王攘夷之思想，今可謂之民族意識或民族思想。近人熊十力謂宋儒倡民族思想，乃理學之效也，其言曰：

北宋諸師，崛起而上追孔孟，精思力踐，特立獨行。紹心性之傳，察理欲之幾，嚴義利之辨，使人皆有以識人道之尊崇，與人生職分之所當盡，而更深切了解吾民族自堯舜以迄孔孟，數千年文化之美與道統之重，卓然繼天立極，而生其自尊自信之心，自知為神明之胄，而有以別於夷狄鳥獸。故宋儒在當時雖未倡導民族思想，而其學說之影響所及，則民族思想乃不期而自然發生。……宋學功績之偉大，何可湮沒。北宋君臣，皆無雄才大略，周程諸儒講學未久，而大命已傾，此未可以急效責之也。南宋則趙構昏庸而私，開基太壞，孟子云『雖與之天下，不可一朝居』，此其時矣。幸而二程門人後學，或參朝列，與權奸力抗，或在野講學，日以義理浸漬人心，朱子、張欽夫、呂伯恭，尤為聖學與國命所寄託。南宋無明主，而以杭州一隅，繫二帝三王正朔之傳者百五十年，非理學之効，而誰之力歟？（註三三）

宋儒尊王攘夷之思想，倡始於孫復（註三四）。今人倪天蕙所撰宋儒春秋尊王思想研究一文，於宋儒春秋學之先導、春秋尊王思想之淵源，均有詳盡精確之論述，並揭舉兩宋春秋尊王思想之代表人物，自孫復而下，有王晳（註三五）、孫覺（註三六）、蕭楚（註三七）、胡安國（註三八）、高閌（註三九）、陳傅良（註四〇）、趙鵬飛（註四一）諸家，紹述詳要，徵引旁博，實深敬佩，惟以呂東萊不之及，爲有憾耳。

呂東萊之易說，引董仲舒曰：「爲人臣而不知春秋，必陷簒弒之禍；爲人君而不知春秋，必被首惡之名」（註四二）。故東萊之長於春秋學，不待贅言矣！趙汸春秋集傳序曰：「祖謙之學，於左氏最深」，其於春秋之學，不取漢人陰陽感應之說，而據尚書實例平實立論，著有春秋左氏傳說、春秋左氏傳續說、東萊左氏博議三書，皆能據事發揮，指陳得失，闡明尊王攘夷之義。

尊王攘夷爲春秋之中心思想，攘外必先安內，是以尊王攘夷僅係一事耳。攘夷之道，首在明夷夏之辨，嚴夷夏之防。呂東萊以爲春秋之功與天地並者，乃在嚴華夷之辨也，其言曰：

> 春秋懼天下遂忘華戎之辨，故書「公會戎于潛」以警之，使人知壇壝之上，此爲公而彼爲戎，還人心於既迷，遏夷狄於方熾，涇渭華戎於一言之間，此春秋之功，所以與天地並歟！（註四三）

孔子曰：「夷狄之有君，不如諸夏之亡也」（註四四），中國本爲華夷雜處之地，然則華夏與夷狄之辨，何以爲斷？東萊以爲不在種族血統，而在文化禮俗也。禮之根本，在倫理與綱常，東萊曰：

> 自古所建立國家，維持天下大綱目，不過數事，如三綱五常，天敍天秩之類。（註四五）

大抵中國之所以爲中國，以其有三綱；夷狄之所以爲夷狄，只緣無三綱。三綱者，君臣、父子、夫婦也。（註四六）

春秋吳爲周太伯仲雍之後，楚爲文王師鬻熊之後，皆諸夏同種，而見斥爲夷狄者，以其不能修習禮義、三綱盡絕也。東萊亦以爲然，曰：

楚子立商臣爲太子，令尹子上曰：楚國之擧，常在少者，觀此見夷狄之與中國本不同……以楚甲兵之衆，土地之廣，固足以抗衡中國，至於傳國立嗣之際，則失其大倫，亂其大本，所以多有戕弑之禍，正緣無三綱故。如此觀其上有天王而僭稱王號，則無君臣之綱矣；立嫡以長，而常在少者，則無父子之綱矣；息嬀繩於蔡哀侯，而息遂見滅，以息嬀歸，則無夫婦之綱矣，三綱既絕，以春秋所以降楚於夷狄也。（註四七）

東萊又曰：

善惡無定位，華夷無定名，一渝禮義，旋踵戎狄。彼被髮野祭之際，固已爲戎矣，豈待百年而始爲戎乎？（註四八）

既以禮義辨華夷，故不稱夷狄爲異類、醜類，而多以君子小人對比，甚或稱夷狄爲豺狼，凡背禮犯義者即爲小人，即爲夷狄，東萊曰：

凡小人、女子、夷狄，皆是陰之類。（註四九）

大抵中國是君子之類，夷狄是小人之類。鄭前爲王所薄，及出奔，又爲王省視官具，而後聽其私政，何反勤王室如此？蓋鄭是君子，雖王薄之，則急難不廢臣子之禮。夷狄是豺狼之類，少有不到處，便起反心，發兵伐王室，至王失國。以此事論之，大之於天下，小之於一身，寧結怨於君子，不可受恩於小人，鄭是中國君子之類，狄人何厭之有？（註五〇）

中國猶君子，蠻狄猶小人，小人爲君子之害，猶蠻夷爲中國之害也。（註五一）

東萊以「吾心之夷狄」較外表之夷狄尤可畏，論秦晉遷陸渾之意甚精，曰：

陸渾未遷之前，戎狄其心者也，陸渾既遷之後，戎狄其形者也。人徒以秦晉之遷陸渾，爲亂華之始，不知伊洛之爲戎久矣，豈待氈毳其服，穹廬其居，侏離其語，然後謂之戎哉？十九年掘鼠牧羊於北海之濱，而未嘗少改蘇武之漢也，承乾身未離唐宮，而已純乎突厥矣！天下之可畏者，莫大於吾心之夷狄，而要荒之夷狄次之。（註五二）

夷夏如善惡邪正，兩相對立，出乎此則入乎彼，入乎此則出乎彼，故於中國之歷史上，夷夏消長，循環無已。而夷狄之強弱，端視中國之盛衰而定，設夷狄長而中國消，東萊以爲乃中國之過，而非蠻夷之過也，蓋中國自古淫亂，必召夷狄，夷狄之於中國，每觀釁而動。故爲君者，必「修文德」而「來遠人」，曰：

蓋夷狄之強弱，常由中夏之盛衰。中國元氣也，夷狄邪氣也。元氣全則邪氣不能入，元氣喪則邪氣乘之。（註五三）

大抵中國與蠻夷、君子之與小人，國家之有權臣，常爲消長，蠻夷盛則中國衰，權臣強則王室弱……蓋天下統一，爲君者，當撫循其民，君不拯救撫循，非所以爲君，及至天下分裂，撫循其民者，當在霸主，霸主不能撫循，其勢自然歸蠻夷，此中國不如蠻夷，皆中國之過，非蠻夷之過。（註五四）

夷夏既以文化禮俗爲判，惟以雜處，非但血統混合，文化禮俗亦相互影響，而產生華之變夷或夷之變華之現象，設華夏放棄原有之禮俗，而學於蠻夷，沾染胡人風氣，則是自甘墮落，最爲可嘆，反之，蠻夷吸收中國禮制，由夷變華，則中國之。宋代理學家飽受異族欺凌之餘，討論夷夏問題，仍依其學說立論，不作大言空論，立異鳴高，殊爲可取。東萊曰：

是知居夷而華者，必變夷爲華；居華而夷者，必變華爲夷，物物相召者，未嘗不以其類也。（註五五）

東萊以秦楚兩國，自邊鄙以入中國，吸收中國文化，進而會盟諸侯，可爲由夷變華之典型，據此以正蘇東坡之夷狄論，曰：

楚本是蠻夷…後來漸盛，然後漸學於中國盟會制度，東坡作王者不治夷狄論，謂秦楚流入於夷狄，正是倒說，秦楚正是夷狄漸流爲中國，非爲夷狄也。（註五六）

當周室強大，天子力能制馭四海，自然無霸主出現，然若王室黯弱，政治腐敗，諸侯各自爲政，國家分崩離析之時，則霸者乃應運而起，果霸主能尊天子、率諸侯、攘夷狄、統天下，則予以稱美，不然則予以深貶。王霸之分，在德與力耳，王以德行仁而霸以力假仁，惟東萊以爲「霸亦當假德而行」，見地獨到，東萊曰：

大抵王霸之分，王以德，霸以力，以德爲尚，則終始如一；以力爲尚，未有始盛而終不衰者。（註五七）

自古論王霸者，皆曰王以德，霸以力，德與力是王霸所由分，然而霸亦當假德而行，亦未嘗專恃力而能霸者。（註五八）

以春秋五霸，雖不免侵削天子之權，摟諸侯以伐諸侯，然東萊仍以爲頗具貢獻，而其貢獻之大小，視其攘夷之功而定，齊桓、晉文相提並論，以其攘夷之功獨多也。東萊曰：

齊桓公始霸之初，狄滅衞，又伐邢，見得當時夷狄憑陵中國，如此之甚。向非齊桓之霸，封衞遷邢，則中國幾何而不淪胥爲夷狄，此孔子所以有「微管仲，吾其被髮左衽」之歎也。（註五九）

宋雖能預五霸之列，而以未能發揮攘夷之精神，爲東萊所擯棄，東萊曰：

宋襄本不足預五霸之列，人見他亦曾會諸侯，故列之於五霸；夫宋襄尚且不識霸者題目，霸者欲尊周，會諸侯，大要在擯楚……宋襄欲成霸業，反求諸侯於楚，更不能攘夷狄、尊中國，與齊晉皆異，此霸業所以不成。（註六〇）

而楚問鼎中原，全然不知君臣之大義，尤爲東萊所不齒，徑指楚爲蠻夷，不得與晉相提並論，曰

晉，中國也，可告語者也；楚，蠻夷也，不可告語者也。（註六一）

楚莊王在春秋時，皆謂之賢君……考其觀兵於周，問鼎之大小輕重，則傲然有篡逆無君之心，暴露於此，雖有終身之小善，亦蓋覆不過。今左氏不見其大惡，而特取其末節，何故？蓋緣當時之人，風聲氣習，都不知君臣之大義。（註六二）

宋人以尊王攘夷解經者多矣，然以北宋初孫復闡揚春秋尊王之義，北宋末胡安國復明春秋復仇攘夷之義，對兩宋學術與政治影響尤鉅。東萊尊王攘夷之說，實深受孫胡二氏之影響也。東萊曰：

胡文定春秋傳，多拈出禮運天下爲公意思。蜡賓之歎，自昔前輩共疑之，以爲非孔子語。蓋不獨親其親，子其子，而以堯舜禹湯爲小康，眞是老聃墨翟之論。胡氏乃屢言春秋有意於天下爲公之世，此乃綱領本原，不容有差。

其實，胡安國之春秋傳，遠本孫復尊王之義，旨在提倡大復仇之旨，而終以天下爲公爲歸宿，乃針對時局而又極富開闊之遠見，然因游酢之薦，誤交秦檜，終失知人之明，爲晚年一大遺憾。東萊之外祖曾幾及其師汪應辰，俱師事胡安國，而東萊之父大器，曾受學於曾幾，故東萊尊王攘夷思想之傳承，其來有自矣。

第四節　正君臣之分

忠君思想濃厚，爲宋代思想史特色之一，而此一思想，表諸史學作品者至夥。東萊既以綱常判夷夏，甚具卓識，然設中國無夷狄之侵軼，果能長治久安耶？蓋中國歷代之外患與內憂，輒並時而生，內憂之起，每緣君臣名分之不正，君不君、臣不臣、父不父、子不子，天下豈有不亂之理？孔子曰：「名不正則言不順，言不順則事不成，事不成則禮樂不興，禮樂不興，則刑罰不中，刑罰不中則民無所措手足。」（註六三）君臣乃天下之大名，而名分之維繫，實爲政之大本，君臣名分之正與不正，影響天下之動亂與平治，故東萊之讀春秋，特重正君臣之名分，每提要鈎玄，有所闡發。嘗以爲孔子之作春秋，以及春秋又始自平王者，乃孔子重君臣名分之故也，其言曰：

> 戎狄不知有王，未足憂也，盜賊不知有王，未足憂也，諸侯不知有王，未足憂也，至於名爲君子者亦不知有王，則普天之下知有王室者其誰乎？此孔子所以憂也，此春秋所以作也，此春秋所以始於平王也。（註六四）

東萊以爲天子之視諸侯，猶諸侯之視大夫，季氏之於魯，陳氏之於齊，皆如二君，而世不並稱魯季、齊陳，故不可以君臣並稱而亂其分；惟周爲天子，而鄭爲諸侯，然左氏周鄭並稱，始曰「周鄭交質」，繼曰「周鄭交惡」，無尊卑之辨，不責鄭之叛周，反責周之欺鄭，君臣之分亂，乃左氏之大罪（註六五），斯論甚爲高卓。

齊桓公之霸，本以尊王；晉文河陽之狩，雖有以臣召君之罪，然尚有依傍王室之名，皆能尊王以維持君臣之名分，故爲東萊所稱道，而晉平公憑陵王室，則爲東萊所深惡痛絕（註六六）。

東萊以爲欲正君臣之名分，不可離事理，君臣皆須依理以行之，否則名分僅有虛名耳，不足以束縛亂臣賊子（註六七）。

是以名分之維持，君臣二方皆有責任，君須講君道，而臣須盡臣責。君道在掌握君權，威福二柄是也，使禮樂征伐皆自天子出。東萊以爲魯隱公末年之有鍾巫之變，及晉襄公時六卿之分晉，胥緣隱公及襄公未能正君位、收君權之故，加以深責，而於齊桓公晉文公之上僭王法，反未加深責，又以「亂臣賊子多以小惠取民，如公子鮑以粟救飢取宋，公子商人以賑施取齊，陳氏亦以賑施取齊」之類，以爲「大抵爲人君者逃其責，君職不盡，荒政不舉，不當專責亂臣賊子侵上之權」（註六八）

人君日理萬幾，自無暇事事躬親，是以必舉賢才而佐之，君臣各有所司，天下方能進於治，雖天下之賢才，人君未必盡識，然苟能「首先用一大賢」，則「天下之賢才，自然牽連而進」，縱人君無德，天下亦治而不亂。如鄭之子產，晉之權向，齊之晏嬰，挾君輔政，以仁義相支持，深爲東萊所讚美。（註六九）

而人臣之責，則在匡君惡，養君德。東萊指出靈公之身弑國危者，乃因其臣下如郤缺、趙盾、士會之徒，不知正君心、養君德之故，而但知一味謀人城、攻人國也，反之，魏文侯有田子方輩輔佐，聖君賢相，如魚得水，相得益彰，故魏國以是而強。

人臣之相導君德、匡正君惡，貴在忠誠，苟己意未見用，仍須固守上下尊卑之分，不可不忠。設君臣皆未克共同戮力維持君臣之名分，則將如之何？東萊以爲史官須秉春秋之筆，加以導正，不稍假借。則君臣之分，復可釐然而不亂，準此以言，史官之神聖亦明矣，故東萊論崔杼之弑君曰：

史官直書其惡，殺三人而書者踵至，身可殺而筆不可奪，鈇鉞有敝，筆鋒益強。威加一國而莫能增損汗簡之半辭。終使君臣之分，天高地下，再明於世……皆史官扶持之力也。（註七〇）

東萊非但坐而言，亦且起而行，其所著十七史詳節、東萊書說，均特強調君臣之關係，其書說卷首曾列君臣名號表：

虞唐　君　堯、舜

臣　羲仲、羲叔、和仲、和叔、放齊、四岳、驩兜、共工、鯀

夏　君　禹、啓、太康、仲康、桀

臣　羲和、有扈氏五子、后羿、胤侯

觀上表，君臣之名號釐然不亂，則十七史詳節之例，姑無論矣！

第五節　史才史學史識史德

孔子分作史之道爲三，曰事曰文曰義。清章學誠曰：「夫子因魯史而作春秋，孟子曰：『其事齊桓晉文，其文則史』，孔子自謂竊取其義焉耳！載筆之士，有志春秋之業，固將惟義之求，其事與文，所以藉爲存義之資也。」（註七一）唐劉知幾嘗答禮部尚書鄭惟忠問，曰：「史才須有三長，謂才也、學也、識也。夫有才而無學，猶有良田百頃，黃金滿籯，而使愚者營生，終不能致貨殖矣。如有才而

無學，猶思兼匠石，巧若公輸，而家無楩柟斧斤，終不能成其宮室者矣。」（註七二）時人以爲知言。今人孟瑤曰：「寫史，一般都承認需要史學、史識和史才。史學有如散落的明珠，史識是那貫串散落明珠的彩線，至於史才，却是如何使這一串明珠組合成一串美麗的花序。（註七三）

史才云者，謂撰述史書之方法也，劉知幾釋曰：

> 史才云者，謂刊勒一家，彌綸一代；使其始末圓備，表裏無咎。至若文士撰史，握管懷鉛，多無銓綜之識，連章累牘，罕逢微婉之言，非史才也。（註七四）

近人梁啓超謂史才乃指史家之文章技術，史著之寫作技術，先重組織，即講究剪裁與排列，其次講求文采，務須簡潔與飛動。（註七五）此見與劉知幾若合符契，劉氏曰：

> 國史之美者，以敍事爲工，而敍事之工者，以簡要爲主，簡之時義大矣哉！（註七六）

欲求史著文字之簡潔，必去浮詞，劉氏史通有浮詞篇專論此事，極精闢扼要，可供參閱。

史學一詞，前人解釋，失之空洞，劉知幾、章實齋之說，亦語焉不詳，梁啓超以爲歷史範圍，極其廣博，治史貴專精不貴雜博，並主勤於抄錄、練習注意、逐類搜求，足以豐贍史學。（註七七）

所謂史識，指選擇材料入史時之判斷力與準確度。史所貴者義也，章學誠曰：「非識無以斷其義」，「識」者通古今之變之謂也，設史家無識，即無法決定一件史著或史事是否有意義、有價值，其實，史識尚應包括想像力與聯想力。劉知幾在史通識鑒篇中，對史識未作明確之界說，惟就其全書，知其言「識」與章氏相去不遠。梁啓超謂史識乃歷史家之觀察力，是去取別擇史料之能力，史家觀察須敏銳，觀察之程序，可由全部至局部，亦可由局部而全部，不爲因襲傳統之思想所囿，不爲一己之成見所蔽，方可具精密之觀察力。（註七八）賴明德教授以爲「所謂史識就是對歷史內容的鑑定、抉擇、判斷，燭照到大處的眼光和能力。具體的說，史識就是對歷史演進的特識和撰作史書的深意。」（註七九）清章學誠以爲史學乃考據之學，史識乃義理之學，史才乃詞章之學。今人張其昀先生以爲史學乃史之考證，亦即西洋史家所謂Analytical Operations，史識乃史之義例，亦即西洋史家所謂Synthetical operations，史才乃史之述作，亦即西洋史家所謂Exposition（註八〇）。

史才史學史識三者之中，劉知幾以爲史識最爲重要，蓋有學無識，胸迷蒼素，又爲徒讀矣。故曰：

> 假有學窮千載，書總五車，見良直而不覺其善，逢牴牾而不知其失，葛洪所謂『藏書之箱篋』，『五經之主人』，而夫子有云『雖多亦安用爲？』其斯之謂也。（註八一）

章學誠亦以爲然，曰：

> 薄牘之事，而潤以爾雅之文，而斷之以義，國史方志，皆春秋之流別也。譬之人身，事者其骨，文者其膚，義者其精神也。斷之以義，而書始成家，書必成家，而後有典有法，可誦可識，乃能傳世而行遠。（註八二）
>
> 史之所貴者識也，而所具者事也，所憑者文也。非識無以斷其義，非才無以善其文，非學無以練其事。（註八三）

今人鄭鶴聲亦作斯見，曰：

古人著書在義例，不在文辭，是以文辭可襲，而義例則不可襲。後人忽此，反斤斤以文辭間著書，舍本逐末，難以非古人矣。（註八四）

才學識三者，得一已不易，而兼三尤難，千古多文人而少良史，職是故也。史通覈才篇曰：「史才之難，其難甚矣」，章學誠曰：「六經以還，著述之才，不盡於經解、諸子、詩賦、文集，而盡於史學，凡百家之學攻取而才見優者，入於史學而無不詘也。（註八五）劉章二氏史才難之歎，豈徒然哉？

章學誠於才學識三者之外，又益以史德。史德乃指史家之心術而言，史家心術須端正，若魏書士皆以爲穢史，乃魏收心術不端故也，又若左氏春秋，劉歆評爲「是非不謬於聖人」，以心術端正故也。劉知幾雖未提史德一詞，惟渠謂「正直」、「實錄直書」（註八六），即史德之義。清錢大昕以爲「史家以不虛美不隱惡爲良」（註八七），又云：「史家紀事，唯在不虛美、不隱惡，據事直書，是非自見。若各出新意，掉弄一兩字，以爲褒貶，是治絲而棼之也。」（註八八）梁啓超以爲史家第一件道德，莫過於忠實，「即對於所敍述的史蹟，純採客觀的態度，不絲毫參以自己意見」，而將性格養成至鏡空衡平之境地，極力剷除誇大、附會與武斷之病。（註八九）

今人杜維運以爲「史家心術又分爲二，一爲史家心術之邪正，一爲史家心術之修養程度。史家心術邪惡，素行爲人所羞，人自不輕信其書，章氏不甚患此等心術，章氏所患者，爲史家有君子之心，而所養未底於純，不自知之中，發爲文辭，至於害義而違道。故力主史家著史，當愼辨於天人之際，盡其天而不益以人。所謂天，係指理性；所謂人，係指血氣情感。」（註九〇）於史德作一剴切之闡述。

史家之風骨貴峥嶸，吾國之史家，每樂言端正心術，砥礪氣節，寧爲蘭摧玉折，亦不作瓦礫長存，而與西方史家異趣。

史家之史識，或以宗教、以地理、以經濟、以文化、以政治爲核心。東萊承中原文獻之統，又受關學之薰陶，在史學上特重正君臣之名分、嚴夷夏之防，推究典章制度，故其史識係以禮爲核心。所謂禮者，非僅指揖讓周旋、洒掃應對之禮儀，舉凡國家一切典章制度，社會組織，君臣上下之次序，婚姻男女之別，民風土俗，皆爲禮之範疇。

禮與政治之關係至爲密切，周內史過曰：「禮，國之幹也。禮不行，則上下昏，何以長世？」（註九一）左丘明曰：「禮，經國家，定社稷，序人民，利後嗣者也。」（註九二）孔子曰：「安上治民，莫善於禮」（註九三）禮之於國家，荀子曰：「譬之猶衡之於輕重也。猶繩墨之於曲直也，猶規矩之於方圓也」（註九四）漢賈誼曰：「道德仁義，非禮不成；教訓正俗，非禮不備；分爭辨訟，非禮不決；君臣、上下、父子、兄弟，非禮不定，宦學事師，非禮不親；班朝治軍，蒞官行法，非禮威嚴不行；禱祠祭祀，供給鬼神，非禮不誠不莊，是以君子恭敬撙節退讓以明禮。禮者，所以固國家、定社稷，使君無失其民者也。」（註九五）漢書禮樂志曰：「治身者斯須忘禮，則暴嫚入之矣；爲國者一朝失禮，則荒亂及之矣！」然則禮爲政治之根本，是以今人高仲華先生曰：「我們如果以禮爲標準，來檢討中國歷代的政治制度，則對於中國歷代政治制度的得失，便可以瞭如指掌。所以我們談中

國政制史，必須溯原於禮，若是捨禮不談，便縱有千言萬語，批評歷代政治的得失，總不是探本尋原之論。」（註九六）

東萊嘗謂左傳與周禮相近，蓋左氏所書，合於禮者褒之，不合於禮貶之（註九七）。又謂看左氏書，須看一代所以升降，而一代升降，乃在「三代遺制典章文物之存否」（註九八），及「禮樂征伐」之所自出，又以爲人不可斯須去禮，一失於禮則禍遽至。東萊以爲左傳一書所載之禮法，有周之舊典禮經，又有春秋當時之禮。其左氏傳續說，於朝祭軍旅、官制賦役諸大典，註釋尤爲明暢，是以群儒考略謂東萊看左傳，盡在一「禮」字，其左傳三書，皆就禮而發揮，寧非的論？其例俯拾皆得，姑取二例以概其餘。東萊左氏博議云：

欲之寇人，甚於兵革；禮之衞人，甚於城郭，而人每不能守禮者，特以欲之寇人，無形可見，故狎而翫之耳！殊不知有形之寇，其來有方，其至有時，猶可禦也，至於無形之寇，游宴之中，有陷穽焉；談話之中，有戈矛焉；堂奧之中，有虎豹焉；鄉鄰之中，有戎狄焉，藏於杳然冥然之間，而發於卒然忽然之際，非聖人以禮爲之防，則人之類滅久矣！（註九九）

又左氏傳續說云：

先王所以有宴享之禮，正所以通諸侯往來之情，使其相與以誠，相接以和，則紛爭之禍自無所起，此先王制禮之意，非徒然文具也。至於後世，徒恃武夫以相侵奪，多少費力，其視典禮行而弭亂於無形者，其用力豈可同日而語哉？（註一〇〇）

典章制度亦爲禮之大端，東萊歷代制度詳說一書，分「制度」與「詳說」二者，所述「制度」，雖甚爲簡要，非如通典、文獻通考之詳博，然其「詳說」部分，多推求古代建制之原委，與乎沿革演變，論述精確，馬端臨之文獻通考，多所引據（註一〇一）。其大事記一書，編年記事之餘，藉「通釋」及「解題」，論列典章制度，對禮制刻意講究，如：周顯王十七年「秦大良造公孫鞅伐魏」條，「解題」論秦之首功制；顯王十九年「秦壞井田開阡陌」條，敍述井田制度，不勝枚擧。東萊除官制之外，亦甚重視經濟制度，歷代制度詳說十五卷，卷三至卷十，分別講論賦役、漕運、鹽法、酒禁、錢幣、荒政、田制、屯田等經濟制度。

朝章國典，固爲禮之大端，而風俗習氣，亦屬禮之一端。東萊左氏傳說，每以風氣之推移，論春秋、戰國以迄秦、漢之變遷，嘗曰：

> 邾滅須句，楚滅六蓼。夫須句司大皞之祀，六蓼實臯陶之後，此皆先王所封諸侯，自唐虞三代，以至春秋之初，千百世綿延而皆不廢絕，何故纔入春秋之世，便見屠戮？蓋須句六蓼皆小國，所以不廢於春秋之前者，蓋須句時間有聖賢之君，以振作之風聲氣習，尚有典型，老成人相與維持，故得世守其祀，所以雖小而僅存，至此先王德澤既已斬絕，漸入春秋戰國氣象，故先王之諸侯，亦不能自存，此最見得風聲氣習之大推移，習俗之大變革處，學者當子細看到此，又須看得天下大勢，與戰國漢唐相接。（註一〇二）

東萊以爲「善政未必能移薄俗，美俗猶足以救惡政」，蓋一國之盛衰，繫乎風俗之振靡，國家之敗亡，乃緣風俗之不正，而國家之強盛，亦正因有致強之風俗，故於所著大事記中，於亡國之年，胥詳述各國風俗，其於淳熙四年之輪對中，致力闡述宋代立國化成風俗以維持天下之道，用心之苦可知矣！

史考爲史學之表徵與基礎，所涉甚廣，舉凡官制、天文、曆算、輿地、氏族、版本、小學、音訓、金石、文物古蹟，莫非史考之範圍。欲斷言史家史學之疏博，必先觀察史家史考之精詳與否。胡三省之註通鑑，錢大昕之作二十二史考異及十駕齋養新錄，後人所稱者，以皆善史考故也。

東萊之左氏博議，爲括試而作，以闡發義理爲主；左氏傳說、歷代制度詳說、左氏傳續說，爲講說之文，語多雜出，皆不及考釋。音註唐鑑，爲註家之文，未涉考證。最可見東萊之史學者，厥爲大事記乎！大事記敍事與考證精密，朱子作孟子集註，屢加徵引。其所記史事多出自史記，而加以辨正，據今人胡昌智之研究，有以列傳辨本紀之誤者（註一〇三），有以本紀正列傳者（註一〇四）。治史以引據原手史料爲貴，大事記雖引用春秋、史記、通鑑，而每以春秋、史記以正通鑑之誤，而記春秋時事，則取左傳而捨史記（註一〇五）。胡昌智以爲東萊之史學，有求眞之精神，惟不用歸納法，有以孤證、情理即作結論，且未加利用金石器物，直指東萊史考之優缺點，頗有見地。（註一〇六）杜維運亦以爲蘇軾與東萊之史論，縱橫捭闔，誠無史家之歸納精神。（註一〇七）

清方望溪曰：「史爲宇宙之公器」，錢大昕曰：「史非一家之書，實千載之書。」（註一〇八）史官與史書之重要可知矣，而史官必秉持天下之大公，以載公是公非，使史書之精神，永昭萬世，故史德之重要至明矣！

清章學誠曰：「能具史識者必知史德」（註一〇九），以為史德乃史家著書之心術也，魏收之矯誣，沈約之陰惡，於史德胥有缺。

史德以秉正義之筆，直書史事，最為難能可貴，若史學家因個人人生觀、政治立場、階級意識、種族偏見、道德觀念、對史著所涉及人與事之態度、個人信持之歷史哲學、以及著作目的諸主觀因素，而影響其選擇與撰述，則無德矣！故崔杼弒齊君，趙盾弒靈公，史官直書其惡，史德耀光，為東萊所稱譽，曰：

崔杼弒齊君，史官直書其惡，殺三人而書者踵至，身可殺而筆不可奪。鈇鉞有弊，筆鋒益強，威加一國，而莫能增損汗簡之半辭，終使君臣之分，天高地下，再明於世，是果誰之功哉？（註一一〇）

齊崔杼弒莊公，其一時凶威虐焰，舉國無一人敢禦。太史書崔杼弒君，已自是難，崔杼殺太史，而其弟嗣書，則又難二人死，而其弟復嗣書，則尤難且三人死，而其弟又書，則愈難，南史氏執簡以往，則又愈難。大抵君子守正果堅，則小人雖有如此凶威虐焰，終不能移奪，然這裏須看得非偶然如此。（註一一一）

史官者，萬世是非之權衡也。禹不能褒鯀，管蔡不能貶周公，趙盾不能改董狐之書，崔氏不能奪南史之簡，公是公非，舉天下莫之能移焉。（註一一二）

董狐秉正義筆誅趙盾，而齊太史兄弟更犧牲生命而筆伐崔杼，比南宋文文山正氣歌曰：「在齊太史簡，在晉董狐筆」，良有以也。

清章學誠以爲史家通比興之旨，始能使史德鏡明稱平；而東萊處理學鼎盛之時，主「欲得鏡明稱平，又須是致知格物」。

東萊作史，即秉其史德，不輕議古人，其作家塾讀詩記亦然，或引諸家之說，或斷以己意，雖有出於前人意慮之表，亦未嘗輕議前人，故朱子序該書，曰：

> 呂氏家塾之書，兼揔衆說，巨細不遺。其述作之體，雖融會通徹，渾然若出於一家之言；而一字之訓，一事之意，亦未嘗不謹其說之所自；及其斷以己意，雖或超然出於前人意慮之表，而謙讓退託，未嘗敢有輕議前人之心也。（註一一三）

東萊音註唐鑑，亦如裴松之註三國志，劉孝標註世說新語，不妄議原書，註中無一辭之評議。其大事記一書，亦但列其事之目而已，無所褒貶抑揚，然則其史識何由而見？蓋東萊仿史記之論贊，設解題以發抒也。

梁啓超以爲史家第一件道德，莫過於忠實，且舉誇大、附會、武斷諸病，謂忠實之史家，於過去事實，十之八九應取存疑態度。（註一一四）章實齋之所謂「敬」，亦即忠實之義也。東萊撰述史事，必以諸書相互參閱考證，以求事實之眞僞，信以傳信，疑以傳疑；有所疑皆詳加考訂，不可考者則存錄之，以俟後人（註一一五），絕不高談不根，勸說無當。其作十七史詳節，刪而不增，於史事之可疑者，附考釋於下，未曾妄改前史。而其引用前人之說，皆注明出處，務必信而有徵，其作讀詩記，引三十九家學說，悉列其書名於卷首，音註唐鑑，標示出處，尤爲詳盡，注書名亦記篇章。其歷代制度詳說亦然，而大事記更爲謹嚴，正文及解題皆注出處。

史德須蓄養於平時，作史之際，方可使情氣持平，善善惡惡，褒貶得宜。俗謂歷史如鏡，故東萊謂讀史能蓄德，作史亦須以德，讀史作史須相互爲用，其言曰：

看史非欲聞見該博，正是要識前言往行以蓄其德。（註一一六）

觀史先自書始，然後次及左氏通鑑，欲其體統源流相接，國朝典故，亦先考治體本末，及前輩出處，大致於大畜之所謂畜德，明道之所謂喪志，毫釐之間，不敢不致察也。（註一一七）

第六節　論史體與讀史之法

唐劉知幾論史，概以六家二體。所謂六家者，尚書家、春秋家、左傳家、國語家、史記家、漢書家是也。二體者，紀傳與編年是也。尚書所載，多爲典謨誥誓之文，其體略如後世所集之兩漢詔令等，不得謂爲史體之正宗。春秋本魯史以成，左氏緣經作傳，是二家者，以編年體而垂爲百代之法者也。其後司馬遷以紀傳書表之體，刱爲史記；班固繼作漢書，改書爲志，斷代爲史，後有作者，遵而不易，紀傳一體，遂爲正史之規模。迄宋以後，更有紀事本末體興焉，此史書之三體也。惟編年紀傳均爲正史，而紀事本末體無與焉。

東萊論史體，本乎劉知幾二體之說，以爲二體各具短長，然皆不可廢，其言曰：

大抵史有二體，編年之體，始於左氏，紀傳之體，始於司馬遷，其後如班、范、陳壽之徒，紀傳之體常不絕；至於編年之體，則未有續之者。溫公作通鑑，正欲續左氏，左氏之傳，終云智伯貪而愎，故韓魏反而喪之，左氏終於此，故通鑑始於此。然編年與紀傳互有得失，論一時之事，紀傳不如編年，論一人之得失，編年不如紀傳，要之二者皆不可廢。（註一一八）

清謝諤之見，與東萊若合符節，亦謂二體不可一廢，且須相爲表裏，其言曰：

蓋春秋之法，年爲主，而事繫之；史君之法，事爲主，而年繫之。以事繫年，而事爲之碎；以年繫事，而事爲之全，二者不可一廢，紀年也，故以事繫而年全；紀事也，故以年繫而事全，事繫年而年全者，史法也；年繫事而事全者，考史法也，乃相爲表裏歟！（註一一九）

東萊以爲讀史之目的，「非欲聞見該博」，乃在「識前言往行，以畜其德」（註一二〇）。故言看史須看一半便揜卷，就擇善、警戒、閫範、治體、議論、處事等六事，料其後成敗如何（註一二一），而六事可約爲成己成物兩件，而「成」字爲要，蓋擇善、警戒、閫範，爲修己要目；治體、議論、處事爲治人要目。此法同於伊川，而細察則過之。史雖難看，然祇要自家致知格物，鏡明稱平，然後可見得美惡稱平，等得輕重。（註一二二）又以爲讀史不可主觀輕立意見，妄斷成敗是非，尤須留意統體綱紀，風俗消長，曰：

讀史既不可隨其成敗以爲是非，又不可輕立意見，易出議論。須揆之以理，體之以身，平心熟看，參會累積，經歷諳練，然後時勢事情，漸可識別」（註一二三）

讀史先看統體，合一代綱紀、風俗消長治亂觀之，（如秦之暴虐，漢之寬大，皆其統體也）。既識統體，須看機括，國之所以興、所以衰；事之所以成、所以敗；人之所以邪、所以正；於機微萌芽時，察其所以然，是謂機括。（註一二四）

識體統爲讀史綱領，明機括在察成敗興亡之端，皆讀史啓鑰之法也。

又以爲看史，不可只看外表之治亂，須如身在其中，史事與己，休戚相關，曰：

大抵看史，見治則以爲治，見亂則以爲亂，見一事則止知一事，何取觀史？當如身在其中，見事之利害，時之禍患，必掩卷自思，使我遇此等事，當作如何處之，如此觀史，學問亦可以進，知識亦可以高，方爲有益。（註一二五）

又嘗以入藥山採藥比況看通鑑之法，曰：

今姑言看通鑑之法；昔陳瑩中嘗謂通鑑如藥山，隨取隨得，然雖是有藥山，又須是會采，若不能采，不過博聞強記而已。（註一二六）

至若研史之要項，有官制、兵制、財賦、刑法、政事、君德、相業、國勢、風俗諸端，是其史識有過於前儒者。東萊又以爲讀史須注重綱領，不可泥於小處，其言曰：

看史書事實，須是先識得大綱領處，則其餘細事皆舉。譬如一、二百幅公案，但是識得要領處，

才見得破，決得定，切不可只就小處泥。（註一二七）

東萊又謂讀左傳之法，曰：

看左傳須看一代之所以升降，一國之所以盛衰，一君之所以治亂，一人之所以變遷，能如此看，則所謂『先立夫其大者』，然後看一書之得失。（註一二八）

是以東萊最能洞悉左傳一書之得失，曰：

左氏綜理微密，後之為史者，鮮能及之，然以隱公書即位為攝，是有見於魯史，而無見於春秋也；以周鄭交惡為不信，是有見於盟約，而無見於名分也；以歸魯地為正，以存許祀為禮，是有見於節目，而無見於大體也。蓋未能不易乎世，故其論議每如此，以是例之，其學之所至，格局之所止，皆可識矣！（註一二九）

左氏只有三般病，除却此三病，便十分好。所謂三病者，左氏生於春秋時，為習俗所移，不明君臣大義，視周室如列國，如記周鄭交質，此一病也。又好以人事附會災祥；夫禮義動作，古人固是於此見人吉凶，亦豈專係於此？此二病也。記管晏之事，則盡精神；才說聖人，便無氣象，此三病也。（註一三〇）

左氏于孔門事記多失實，惟孔門弟子記得其真。（註一三一）

大凡左氏載事雖小事，皆前後相應。（註一三二）

以上所引對左傳一書得失之評論，皆甚中肯。東萊治史，亦頗重史法，以為左傳、史記、前漢三書，皆有史法，當精熟細看，而自後漢、三國志以降，皆無史法，但看大綱始末成敗即可，其言曰：學者觀史各有詳略，如左傳、史記、前漢三書，皆當精熟細看，反覆考究，直不可一字草草；自後漢、三國志以下諸史，只是看大綱始末成敗。蓋自司馬氏、班氏以後，作史皆無史法。（註一三三）

由此觀之，東萊之史學，實學也，而非空虛無本之學，頗能掌握歷史之重心，又具獨卓之治史方法也。

【附註】

註一　歐陽文忠公集奏議集卷十二論史館日曆狀。
註二　宋史職官志。
註三　記載皇家譜系。
註四　記載皇帝之嘉言語錄。
註五　呂謙擧撰五代及兩宋的史學。
註六　宋史識語頁五（鼎文書局本）。
註七　同註六。
註八　呂東萊文集卷十五詩說拾遺。
註九　呂東萊文集卷九頁二〇三。

註一〇　馬端臨文獻通考經籍考引。
註一一　呂本中紫微雜說頁三。
註一二　呂太史別集卷十頁八與潘叔度。
註一三　見國粹學報一卷四期。
註一四　飲冰室文集「新史學」。
註一五　二程外書卷十一。
註一六　朱子全書卷三六。
註一七　現代政治第十三卷第十二期四明叢書序。
註一八　東萊呂太史外集卷五拾遺。
註一九　呂太史別集卷四頁五與張荊州（敬夫）書。
註二〇　麗澤集錄卷十頁五：「看史非欲聞見該博，正是要識前言往行，以畜其德。」
註二一　水心文集卷十二、頁二二一徐德操春秋解序。
註二二　宋文憲公集卷五二凝道記大學微第八。
註二三　傳習錄答徐愛問：春秋爲史否？
註二四　同註二三。
註二五　龔定盦續集卷二古史鈎沈論。
註二六　同註二五。

註二七　趙翼二十二史劄記錢氏序。

註二八　章學誠文史通義內篇易教上。

註二九　章氏遺書卷四報孫淵如書。

註三〇　金明館叢稿初編。

註三一　陳芳明撰北宋史學的忠君觀念（台大六十二年度碩士論文）。

註三二　陳慶新撰宋儒春秋要義的發微與其政治思想一文（新亞學報第十卷第一期（上）頁二九二。

註三三　讀經示要卷二頁一二四—一二五。

註三四　孫復（九九二—一〇五七），字明復，晉州平陽人（今山西省平陽縣）。經術精湛，尤邃於易及春秋。著有春秋尊王發微十二卷（今通志堂載錄），著重尊王之義，言多緣事而發，以深刻爲主，甚至謂春秋有貶無褒，時人以爲過激。而歐陽修對該書評價甚高，曰：「先生治春秋，不惑傳注，不爲曲說以亂經。其言簡易，明於諸侯大夫功罪，以考時之盛衰，而推見王道之治亂，得於經之本義爲多。」（歐陽文忠公集卷二六）該書是宋儒發明尊王要義之第一部春秋類著述。

註三五　王晳（宋史作王哲），生平不詳。據王應麟玉海稱，撰有春秋通義二十卷，又異義十二卷，春秋皇綱論五卷，今通義異義並佚，僅皇綱論尚存。述春秋之大旨，闡發義例，發明筆削。四庫總目提要評其言：「多明白平易，無穿鑿附會之習」。

註三六　孫覺（一〇二八—一〇九〇），字莘老，高郵人（今江蘇高郵縣）。爲胡瑗弟子，宋史藝文志載其著作有春秋經解十五卷、春秋學纂十二卷、春秋經社要義六卷，今僅存春秋經解十五卷，大旨以抑霸尊王爲主，不宗一家之說，其雜采諸家則先列其說，而後斷其是非，介於疑似之間者，則以其師胡瑗之說委曲發明之。

註三七　蕭楚（一〇六四—一一三〇），字子荊，廬陵人（今江西省吉安縣），宋史無傳，黃宗羲宋元學案，以其為「伊川門人，胡周再傳」，著有春秋辨十卷（四庫提要題曰春秋辨疑）。旨在闡發春秋尊王之思想，以為君之所以樹立威勢，制馭群臣之法，唯威福二柄而已，若移於下，則受制於臣矣！

註三八　胡安國（一〇七四—一一三八），字康侯，建州崇安人（今福建省建甌縣）。著有資治通鑑舉要補遺一百卷、春秋傳三十卷、通例一卷、通旨一卷，闡明攘夷復讎之論極為周至，所論較孫氏細密，自負為傳心要典。

註三九　高閌（一〇九七—一一五三），字抑崇，明州鄞縣人（今浙江省寧波縣），著有春秋集註（宋史本傳作春秋集解，而永樂大典作集註，與陳振孫直齋書錄解題同）。旨在推明王道，固正王法，使春秋尊王之義復明於後世。

註四〇　陳傳良，生平見本文第三章第四節。其所著春秋後傳十二卷，因公穀所舉之書法，考正左傳筆削之大義，正君臣之分與嚴夷夏之辨，尤反覆推闡。

註四一　趙鵬飛，宋史無傳，著有春秋經筌十六卷。四庫總目春秋經筌提要云：「鵬飛，字企明，號木訥，綿州人」。王梓材宋元學案補遺，錄之於泰山續傳，知其為孫復弟子。春秋經筌主以經解經，盡棄三傳，以正人倫、興王道為主旨。

註四二　呂東萊文集卷十二頁二八七。

註四三　呂太史別集卷十三讀書雜記二春秋講義「魯隱公二年春公會戎于潛」，東萊曰：「魯會戎，亦是戎狄通中國始見於春秋者」（左氏傳續說卷一）。

註四四　論語八佾篇。

註四五　左氏傳續說卷一。

註四六　左氏傳說卷四文公元年。
註四七　左氏傳說卷四文公元年。
註四八　東萊左氏博議卷十三，頁四七〇。
註四九　左氏傳說桓公六年。
註五〇　左氏傳說卷二。
註五一　東萊左氏博議卷十頁三一九。
註五二　東萊左氏博議卷十二。
註五三　左氏傳說桓公六年。
註五四　左氏傳說卷十八。
註五五　東萊左氏博議卷十二，頁三八七。
註五六　左氏傳續說卷七。
註五七　左氏傳說卷四。
註五八　左氏傳說卷十二。
註五九　左氏傳說卷二。
註六〇　左氏傳說僖公二十一年。
註六一　東萊左氏博議卷二十三，頁六五四。
註六二　左氏傳說卷五。

註六三　論語子路篇。

註六四　東萊左氏博議卷一。

註六五　同註六四。

註六六　參見左氏傳說卷十一。

註六七　參見東萊左氏博議卷四。

註六八　參見左氏傳說文公十六年。

註六九　左氏傳說卷首・看左氏規模。

註七〇　東萊左氏博議卷八莊公二十三年。

註七一　文史通義內篇言公上。

註七二　史通卷六十三史官上修史官條。

註七三　孟瑤中國文學史前言。

註七四　史通覈才篇。

註七五　參見梁啓超歷史研究法補編第二章。

註七六　史通敍事篇。

註七七　同註七五。

註七八　同註七五。

註七九　賴明德著司馬遷之學術思想頁二〇四。

註八〇　參見張其昀撰劉知幾與章實齋之史學一文（載中國史學史論文選集二頁七七六－七七七）。
註八一　史通雜說篇下。
註八二　文史通義外篇方志立三書議。
註八三　文史通義內篇史德。
註八四　鄭鶴聲撰太史公司馬遷之史學一文（載中國史學史論文選集一頁一九二。
註八五　文史通義補篇爲畢制府擬進湖北三書序。
註八六　史通直書云：「正直者，人之所貴，而君子之德也。」惑經云：「君子以博聞多識爲工，良史以實錄直書爲貴。」
註八七　潛研堂文集卷二十四史記志疑序。
註八八　十駕齋養新錄卷十三「唐書直筆新例」條。
註八九　參見中國歷史研究法補編頁一一三－一一六。
註九〇　清代史學與史家頁三五五－三五六。
註九一　見僖公十一年左傳。
註九二　見隱公十一年左傳。
註九三　見孝經。
註九四　荀子王霸篇。
註九五　賈誼新書。
註九六　禮學新探頁一一。

註九七　左氏傳說卷九。

註九八　左氏傳說卷首。

註九九　東萊左氏博議卷五頁一八七「桓公與文姜如齊」。

註一〇〇　左氏傳續說卷八頁二〇。

註一〇一　文獻通考卷九「錢幣」二頁一〇一至一〇三，卷二十五「國用」三頁二四七至二四九，卷二十六「國用」四頁二五四至二五五，其中正文引自東萊歷代制度詳說之「制度」，夾註引自「詳說」。

註一〇二　左氏傳說卷四「僖公二十一年」。

註一〇三　如周顯王四十五年，秦張儀伐魏取陝塞，解題曰：「本紀去年書取陝，按張儀傳，儀相秦四歲，立惠王為帝，居一歲，為秦將，取陝，築上郡塞，當從年表，書於今年。」

註一〇四　如始皇十年「逐客」條，解題曰：「李斯傳云：『韓人鄭國來閒秦，作渠而覺，秦宗室大臣請一切逐客』，是時呂不韋專國，不韋亦客也，孰有敢言逐客者乎，本紀載於不韋免相之後，得之矣。」

註一〇五　如敬王四十二年秋七月己卯，楚公孫朝率師滅陳，解題曰：「史記年表在前一年，今從左氏。」

註一〇六　參見胡昌智撰呂祖謙的史學一文（載書目季刊十卷二期）。

註一〇七　杜維運清代史學與史家頁五一－五二。

註一〇八　錢大昕二十二史考異序。

註一〇九　文史通義卷三史德。

註一一〇　東萊左氏博議卷八頁二六〇曹歲諫觀社。

註一一一　左氏傳說卷八。

註一一二　東萊呂太史外集卷第三，宏詞進卷一。

註一一三　朱子呂氏家塾讀詩記序。

註一一四　歷史研究法補編第二章「史家的四長」。

註一一五　如大事記周威烈王元年「鄭共公薨，子幽公已立條」，解題以世家、年表互異，不得考而兩存之。解題曰：「按世家共公在位三十年，夢當在此年。而年表於威烈王始書幽公改元，必有一誤，今兩存之。」

註一一六　麗澤集錄卷十頁五。

註一一七　宋元學案東萊學案與張荊州語。

註一一八　呂東萊文集卷十九頁四三一。

註一一九　謝譔春秋本傳事類始末序。

註一二〇　麗澤集錄卷十頁五。

註一二一　呂東萊文集卷二十「雜說」。

註一二二　麗澤集錄卷十頁四。

註一二三　呂太史別集卷十四頁一「讀史綱目」。

註一二四　同註一二三。

註一二五　呂東萊文集卷十九頁四三一「史說」。

註一二六　同註一二五。

註一二七　左氏傳續說綱領。

註一二八　左氏傳說卷首「看左氏規模」。

註一二九　呂太史別集卷一三頁九甲子左傳手記。

註一三〇　同註一二九。

註一三一　左氏傳續說卷一二頁七。如哀公十一年左傳：「孔文子使疾出其妻而妻之。」呂東萊云：「此與論語對『衞靈公問陣』之語一般，恐當時只是一事，論語所載爲得其眞。大抵左傳載孔子事，每失其實，蓋察不得聖人深所以有欠精神處。」（左氏傳續說卷一二頁五。）

註一三二　左氏傳續說卷六頁九。

註一三三　左氏傳續說綱領。

第六章　呂東萊文學史學之影響

宋儒之地理分布，可分八大區，一為中原，即今山東、河北、河南；二為關中，即今陝西；三為湖湘，即今湖北、湖南；四為江西；五為浙西，即今安徽、江蘇、浙江西南一部分；六為浙東，即今浙江省錢塘江以南；七為閩中，即今福建、廣東；八為蜀中，即今四川。若依時代分，大別為四期，自宋眞宗大中祥符六年（一〇一三），至神宗熙寧十年（一〇七七），為北宋中葉，中原人才最多，浙西次之，浙東居第三，江西又次之，閩中居五，蜀中第六，關中更次之，湖湘第八。自神宗元豐元年（一〇七六），至欽宗靖康元年（一一二六），為北宋末葉，人物之盛，中原仍第一，人數增加率極大，幾較前期多一倍，浙東次之，閩中第三，浙西第四，江西第五，蜀中第六，湖湘第七，關中凋零可驚。自高宗建炎元年（一一二七），至光宗紹熙五年（一一九四），為南宋前期，浙東一變而居第一，其人數增加驚人，比北宋中葉，增加五倍有奇，閩中居第二，與北宋中葉相較，增多三倍有奇，江西第三，蜀中第四，中原與浙西同居第五，湖湘第六，關中第七，本期已自黃河流域，南移至長江及珠江流域。自寧宗慶元元年（一一九五），至帝昺祥興元年（一二七八），為南宋後期，要推浙東爲最，其人數之衆，較北宋中葉增多八倍，江西躍居第二，惟人數較南宋前期減少，閩中降爲第三，蜀中第四，浙西仍居第五，中原第六，湖湘第七，關中第八。（註一）準此而言，宋學北宋二期內，皆以中原一區爲最盛，至南宋二期內，咸以浙東爲最多。

呂東萊先祖河東人，世居山東東萊，後徙壽春，六世祖夷簡，再徙開封，曾祖好問，隨高宗南渡，始居於婺州，遂爲浙東人。其學本諸家庭，復以中原文獻之統潤色之，承先啓後，其哲學之影響，姑置不論，本章述其文學與史學之影響。

第一節　文學之影響

東萊文學之精湛，於東萊左氏博議、古文關鍵、宋文鑑三書見之。

東萊左氏博議一書，乃科舉時代家喻戶曉之議論文楶範，其議論取左傳事實，章法嚴密，膾炙人口，就春秋大義而言，難免有主觀臆斷之處，然就文章技巧而論，有義有法，起承開闔，賓主虛實，歸納演繹，開啓後代爲文之竅門。

古文關鍵一書，原爲「前賢所集古今文之可爲法」者，東萊取之而詳加批注，據文抉出作者之心源骨髓，標注題旨、章法、句法、文氣，揭櫫八大家文章特色，提要鈎玄，畫龍點睛，使學者循易知難，心領神會，因悟爲文之妙。其論作文方法，分有形之「綱目」及無形之「血脈」二要領，「綱目」

指章法之變化，以文字之長短、齊整，表現緩急顯晦；「血脈」指文意之貫串呼應。

宋代繼東萊之後，類似古文關鍵集錄古今作品詳加解析者，遂聯鑣並轡而出，要而言之，有眞德秀之文章正宗二十卷、續集二十卷、謝枋得之文章軌範七卷、樓昉之崇古文訣三十五卷，王霆震之古文集成，皆師法東萊古文關鍵批注，乃至清代之荊川文編、鹿門八家文鈔，亦皆襲其法，播於藝林，號稱善本。

眞德秀（一一七八—一二三五），字景元，又字希元，南宋福建浦城人，諡文忠，人稱眞文忠公。生前講學於西山精舍，學者亦以西山先生稱之，宋史入儒林傳，宋元學案立西山眞氏學案。楊仲興序其文章正宗曰：「詮要釋疑，皆關世教；小行附錄，尤嚴別擇。」按文章正宗分辭令、議論、敍事、詩歌四類，錄左傳國語以下，至於唐末之作，蓋亦循東萊關鍵之例，然其持論甚嚴，大意主於論理而不論文。清顧炎武日知錄嘗病其執理太過，故書雖卓然自成一說，而四五百年來，自講學家以下，未有尊而用之者。四庫總目提要則曰：「專執其法以論文，固矯枉過直，兼存其理，以救浮華冶蕩之弊，則亦未嘗無裨」（註二）欲知宋代散體文之流變者，固亦未可廢也。

謝枋得（一二二六—一二八九），字君直，號疊山，南宋信州弋陽人。理宗寶祐中舉進士，恭帝德祐中，官信州知州，元兵犯境，城陷，遁隱深山中，常麻衣東向哭，絕食而死，門人私諡曰文節。宋史有傳。所編文章軌範七卷，乃錄漢晉唐宋之文，凡六十九篇，前二卷題曰放膽文，後五卷題曰小心文，各有批註圈點，偶有圈點而無批註者，蓋偶無獨見，即不塡綴以塞白，猶古人淳實之意也，而前出師表、歸去來辭二篇，乃併圈點亦無之，有所寓意也，其門人王淵濟跋，謂漢丞相晉處士之大義

清節，乃枋得所深致意，非附會也。王守仁序稱該書爲當時擧業而作，然凡所標擧，動中窽會，而古文之法，亦不外此書也。（註三）

樓昉（生卒年不詳），字晹叔，號迂齋，南宋浙江鄞縣人，紹熙四年（一一九三）進士，爲東萊弟子。所編崇古文訣三十五卷，所選古文凡二百餘首，陳振孫書錄解題稱其大略如東萊關鍵，而所錄自秦漢而下，至於宋朝，篇目增多，發明尤精，因其師說，推闡加密，尤有裨於學者。（註四）

準上以論，文章正宗、文章軌範、崇古文訣三書，格製法律，或詳其體，或擧其要，或標註其源流，皆東萊開其宗者，而元明以後，批註古書風氣大盛，遍及群經子史，蓋亦受東萊之影響也。

古文義法之說，爲清桐城古文家文論之中心，而義法云者，實胎息於孔子春秋，而亦有取於南宋呂學之「活法」也。合而言之，義法乃學古文之途徑，爲古文之方式；分而論之，則義爲宗旨，乃行所當行，法即方法，求如何行其所當行，非但諸道與文之融合，尤求文與辭之協調也。考義法二字，首見於史記十二諸侯年表序，曰：「孔子治春秋，約其文辭，去其煩重，以制義法。」清方望溪於又書貨殖列傳後，亦云：「春秋之制義法，自太史公發之，而後之深於文者亦具焉。義即易之所謂『言之有物』也，法即易之所謂『言之有序』也。義以爲經而法緯之，然後爲成體之文。」（註五）方望溪之所謂「法」，實呂氏之所謂「活法」也。周啓賡曰：

蓋法固有其常，亦有所變，故左氏、韓子之義法，顯然可尋，太史公之法，則於龐雜紛繁之中寓焉，必於神明變化中求之。故法雖有常，而不可拘泥，是即所謂「活法」也。就議論文言之，

理即義，辭即法，辭所以明理，其法尚可有常；若於記述文言之，則剪裁去取，虛實詳略，各有權度，是即法之變也。（註六）

清劉大魁則更具體以論神氣，以爲義理乃文之資，非文之能事，因化義法而爲神氣音節，主「行文之道，神爲主，氣輔之」、「神隨氣轉」、「神者氣之主，氣者神之用」。

呂東萊擅於辭章之學，長於鑑文，編纂宋文鑑一書，依例選文，囊括一代文體，金捐於山，珠遺於淵者少矣，遂爲歷代選文名著。雖茲事浩繁，東萊以一年時間完成之，宋孝宗嘉許其編輯精審，賜名皇朝文鑑，賜銀絹三百疋兩。南宋葉適論宋文鑑曰：「欲約一代政體歸之於道，而不以區區虛文爲主」；明宋濂云：「世有恆言，決科之文，不足以行遠。嗚呼！豈其然哉？顧其合道與否爲何如耳。昔呂成公編文鑑，其用意浸精密，而張庭堅所著尚書二篇特載入之，與龍圖序諸文並傳，四海之中但識字者，皆知誦之，苟謂其不能行遠，可乎？」（註七）清章學誠曰：「蕭統文選以還，爲之者衆。今之尤表表者，姚氏之唐文粹、呂氏之宋文鑑、蘇氏之元文類，並欲包括全代，與史相輔。」（註八）

以今觀之，宋文鑑係倣昭明文選體例，編輯北宋名家詩文，分六十一門，一百五十卷，前三十卷爲詩賦騷體，餘一百二十卷，皆爲應用文體，詔勑制誥疏表之類最多，經義、策問、行狀、墓誌亦有甚多篇幅，內容稍嫌駁雜，未若昭明文選之精粹，惟其主要特色，在顯微闡幽，保存單篇佳作，保留原文，以正視聽，選文或僅錄精英、不載全篇，對保存文獻，貢獻至大。

第二節　史學之影響

一、導南宋浙東史學之源

陳叔諒李心莊重編宋元學案導言云：「任何學術，其能臻於昌大而成爲宗派者，必先有人導其源，後有人纘其緒，左之右之，亭之毒之，經無數大師之殫精竭力，而其基礎乃能堅實，而其傳播乃能廣遠也。」旨哉斯言也。準是以論，則導南宋浙東史學之源者，非呂東萊莫屬也。

南宋兩浙爲畿內，文化中心已由洛、汴間移至東南沿海。浙江爲錢塘江一水中分，浙西僅杭、嘉、湖三府，而浙東則有寧、紹、溫、臺、金、衢、嚴、處八府，山川清麗，都邑繁盛，物土富饒，人文薈萃。以寧波（唐宋時稱明州）一地而言，唐宋時代，爲全國經濟上之大動脈，東起寧波，西訖長安，水運暢通無阻，交通、貿易、金融，均極發達，堪稱「財賦上之腴」（註九）。地理環境優越，學術勢必發展，是以兩宋數百年間，浙東學者輩出，文風鼎盛，而以婺州（今金華）、溫州（今永嘉）、寧紹（今寧波與紹興）爲三大中心。迨南宋開國，北方文儒士族，渡江僑寓，浙東竟成人文薈萃之地，學風益盛，是以清全祖望曰：「吾鄉自宋元以來，號爲鄒魯」（註一〇）

浙東學術，特著於史學。何佑森先生兩宋學風的地理分佈一文，據宋元學案統計，兩宋史學集中於三處，即北之涑水，蜀之蘇氏及浙江呂氏，而尤以浙地爲最盛。杜維運先生以爲南宋浙東史學派之出現，爲吾國歷史上最早之史學派，蓋南宋以前，吾國之史學雖盛，而史學之派別未曾形成，自浙東史學派出，吾國之史學，方邁入一新紀元。浙東史學派不惟出現最早，亦且持續最久，迄至近代，其脈未至全斷（註一一），而近人金敏黻論史學，不取學派之說，遂否定浙東史學派之存在（註一二），論者以爲殊待商榷。蓋浙東地區，數百年間，史家前後相望，其精神相銜接，其傳授之脈絡，昭然可尋，然則名之爲浙東史學派，誰曰不宜？清章學誠文史通義內篇，是以有「浙東學術」之目，而或逕稱「浙東史學」。

章學誠以爲浙東史學，自南宋以來，即歷有淵源（註一三）。浙東史學之淵源爲理學，浙東史學家皆爲理學家，故章氏又曰：「浙東之學，言性命者，必究於史」（註一四），又曰：「南宋以來，浙東儒哲講性命者，多攻史學，歷有師承。」（註一五）惟自宋後，理學派別分歧，浙東史學之所出，尚有待確定耳。蓋南宋以來之浙東史學，極富經世思想，永嘉、金華諸子之學，無不汲汲於經世。近人何炳松力主浙東史學淵源於宋代理學家程頤（註一六），惟杜維運先生以爲浙東史學淵源，直接歸於程學，係偏頗之論也，而以爲陸學輔之以朱子之學，解釋浙東史學淵源，較合實情（註一七）。要之，永嘉之周行己、鄭伯熊，金華之呂東萊、陳亮，分創浙東永嘉金華兩派之史學，而東萊之學，兼取朱陸，復以中原文獻之統潤色之，影響浙東史學尤鉅，其學傳入寧紹，而有大史家黃震、王應麟出，師法呂氏，兼取諸家，綜羅文獻，遂爲文獻學之大宗也。

清全祖望曰：「乾淳之際，婺學最盛，東萊兄弟（呂祖謙、祖儉）以性命之學起，同甫（陳亮）以事功之學起，而說齋（唐仲友）則爲經制之學。考當時之爲經制者，無若永嘉諸子，其於東萊、同甫，皆互相討論，臭味契合。」（註一八）

南宋浙學有金華、永嘉、寧紹三系，諸家大抵於經術外，精研史學，推論古今成敗、禮樂治亂之源，以諳悉掌故、經濟、事功爲務。

金華時稱婺州，而非安徽之婺源。宋儒在此講學有聲者，是與朱晦庵、張南軒、陸象山同時而齊名之呂東萊，金華系爲呂東萊所提倡，故婺學又稱呂學。東萊以宰輔門第，獨得中原文獻之傳，一門俊秀，輾轉相傳，隨宗室播遷，歷三百年而不止，自北方之中原，至南方之江浙，與當時每一學派，均有密接切磋之關係，與朱熹爲友，淵源濂洛，首璿婺學之源。

金華地區之史家，除東萊外，尚有陳亮與唐仲友。陳亮生平，已見本文第三章第四節，著有龍川集三十卷，其中書疏、中興論、酌古論、三國紀年及史傳序等，皆史學著述也。主王覇並用、義利雙行，濬通義理與經制之畛界，論當代人物，極推崇東萊，謂其規模宏闊，非朱元晦等所及。蓋以東萊講史學，推王覇治亂之原，臭味相及故也。乾道元二年之間，「退而窮天地造化之初，考古今沿革之變，以推極皇帝王伯之道，而得漢、魏、晉、唐長短之繇」（註一九），乾道七年（一一七一）至淳熙四年（一一七七），悉力研究「皇帝王覇之學」，自成一家之言。其論仁政，在執政者處心積慮，爲民設想，使之達情遂性，各得其所；論王道，則合乎孟子「與百姓同之」之旨，主君之君民，必以理智以求「事物之理」，而後制爲禮法，以表君德。清朝戴震主「聖人治天下，體民之情，遂民之欲，而王道備」（註二〇），與陳亮之見同。

唐仲友（一一三六—一一八八），字與政，號說齋，婺州金華人。紹興二十一年（一一五一）中進士，紹興三十年（一一六〇），中博學宏詞科，乾道六年（一一七〇）冬，任秘書省正字，翌年，兼國史院編修及實錄院檢討，乾道八年（一一七二），再除著作佐郎，秘書少監周必大命與尤袤合作，將四庫典籍倣崇文總目，編爲乾道秘府群書新錄八十三卷，爲陳騤所獻中興館閣書目之藍本（註二一）。其學舉凡天文、地理、王覇、兵農、禮樂、刑政、陰陽、度數、郊廟、學校、井野、畿疆，莫不窮探力索，而會通其故，其關乎史學之著作，有諸史精義一百卷、地理詳辨三卷、陸宣公奏議解十卷、詞科新錄四卷、故事備要四卷、魯軍制九問一卷（註二二）。

王覇與義利，同爲當日浙東學者與朱子爭論之主題，說齋對王覇之辨，至爲澈底，以爲在誠與不誠耳，君主之心，若能一出於誠，即可正其誼不謀其利，明其道不計其功，視天下爲公矣；又創經世之說，以化民成俗爲經世之首要，亦爲實踐王政之具體內容與步驟。論兵以仁義，以兵爲除暴之器，嚮往兵農合一之制；言財必欲益民，主藏富於民。

永嘉系導源於薛季宣與鄭景望，發揚於陳傅良、張栻，而光大於葉適。陳傅良既師薛、鄭，又切磋於東萊，而得薛氏「以經制言事功」之學爲多，與陳亮屢論皇帝王覇之學，其所致力者，仍爲經制事功之學，考訂制度，以求實用，而歸宗於周禮一書，以強國本、寬民力二端爲要。

葉適之生平及與東萊之交誼，本文第三章第四節已述，茲不再贅言。清全祖望曰：「乾淳諸老既沒，學術之會，總為朱陸二派，而水心斷斷其間，遂稱鼎足。」（註二三）全氏之言，係指其哲學，至其史學，就其著述論之，其習學記言五十卷，乃輯錄經史百家，各為論述，條列成編，其中史有二十五卷，不屑摭拾陳言，襲人言語，文亦刻削精工，鋒利無比，至論唐史諸條，多為宋事而發，於治亂通變之原，言之最悉，其識尤未易及（註二四）。其所提經世事功之論，無不就歷代政治制度演變而發，就政治改革言，曾提出「國是、議論、人材、法度」四難與「兵多而弱、財多而乏、不信官而信吏、不任人而任法、不用賢能而用資格」五不可動，如四難既變，則「兵以多而弱者，可使少之而後強也；財以多而乏者，可使少之而後裕也；然後使官與吏相制而不制於吏，使人與法相參而不役於法，使賢能與資格並行而不屈於資格，皆無不可動之患矣。」（註二五）其於財政與兵政兩者，亦特留意，主減輕賦役，免除苛雜，施以寬民之政。要之，其學為永嘉學派之代表，調融經制之學與王霸學理，立「經制事功」之理論體系，歸趨禮學，蓋受東萊呂學之影響。

寧紹地區，北宋有慶曆五先生，即杜醇、楊適、樓郁、王致、王說；南宋則有淳熙四先生，即舒璘、沈煥、袁燮、楊簡，舒璘嘗師東萊；袁燮亦師東萊而友止齋。然四先生皆為理學家，兼史學者，當推黃震與王應麟。

黃震（一二一三—一二八〇），字東發，祖籍定海，後遷慶元府慈谿，學者稱於越先生。幼蒙父教，嘗讀晦庵論語註解，即刻志儒宗。性清介信直，素厭時文之浮華，故每困場屋，乃授書餬口，後登寶祐四年（一二五六）進士，任職史館檢閱，咸淳三年（一二六七），與眞德秀、洪咨夔、李心傳、徐元杰、杜範、袁甫等六君子，同修寧宗、理宗兩朝國史實錄。居官凡十七年，天恆未明，即起視事，事至立決。終身自奉儉薄，人有急難，則賙之不稍吝。嘗進言當時大弊，曰民窮、兵弱、財匱、士大夫無恥，幾獲罪。致仕後，歸居定海縣之澤山（註二六），榜其門曰「湖山行館」，名其室曰「歸來之廬」，嗣僑寓鄞縣南湖，未幾，復南遷寓桓溪，自署「杖錫山居士」，已而，又東避兵亂於同谷。國變後，隱於寶幢山，誓不入城府。蒿目河山，感懷陵谷，日惟一食，遂餓死，門人私諡曰文節先生。宋史入儒林傳，宋元學案爲立東發學案。元代追諡爲文潔，至元間，學者建湖山書院祀之，院去其行館十里，後毀於兵，裔孫禮之復建。明洪武間，再毀於兵燹；至清全祖望乃就湖山行館舊址，建澤山書院，且歎其從祀孔廟之典有闕。其祀於慈溪者，在杜洲六先生書院中；於鄞縣者，則在全氏所建同谷三先生書院中；而定海澤山之祀，則專席也，俎豆馨香，可謂隆盛矣！

黃震爲一理學家，專學朱子，然精研文史，用力甚勤。其學以獨得於遺籍者爲多，默識而冥搜，無所不窺，著作甚夥，今存者有黃氏日抄百卷、古今紀要十九卷、逸編一卷、戊辰修史傳及佚文。日抄乃平日遍讀群書，隨手劄記，而斷以己意，並其創作，纂集而成，分經史子集四部分，史類自史記、漢書、三國志、南史、北史、隋書、唐書、五代史，迄至兩宋雜史，如名臣言行錄、蘇轍古史、春秋世紀，與東萊大事記等計九卷。對史記、漢書等正史，及國語、國策等雜史，有所評騭；於蘇子古史，加以針砭訂正。清沈起元序汪佩鍔珠樹堂校刊本黃氏日抄云：「余讀黃氏日抄，而歎黃氏之學深矣！」

（註二七）而古今紀要一書，略仿司馬光稽古錄、呂東萊大事記，及唐宋人會要之例（註二八），上起自三皇五帝，下訖於北宋哲宗元符，或採其粹語，或撮其綱領，時代後先，人物本末，博綜條貫，細大不捐，間附論斷。另附逸編一卷，記南宋理度二朝事。清鮑氏知不足齋叢書第二十一集，與民國初張壽鏞四明叢書第一集，皆刊有此卷。戊辰修史傳一卷，記度宗咸淳四年（一二六九），戊辰，任史館校勘，與修寧理二朝國史實錄時，所成之眞德秀等六君子事蹟，立論嚴正，不稍寬假，近代史學家漸加重視。

今人林政華君，嘗考東發之師傳，曰：

東發本師王文貫貫道，其學源出余端臣正君，正君出於輔廣漢卿。漢卿乃朱子門人，而傳其學於兩浙；且接呂祖謙東萊之緒，故東發亦間接被呂氏之敎焉。（註二九）

按王文貫鄞縣人，幼即嗜學，事鄉先生余端臣，登理宗寶慶二年（一二二六）進士第。學宗輔氏，工毛詩，又精治論語與春秋，授徒流澤四方。余端臣爲太學生，官至大學士，以經學敎授閭里，從者數百人，嘗從輔廣問學，與弟子王文貫，同爲四明詩學宗匠焉（註三〇）。

輔廣原籍趙州慶源（註三一），南渡居秀州崇德（註三二），始事東萊，繼登考亭之門。寧宗嘉定初年，奉祠歸隱，築傳貽書院，敎授子弟，並以著書自任，有四書答問、六經集解等，今存詩童子問，其說羽翼朱子詩集傳。

孝宗乾淳間，東萊倡道浙東，學者四集，輔廣其尤著者。東發之學，間接自東萊出，於呂氏之大事記，贊其詳於考究地理與名物制度（註三三），又嘗採其讀史綱目，附入古今紀要中（註三四），其日抄讀春秋七卷，要在以經解經，略考傳注，並嚴夷夏之防，明忠奸之辨，致意於天理倫常之發皇。三傳之中，較推左傳，於公穀則力斥其所謂褒貶凡例之說，在在皆可見深受東萊之影響。

史學之外，東發亦傾心東萊之理學，尊其能與朱熹、張栻鼎立於世，而其調和朱陸異同，及與朱子編輯近思錄之功，尤爲東發所推重，以爲道統所繫屬（註三五）。然東萊之學，不甚譏詆權術、功利與佛老之言（註三六），東發嘗歎其有礙於道統之明（註三七），至於東萊之大事記與讀詩記，其訛誤處，東發亦時加匡正（註三八）。然則東發取精用宏，非務苟同也。

王應麟（一二二三—一二九六），字伯厚，號厚齋，又號深寧，慶元府鄞縣人。九歲通六經，理宗淳祐元年（一二四一）擧進士，寶祐四年（一二五六）又中博學鴻詞科，其弟應鳳，字仲儀，與其同日生，亦中開慶元年（一二五九）是科。應麟留意典章制度，致力通儒之學，歷官太常寺主簿、著作佐郎、起居舍人兼權中書舍人。度宗即位，累遷禮部尚書，因兼史職，同修國史實錄，遂與史學結緣。著有深寧集一百卷、玉堂類稿二十三卷、詩考五卷、掖垣類稿二十二卷、詩地理考五卷、漢藝文志考證十卷、通鑑地理考一百卷、通鑑地理通釋十六卷、通鑑答問四卷、困學紀聞二十卷、蒙訓七十卷、集解踐祚篇、補注急就篇六卷、補注王會篇、小學紺珠十卷、玉海二百卷、詞學指南四卷、詞學題苑四十卷、筆海四十卷、姓氏急就篇六卷、漢制考四卷、六經天文編六卷、小學諷詠四卷等。其中困學紀聞一書，乃其劄記考證之文，於經史子集均有詳說，漢宋諸儒，兼收並蓄，卷十一至十六爲考史之作，卷十一至十三，自戰國策、史記、漢書、後漢書、三國志以下，迄於宋史，徵引當時所見典籍，皆有所考證，卷十六分河渠、田制、歷代漕運兩漢崇儒四目，而玉海一書，爲文獻學之大宗，二書尤傳誦士林。宋史入儒林傳，宋元學案立深寧學案。

應麟父謙，乃史獨善與樓迂齋弟子，史師陸象山，樓師呂東萊。應麟紹其家學，又從王子文埜以接朱熹，從湯東澗漢遊，東澗亦兼治朱呂陸學者也，故與呂學陸學朱學皆有淵源，於三派理學，兼收並蓄，而獨得其精華（註三九）。然淳祐元年（一二四一），王應麟成進士，是年七月，隨父宦遊婺州，得呂東萊之學獨多，故清全祖望曰：「王尚書深寧獨得呂學之大宗。深寧論學，蓋亦兼取諸家，然其綜羅文獻，實師法東萊。況深寧少師迂齋，則固明招之傳也。」（註四○）又曰：「先生之學，私淑東萊，而兼綜建安江右永嘉之傳，生平大節，自擬於司空圖、韓偓之間，良無所愧。」（註四一）今人杜維運亦曰：「王氏論學，亦兼取諸家，然其綜羅文獻，實師法呂氏。」（註四二）王應麟誠允爲浙東呂學後起之秀矣！

綜上而論，東萊之學，兼取朱陸之長，而以中原文獻之統潤色之，甚踐履篤實之處，勝於朱陸，兼陳傅良、陳亮之所長，故時人推爲浙東學派之首。

清王柏心云：「按金華城中，舊有麗澤書院，爲成公講論會友地，其宗旨以關洛爲本，而切磋於元晦、敬夫間，婺之正學，實自成公導其源。」（註四三）所見甚是。度宗咸淳而後，何基、王柏、金履祥、許謙四先生，由墨守訓詁傳注，一變而透進史學範圍，爲明體實用之儒，實亦受東萊史學之啓導也。

二、對元代金華儒士之影響

元代金華之學，自當以金履祥爲開山之祖，金氏初師承王柏，繼入何基之門，基從黃榦受朱熹之學，金華東萊中原文獻之學，雖如爝火之熄，然終以東萊之學，早爲金華一區之先河，流風餘韻，尙在鄉閭，故金氏講學規模，必受呂學之影響，著意於春秋及尙書之微言大義，以治史考論經制。傳至許謙，義理之外，略涉詞章之學，而柳貫更大衍其文學之傳，注義理於文章，從經學而考述禮樂制度，後經吳萊，而成就明初宋濂與王禕之王覇之學。

孫克寬教授有元代金華學述一書，於元代金華之學，論述綦詳，嘗曰：「元代金華之道學，直接朱呂之傳，把民族大義、孔孟心傳，傳衍於後世，開有明正學之風氣」（註四四），斯言得其要矣！蓋時蒙元業已統治華夏，漢族冀求光復，知已非高談性命所能濟事，故元代金華之學，兼收並蓄，既有東萊之文獻之學，與龍川之經制事功，又持守朱子之義理精微，傳續理學正宗於後世，又能以事功表現，成就驅除胡虜之大業。其間之重要儒士，有金履祥、張𧨳、許謙、張樞、吳師道、柳貫、黃溍、方鳳、吳萊諸家。

金履祥（一二三二—一三〇三），字吉父，以居仁山之下，學者因稱爲仁山先生，婺之蘭溪人。凡天文、地形、禮樂、田乘、兵謀、陰陽、律曆之書，靡不畢究，及壯，向濂洛之學，事同郡王柏，從登何基之門，基則學於黃榦，而榦親承朱子之傳者也。宋季盜起，屏居金華山中，兵燹稍息，則上下巖谷，追逐雲月，寄情嘯咏，視世故泊如也。訓迪後學，諄切無倦，遂成元代理學金華一派之開山人物，上繼南宋何基、王柏所謂朱學正傳衣鉢，下啓許謙門戶，影響吳萊學術思想，乃至於金華有名文學大家柳貫、黃溍諸人，無不受其衣被。嘗謂司馬光作資治通鑑，劉恕爲外紀，以記前事，不本於經，而信百家之說，是非謬於聖人，不足以傳信，自帝堯以前，不經夫子所定，固野而難質，夫子因魯史以作春秋，王朝列國之事，非有玉帛之使，則魯史不得而書，非聖人筆削之所加也，況左氏所記，或闕或誣，凡此類皆不得以辟經爲辭，乃用邵氏皇極經世曆，胡氏皇王大紀之例，損益折衷，旁採舊史諸子，表年繫事，斷自唐堯以下，接於通鑑之前，勒爲一書，凡二十卷，名曰通鑑前編，凡所引書，輒加訓釋，以裁正其義，多儒先所未發。大抵學人生於末季，多發憤著史，留心文獻，以鑑往知來。故金氏著通鑑前編之微意，與王應麟之困學紀聞、胡三省之注通鑑、馬端臨之文獻通考，同一機括，皆具「存亡繼絕，守今待後」之意，用心深苦矣！他所著書，有大學章句疏義二卷、論語孟子集註考證十七卷、尚書表注四卷，至金仁山集，今傳世本，乃後人湊輯而成，四庫全書提要著錄爲六卷，今收入商務叢書集成中，係據金華叢書本排印，四庫全書收通鑑前編，提要評曰：「援據頗博，其審定群說，亦多與經訓相發明，在講學家中，猶可謂究心史籍，不爲游談者矣！」金氏事蹟入元史卷一百八十九儒學傳，宋元學案北山四先生學案有簡傳。

張盨（一二三六—一三〇二），字達善，其先蜀之導江人，蜀亡，僑寓江左。金華王柏講學於上蔡書院，從而受業焉。自六經、語、孟傳注，以及周、程、張氏之微言，朱子所嘗論定者，靡不潛心玩索，究極根柢。用功既專，久而不懈，所學益弘深微密，學者稱導江先生。元史卷一八九有傳，宋元學案北山四先生學案有簡傳。其著作，據王雲濠宋元學案北山四先生學案補曰：「先生所著，有四經歸極、孝經口義、喪服總類、弁冕服考、引穀訓蒙、經史入門、闕里通載、淮陰課稿等書，及文集若干卷。」今皆不見，所存者僅元文類卷三十二所收釋奠儀注序一篇，學案補謂錄自導江文集。據元史本傳稱：吳澄序其書，以為議論正，援據博，貫穿縱橫，儼然新安朱氏之尸祝也。」

許謙（一二七〇—一三三七），字益之，父觥，淳祐七年（一二四七）進士。謙幼受業金履祥之門，得傳其衣鉢，以其守約甘貧，隱居傳道，承紹金氏不仕新朝之高風亮節，為世所尊重。凡天文、地理、典章、制度、食貨、刑法、字學、音說、醫經、術數之說，靡不該貫，旁及釋老之言，亦洞究其蘊。雖終身不仕，然並不崖岸自高，對各方求教或薦引之者，或嘗與之周旋，衆皆敬畏其「和而不同」之氣度。其所著書，清修四庫全書著錄者，有讀書叢記六卷、詩集傳名物鈔八卷、讀四書叢說四卷、白雲集四卷。又嘗句讀九經、儀禮及春秋三傳，於其宏綱要領，錯簡衍文，悉別以鉛黃朱墨。白雲集商務據明正統版本影印，收入四部叢刊中。嘗以白雲山人自號，故世稱白雲先生，朝廷賜諡文懿。元史入卷一八九儒學傳，宋元學案入北山四先生學案。

吳師道與張樞，為許白雲最契合之學侶。吳氏字正傳，至治元年（一三二一）進士，與金仁山同鄉，為金氏私淑弟子，問義理之學於白雲，詩文造詣皆深，集名吳禮部集，又著有易詩書雜說、春秋胡傳附辨十二卷，於經術頗深，又有戰國策校注、敬鄉錄，於史事頗有考證，戰國策校注號爲國策最善注本，又撰吳禮部詩話，何文煥歷代詩話收錄。元史儒學及新元史儒林皆有傳。張樞，字子長，幼受教於父屏巖先生（名觀光），盡取外家潘氏藏書而讀之，文史優長，志行芳潔，爲一史學人才，其文「閎深浩博，而峻厲潔清，援據精切，而議論純正……尤長於敍事……至於微辭奧義，有未易以淺近窺者。」（註四五）曾刊定三國志六十五卷，別撰漢本紀十五卷，續後漢七十三卷，又撰春秋三傳一義三十卷，以論史扶持綱常之頹敗，別具深心。元史無傳，新元史附於白雲傳後。

柳貫（一二六九—一三四一），字道傳，婺州浦江人，器局凝定，端嚴若神，嘗受性理之學於蘭溪金履祥，究其旨趣，必見諸躬行，自幼至老，好學不倦，凡六經、百氏、兵刑、律曆、數術、方技、異敎外書，靡所不通，道藝雙兼。其文沉鬱春容，涵肆演迤，人多傳誦，與黃溍、虞集、揭傒斯齊名，人號爲儒林四傑，所著書有文集四十卷、字系二卷、近思錄廣輯三卷、金石竹帛遺文十卷。元史與吳萊同附卷一八一黃溍傳，柯氏新元史入文苑傳，明修金華府志入人物門，宋元學案北山四先生學案有簡傳。其弟子以宋濂、戴良最著。

黃溍（一二七七—一三五七），字晉卿，婺州義烏人，爲南宋儒素之家，先代與臣宗澤有葭莩之親，故終身眷念宋朝之典章文物，詩文中有濃烈故國之思，與柳貫、吳師道等爲文字之交，世人並稱「柳黃」。中延祐二年（一三一五）進士第，曾入爲應奉翰林文字，同知制誥，兼國史院編修官，卒贈中奉大夫，追封江夏郡公，謚曰文獻。著有日損齋稿三十三卷、義烏志七卷、筆記一卷。元史、新元史皆有傳，金華府志入人物門。其足不登鉅公勢人之門，君子稱其清風高節，如冰壺玉尺，纖塵弗汚；其學博極天下之書，而約之於至精，剖析經史疑難，及古今因革制度名物之屬，旁引曲證，多先儒所未發；文辭布置謹嚴，援據精切，俯仰雍容，不大聲色，譬之澄湖不波，一碧萬頃，魚鼈蛟龍，潛伏不動，而淵然之光，自不可犯（註四六）。孫克寬教授曰：「金華之學，兼承朱呂，由於崇重道學，所以文體多似朱子；又以文獻之學，紹襲呂祖謙的流風，而注意典章制度的博洽，如吳師道、柳貫、張樞與黃氏多如此。」（註四七）洵然。

元代金華之文學，蓋源於方鳳。鳳一名景山，字韶父，金華浦陽人。宋末入元不仕，當宋亡後，文天祥殉國，謝枋得餓死西山，遺民詩人，以謝皋羽爲領袖，西臺慟哭一記，傳誦千古，與其痛哭者，有方鳳、吳思齊等。鳳名不登元史，柯氏新元史始附卷二四一隱逸傳謝翱傳後，依金華府志小傳，記其所著詩三千餘篇，曰存雅堂稿。柯氏新元史稱其文學「善爲古今體詩，而體裁純密，自成一家」。

吳萊（一二九六－一三四〇），字立夫，別號深裊道人，金華浦陽人，集賢大學士直方之子也。學者諡爲淵穎先生。其學問根基，出於義理，終身教學，宋濂乃其高足。宋濂淵穎先生碑云：「先生博極群書，至於制度沿革、陰陽律曆、兵謀術數、山經地志、字學族譜之屬，尤無所不通矣！」著有尚書標說六卷、春秋世變圖二卷、春秋傳授譜一卷、古職方錄八卷、孟子弟子列傳二卷、楚漢正聲二卷、樂府類編一百卷、唐律刪要三十卷、文集六十卷，他如詩傳科條、春秋經說、胡氏傳證誤，則皆未脫稿。尤喜論文，嘗云：「作文如用兵，兵法有正有奇，正是法度，要部伍分明，奇是不爲法度所縛，舉眼之頃，千變萬化，坐作進退擊刺，一時俱起，及其欲止，什伍各還其隊，元不曾亂。」聞者折服。黃溍晚年謂人曰：「萊之文，嶄絕雄深，類秦漢間人所作，實非今世之士也，吾縱操觚一世，又安敢及之哉？」（註四八）推許至矣！宋濂淵穎先生碑云：「浦江之上有大儒，曰淵穎先生吳公，以精深玄懿之學，發沈雄奇絕之文，闔陰闢陽，出神入鬼，縱橫變化，其妙難名。雖不克顯融以伸其志，既沒而言立，浩浩穰穰，其書滿家，信一代偉人，足以播芳猷於弗朽也。」雖歸美師門，然吳萊實當之無愧也。元史卷一八一有傳，新元史卷二一一附吳直方傳後，宋濂浦陽人物記（註四九）亦有傳，明修金華府志入人物門。吳萊嘗云：「自東部文獻之餘，天下士大夫之學，日趨於南；或推皇帝王覇之略，或談道德性命之理。彬彬然一時人材學術之盛，不可勝紀。蓋東萊呂公一本其伊洛義理之學，且精於史，永康陳公同父，方與之上下頡頏其議論，而獨貴於事功。」（註五〇）敍金華學術之原起爲「文獻與事功」，而渠對東萊呂學之心嚮往之，亦昭然明矣！

三、對明代浙東儒士之影響

元明之世，浙東史學雖趨衰微，而其統不絕。以元代而論，浙東學者講性理之學外，輒兼治史學，如元末詔修宋遼金三史，甬人袁瓘出其先世遺書有關史事者上之，三史之成，多所取資。袁氏嘗從王應麟游，而以學顯。降至明初，浦江宋濂、義烏王禕、寧海方孝孺，以文章爲經濟，以儒學正道，輔佐平民革命，創建一代制度，又傳衍性理之學於明代，皆見重於時，而其史學，亦皆可稱，溯其淵源，皆受東萊史學之影響也。

1. 宋濂

宋濂（一三一〇—一三八一），字景濂，其先金華潛溪人，至濂乃遷浦江。幼英敏強記，就學於聞人夢吉，通五經；復往從吳萊學，已而，遊柳貫、黃溍之門，得其薪傳。元至正中，薦受翰林院編修，以親老，辭不赴，隱居龍門山，著書十餘年。明初，除江南儒學提擧，命授太子經。嘗召講春秋左氏傳，進曰：「春秋乃孔子褒善貶惡之書，苟能遵行，則賞罰適中，天下可定也。」濂隨事納忠，帝嘗問以帝王之學，何書爲要？濂擧大學衍義；問三代曆數及封疆廣狹，旣備陳之，復曰：「三代治天下以仁義，故多歷年所」。洪武六年（一三七三）遷侍講學士，知制誥，同修元史，命充總裁官。尋除翰林院學士。以老致仕。長孫愼，坐胡惟庸黨，擧家謫茂州，道遇疾，卒於夔。正德中，追謚文憲。明史入列傳第十六。

濂少穎異，於書無所不窺。自少至老，未嘗一日釋卷。及事明太祖，凡國家祭祀朝會詔諭封賜之文，多出其手，爲文雍容高華，醇厚深長，而多變化。四庫提要云：「濂文雍容渾穆，如天閑良驥，魚魚雅雅，自中節度」，時推爲開國文臣之首，與劉基、王禕、方孝孺並稱爲明初四大家。相傳明太祖以文學之臣問於劉基，基對曰：「當今文章第一，輿論所屬，實在翰林學士臣濂，其次臣基，不敢他有所讓。」四方之學者尊濂爲太史公而不名。日本、高麗使臣之來京朝貢者，每問「宋先生安否？」且以重金購其文集以歸。著有宋學士文集、宋文憲全集，並行於世。

宋濂老友楊維楨（鐵崖）對其推崇備至，曰：

余家淛水，東去宋子之居，不百里遠，知宋子之劬學。入青羅山中，不下書屋若干年，得鄭氏所蓄書數萬卷，無不盡閱，閱無不盡記，於是學成。著書凡若干萬言，其文之師者性也，性之師者道也，道之師者先王先聖也，而未嘗以某代家數爲吾文之宗，某人格律爲吾文之體。其所獨得者，三十年之心印，律之前人，后不能壓之而鈞，鈞不能壓之而斤者，萬萬口之定論也。（註五一）

抑余聞婺學在宋有三氏，東萊氏以性學紹道統，說齋氏以經世立治術，龍川氏以皇帝王伯之略志事功，其炳然見文者，各自造一家，皆出於實踐。而取信於後之人，而無疑者也。宋子之文根性道，標諸治術，以超繼三氏於百十年，後世不以歸之柳黃吳張，而必以宋子爲歸。嘻！三十年之心印，萬萬口之定論，於斯見矣。（註五二）

今人黃公偉曰：

宋濂亦初明學術之前輩。出自元儒柳貫黃溍，而遠淵於宋末呂東萊派之王魯齋（柏）。並以呂學而兼朱學之通儒也。（註五三）

黃氏之說，确然有據。職是之故，宋濂深受東萊之影響，亦不必辭費矣！

2.王禕

王禕（一三二一—一三七二），字子充，義烏人。師柳貫、黃溍，遂以文章名世。隱青岩山著書，名益盛。明太祖取婺州，召用為中書省掾史。征江西，禕獻頌，太祖喜曰：「江南有二儒，卿與宋濂耳。學問之博，卿不如濂；才思之雄，濂不如卿。」洪武元年（一三六八）上疏言：「祈天永命之要，在忠厚以存心，寬大以為政，法天道，順人心。雷霆霜雪，可暫不可常。浙西既平，科斂當減。」太祖嘉納之，惜不能盡從。與宋濂同任元史修纂總裁，裁煩剔穢，力任筆削。書成，擢翰林待制，同知制誥兼國史院編修官。卒詔贈翰林學士，謚文節，正統中，改謚忠文，明史有傳（註五四）。

由其籍貫義烏，與婺州之地緣關係，及其師承，且擅長史學，嘗遵東萊體例，作大事記續編七十七卷，受東萊之影響，當無庸置疑也。

3.方孝孺

方孝孺（明惠帝頒賜之朝參牌上所刻名字作儒）（一三五七—一四〇二），字希直，一字希古，浙江寧海人。自幼警敏，讀書日盈寸，鄉人目為「小韓子」。長從宋濂學，濂門下知名士皆出其下，為宋氏得意門生，薪火相傳。父克勤公，受誣被殺，扶喪歸葬，哀動行路。守制畢，復從濂卒業。蜀獻王聞其賢，聘為世子師，名其讀書之廬曰「正學」，學者遂以正學先生稱之。

及惠帝即位，召為翰林侍講學士，舉國大政，輒咨之。時修太祖實錄及類要諸書，孝孺皆任總裁。燕兵起，廷議討之，詔檄皆出其手。及燕兵入京，帝自焚，孝孺被執下獄。成祖依姚廣孝託，初未忍殺害，命草詔安天下，孝孺堅拒，激怒成祖，命磔諸市，作絕命詞一闋（註五五），慷慨就義。門人檢遺骸瘞聚寶門外山上。其兄孝聞，力學篤行，先孝孺卒；弟孝友，同時就戮；妻鄭氏及二子中憲、中愈自經死，二女投秦淮河死，一門忠烈，永垂青史。明末福王時，追謚文正。明史有傳。

孝孺顧未視文藝，然恆以講明道學爲己任，以振作綱常爲己責，以繼往緒、開來學爲己事，以輔君德、起民瘼爲已業。養植既粹，文彩自沃，緒言餘論，皆見重於當時。文章醇深雄邁，每一篇出，海內爭相傳誦。其師宋濂譽其「精敏絕倫，每粗發其端，即能逆推而底於極」；明王可大曰：「先生之文，醇止如紫陽朱子，理學如濂溪周子兩程子，敍事如司馬子長，論議如陸宣公，而精神縝密，則與昌黎韓子相上下耳。」（註五六）蜀王賜其像贊，曰：「綠鬢紅顏，金精玉粹，聘束帛於山林，膺綸言於殿陛。身遊乎蓬島方壺之間，道泝乎伊洛洙泗之澨。潛溪之後學，名聞九重；玄英之雲孫，華間奕世。是所謂孝于父母，友于兄弟者也。」（註五七）以上諸譽，實非溢美之辭，而正學先生亦當之無愧。

方孝孺著有遜志齋集二十四卷，其理學承自宋濂，而遠詔程朱一派嫡傳，而史學則受東萊影響。孝孺特重取位、守位之正變，以區分君統之正變，而取位之標準，爲君臣之分與華夷之變，與東萊所見，若合符節。其爲歷史人物作贊，用心在「取其事」、「贊其美」、「以爲法」，所寫行狀，或爲人立傳，皆具史學家之見識。

四、對清代浙東史學家之影響

浙東之士攻研史學，由來已舊。宋明以來，言性命者已多治史，「兩朝紀載，皆稾薈於浙東，史館取爲衷據」（註五八）。惟明初以後，浙東史學衰微。清代浙東史學，淵源深遠，永嘉金華之先哲，自不無導揚先路之功。清初黃宗羲出，開清代浙東史學中興之新局，遂成清代之浙東史學派，爲清代史學之祖，而與顧炎武開創之浙西史學派並峙。蓋浙西史學派，即歷史考證學派，由經學而治史學，故注重史實之考訂及名物之詮釋，往往發千載之覆，專研古史，後繼者有錢大昕、王鳴盛、洪頤煊等；而浙東史學派，由理學而治史學，故尚氣節、重經濟、尊崇文獻，專研近代當世之史，紹其緒者有寧波萬斯同、全祖望，紹興章學誠、餘姚邵晉涵等。黃氏値鼎革之際，懷故國之思，慨然以保存文獻自任；萬斯同以布衣參史局，獨任有明三百年之史事；章氏不徇於乾嘉考據學之流俗，毅然推崇一家之學，發爲精闢深遠之論；全氏生雍乾盛世，距明亡將及百年，極力表章新革之際，忠肝義膽，卓行奇節之士。梁任公治清代學術，亦亟稱浙東學風，以爲自梨洲、季野、謝山，以至於章實齋，釐然自成一系統，而以史學貢獻最大。本節論述黃氏諸家，而王夫之雖非屬浙東學派，而於東萊之學，亦有取資；沈光文非以史學名，惟其學與東萊有淵源，故兼述之。

1. 黃宗羲

黃宗羲（一六一〇—一六九五），字太沖，號梨洲，浙江餘姚人，世居竹橋之南雷里，故學者以南雷先生稱之。父尊素，爲東林名士，天啓間，官御史，以抗直死逆閹魏忠賢之難。

宗羲年十四，補博士弟子員，年十九，袖長錐入京訟冤，既白父冤，從劉蕺山遊，日益深粹，十三經、二十一史、百家九流、天文、曆算、道藏、佛藏，靡不究心焉！及清入關，踉蹌歸浙東，組世忠營勤王保鄉。清兵定浙，間行歸家，遂奉母里門，畢力著述。康熙十七年（一六七八），詔徵博學鴻詞，不應，復詔徵修明史，以母老不就，然大局及曆志，多乞其審定。所著有明儒學案六十二卷、宋元學案（註五九）、明文海、元文鈔、明夷待訪錄、南雷文定等，與弟宗炎、宗會，稱「浙東三黃」，與顧炎武、王夫之，並稱爲清初三大儒。

黃氏之學，出入經史，主誠意愼獨之說，謂明人講學，不以六經爲根柢，束書不觀，專尙游談，故主治學必先讀經，兼治史學，方可免迂儒之誚。而治史宜注意近代當世之史及文獻人物之史，乃其特色。又以爲讀史，不當僅注意本紀列傳，而忽略表志，又應並重曆法長術及地理，以考定時代之正確與否及史事之眞僞；其治史之旨，蓋一由於矯時弊（註六〇），二由於寄其故國之思（註六一）。其在史學上之重大成就，一曰對於明史料之徵存，二曰學術思想史之創作，三曰一般史學理論之建設也（註六二），遂爲清初浙東史學之開山。

黃氏之學，其源實與南宋以來之浙東史學相接。何炳松以清浙東史學淵源，直接歸諸程頤（註六三），似非持平之論；章學誠以爲浙東史學之淵源，爲朱陸而非僅程學，較爲得之（註六四），而以全祖望之說，最爲可據，全氏曰：

> 公以濂洛之統，綜會諸家，橫渠之禮教，康節之數學，東萊之文獻，艮齋止齋之經制，水心之文章，莫不旁推交通，連珠合璧，自來儒林所未有也。」（註六五）

蔣伯潛亦謂黃梨洲之學，遠承東萊，曰：

黃梨洲以理學家兼長史學，其後學如萬季野、全謝山輩，乃專心以史學名家，蓋遠承呂東萊文獻派之遺風而光大之。（註六六）

杜維運教授曾撰黃宗羲與浙東史學派之興起一文，以爲黃宗羲之史學，受黃東發之影響。按東發之學，又受東萊之啓導，本章第二節已詳論之。然則黃宗羲之學，與東萊關係密切，無庸置疑矣，而近人金毓黻謂黃氏「蓋與宋代呂葉二陳絕少因緣」（註六七）非的論矣！

2. 萬斯同

萬斯同（一六四三—一七〇二），字季野，號石園，清浙江鄞縣人。幼甚淘氣，父萬泰令其爲僧，頑性依舊，置諸空房，見明史料數十册，幾日閱畢，自是刻志向學，隨諸兄學於黃梨洲，在黃門下年雖最少，而最得黃氏賞愛。學固極博，然尤嗜文獻，最熟明代掌故，自幼年既以著明史爲己任。康熙十七年（一六七八），詔徵鴻博，或薦之，力拒乃免。明年開明史館，顧炎武外甥徐元文任總裁，極力羅致，乃應聘入京，請以布衣參史事，不署銜，不受俸。自唐以後，設官局修史，大抵湊雜成篇，漫無別擇，故史書蕪穢特甚，斯同大不以爲然，曰：

> 昔遷固才既傑出，又承父學，故事信而言文，其後專家之書，才雖不逮，猶未至如官修者之雜亂也，譬如入人之室，始而周其堂寢匽湢，繼而知其蓄產禮俗，久之其男女少長、性質剛柔、輕重賢愚，無不習察，然後可制其家之事，若官修之史，倉卒而成於衆人，不暇擇其才之宜與事之習，是猶招市人而與謀室中之事也。吾所以辭史局而假館總裁所者，惟恐衆人分操割裂，使

一代治亂之迹，闇昧而不明耳。（註六八）

斯同以一生所學，鞠躬盡瘁於「明史」，著成明史稿五百卷，後張廷玉奉詔刊定明史，以王鴻緒史稿爲本而增損之，而王氏稿大半出季野之手。此外，尚有歷代史表六十卷、紀元彙考四卷、廟制圖考四卷、儒林宗派八卷（註六九）、石經考二卷、周正彙考八卷、歷代宰輔彙考八卷、宋季忠義錄十六卷、六陵遺事一卷、庚申君遺事一卷、群書疑辨十二卷、書學彙編二十二卷、崑崙河源考二卷、河渠考十二卷、石園詩文集二十卷（註七〇）。

萬氏治史，貴徵實，而不雜好惡毀譽之見，以實錄爲本，而於雜記短書則博觀愼取，史之初稿貴詳，以免不應去而去之病。（註七一）而其表章忠烈，追述鄉邦遺獻，尤得黃宗羲史學精神，而遠源於呂氏中原文獻之學也。

3.全祖望

全祖望（一七〇五—一七五五），字紹衣，號謝山，浙江鄞縣人。乾隆元年（一七三六）進士，曾任翰林院庶吉士，性峻嚴狷介，不肯趨附時相，辭歸，主講蕺山書院，以地方官失禮，拂衣而去。晚年主講端溪書院，影響粵省學風至深。粵督欲薦之，辭歸，窮餓終老。體弱多病，著述大率成於病中，著述今存者，有鮚埼亭集三十八卷、外集五十卷、經史問答十卷、校水經注三十卷、續宋元學案一百卷、困學紀聞三箋若干卷、輯甬上耆舊詩若干卷。

全氏之學，由宋明理學入，而自史學出，於宋則宗陸而不悖於朱，於明則尊王而不詆於劉宗周，於清初則直承黃宗羲、萬斯同之統，嚮慕遺敎，不屑科舉仕進，惟刻志於經史之學，尤究心於晚明文獻，毅然以浙東之學爲己任，兼容兼包，源遠流長。章學誠謂「浙東之學，陽明得之爲事功，蕺山得之爲節義，梨洲得之爲隱逸（註七二），而全氏得之而爲史是也。

全氏氣節嶄然，品格方峻，鑒於晚明掌故漸湮，感喟良深，尤感慨於浙東節義之湮而不彰，意謂後之視今，亦猶今之視昔，苟其及今可追，責無旁貸，故勤於搜訪，詳密記載，志碑作傳，皆以表彰隱逸高蹈不仕之大節，十九皆爲史料，經史問答中，論史者約百餘條，首論戰國策，餘皆史漢，後漢以下未暇爲；鮚埼亭集中所載文字，強半明清間之掌故。其明夷夏之辨，所傳之文獻，要爲故國之遺烈、鄉邦之先哲、儒林之典型，最得浙東史學宗主黃宗羲之遺風，嘗自謂「旁搜不遺餘力，蓋有六百年來其儒林所不及知予而表而出之者」（註七三）。浙東鄉邦文獻，因之而得以存續。其續宋元學案，精神上接黃氏，編纂考訂之功最偉，所撰鮚埼亭集，蓋以碑傳爲史傳，極力表彰明末清初氣節之士，最與黃氏南雷文約、文定、文案相似，於晚清革命家之啓示，不可謂不鉅矣！

清阮元序鮚埼亭集，極稱其學兼經學史學詞章三者之長，李紱則稱其踐履，以爲「深寧東發以後，一人而已」，而梁任公獨盛稱其文，至謂於古今人文集中最愛讀鮚埼亭集者，蓋全氏本不以文釆見長，然其言必有物，功力萃於文獻之學也。是其學術氣節，均可無愧爲史家矣！

4.章學誠

章學誠（一七三八—一八〇一），字實齋，號少巖，清浙江會稽人（註七四）。二十八歲時，從朱筠學文章，朱氏一見許以千古。生當清代考證學全盛之際，深受朱筠、戴震諸人影響，爲學注重徵實，然不專事考據，反對經學家道在六經、通經所以明道之說，而主道在人倫日用。以其少年嘗習聞劉蕺山南雷之說，獨自致力於史學之大用，高唱「六經皆史」之偉論。著有文史通義、校讎通義、和州志、永清縣志、史籍考、亳州志、湖北通志、乙卯劄記諸書，近合刻爲章實齋遺著。章實齋爲清代浙東史學之巨擘，近人胡適爲作章實齋先生年譜（註七五），吳天任有章實齋的史學一書（註七六），皆足表章其史學。

文史通義一書，能就史籍之體例及史學之精義，倡言立說，發前人所未發，就經學史學文學三者之關係，剖析條陳，破解千古不解之惑，尤能確論史家著史之法，使吾國史學中之史論史評之發展，趨於美備，爲集吾國史學理論與方法之大成者也。章氏嘗自謂該書「中間議論開闢，實有不得已而發揮，爲千古史學闢其榛蕪」（註七七）。又曾作修志十議，即議職掌、議考證、議徵信、議徵文、議傳例、議書法、議援引、議裁制、議標題、議外編（註七八）。復曾提出義、事、文三者爲史學三大要素，曰「史所貴者義也，而所具者事也，所憑者文也」，以圓神、方智，定史學之二大宗門，倡導史德，主張通史，注重史體之變革，倡導方志學，辨省志與府州縣志性質功能之異，別著述與著述資料之殊，重方志資料之徵存，明方志之宗旨與功用，所撰和州志、永清縣志、亳州志與湖北通志，不獨爲方志之聖，亦罕見之史學佳構也。其論著史之法，則以采訪之法蒐集史料，採擇史料須「即類以求其實」、「聞見互參而窮虛實之致」，陶鑄史料須史文必有所本，記言適如其言，記事適如其事，不可憑虛別構，而文體統一、史德具備，始能勒成一家之言。

章氏自以爲其史學駕乎劉知幾之上，曰：

> 吾於史學，蓋有天授，自信發凡起例，多爲後世開山，而人乃擬吾於劉知幾，不知劉言史法，吾言史意；劉議館局纂修，吾議一家著述，截然兩途，不相入也。」（註七九）

梁任公論中國史學，至謂「研治史家義法，能心知其意者，唐劉子玄（知幾）、宋鄭漁仲（樵），與清之章實齋三人而已」。杜維運教授於章氏史學，評價甚高，云：

> 章氏史識，冠冕千古，不特並時史家錢王趙不能及而已，時人方徵逐於考訂，斤斤計較於一字一句之間，章氏則上窺中國學術之源流，明尚書春秋之條貫，而推爲史學之大原，由尚書之遺義，用春秋之大法，以議史學之改革，其所擬之義例，爲前人所未曾擬者也；其所倡之新通史，爲鄭樵通志以後之絕學也；其所強調之別識心裁，爲唐以後史家所鮮能瞭解者也，其所富有之經世思想，爲當時學者所絲毫不曾介然於懷者也。（註八〇）

夷考章氏史學之統緒，實源自浙東，醉心修方志，極有黃梨洲全謝山文獻學之色彩，極力表章浙東學術。且章氏之生，及見謝山（註八一），寢饋鄉習，遂有志史學，與鄉友邵二雲砥礪相得，隱然並承浙東之學派也。惟金毓黻竟謂「章邵二氏異軍特起，自致通達，非與黃全諸氏有何因緣」（註八二）誠有待商榷也。

5.邵晉涵

邵晉涵（一七四三—一七九六），字與桐，號二雲，學者稱南江先生，浙江餘姚人，以進士入四庫館，任編纂，仕至翰林院侍講學士。與章實齋同鄉而少五歲，長而相交甚契，志同道合，「愛若兄弟」，「論史契合隱微」。每見實齋之作，「輒謂如探其胸中所欲言」，而實齋于二雲亦推重有加，稱其「才高嗜博」，「於學無所不通」，而「著書有宗旨」。二雲既逝，實齋為文哭之，曰：「嗟呼！昊天生百才士，不能得一史才，生十史才，不能得一史職。有才有識如此，而又不佑其成，若有物忌者然，豈不重可惜哉？」（註八三）

二雲之從祖邵廷宷，字念魯，為清初浙東王學之大師，治學並宗蕺山，又問業於梨洲，就理學言，固為餘姚王學之後勁，然兼治史學，篤稱蕺山，實出梨洲之教。所著宋遺民所知錄、明遺民所知錄，寄民族之痛；而東南紀事、西南紀事，詳於南明匡復之事，有補於史料。其徵存國史之志，以史明道之心，乃上承梨洲之教，而下啓章實齋、邵二雲之史學。實齋從朱筠治文學，未嘗別事名師，然治學私淑宗仰念魯所得最多，故亟稱念魯之史學，至謂「馬班之史，韓歐之文，程朱之理，陸王之學，萃合以成一子之書，自有宋歐曾以還，未有若是之立言者」（註八四）。

二雲編校四庫館之際，於諸史皆撰提要，考其編撰，論其得失，卓然自成一家之言。謂南宋文獻之整理，刻不容緩，乃撰南都事略，並有志重修宋史，而易其名為宋志，自述作宋史之宗旨曰：

> 宋人門戶之習，語錄庸陋之風，誠可鄙也。然其立身制行，出於倫常日用，何可廢耶？士大夫博學工文，雄出當世，而於辭受取與出處進退之間，不能無簞豆萬鍾之擇，本心既失，其他又

何議焉？」（註八五）

又嘗自永樂大典中，參以册府元龜、五代會要、通鑑、契丹國志、北夢瑣言等書，輯出舊五代史，洞考新、舊五代史之得失，別具深識，語必徵實，有如法官定讞。

二雲之從祖念魯，飫聞姚江梨洲之教。二雲承其家學，自幼即浸漬於浙東之學風，篤治經學，尤潛心諸史。章學誠爲邵氏作傳，亦略及浙東史學，曰：

南宋以來，浙東儒哲講性命者，多攻史學，歷有師承，宋明兩朝記載，皆稿薈於浙東，史館又取爲衷據，其間文獻之徵，所見所聞所傳聞者，容有中原耆宿不克與聞者矣。

故章邵二氏之史學，淵源於南宋呂學，亦可明矣！

6.王夫之

王夫之（一六一九—一六九二），字而農，號薑齋。先世本揚州高郵人，明永樂初，移居湖南衡陽。晚歲居湘西石船山，故其門人以船山先生尊稱之。少負儁才，讀書十行俱下。崇禎十六年（一六四三），流賊張獻忠陷衡州，設僞官招之，夫之走匿，賊執其父爲質。自割面刺腕，舁往易父，賊見其創，免之，父子俱得脫歸。明亡，清兵南下湖南，夫之興師勤王，事敗，走之桂林，依大學士瞿式耜。母歿歸里，知時不可救，決計歸隱，漫遊湘桂，所至，士多慕從之。其學深博無涯涘，所著經史小學，都二百八十八卷，總曰船山遺書，其思辨錄、讀通鑑論、宋論，尤爲著名。

王夫之之學，四部造詣俱深，闡述精明，深閎博贍，不愧爲清初一大儒。其史學之論著五種，永曆實錄、大行錄，則專載事跡；蓮峰志則關於地理者；讀通鑑論、宋論，則爲史論，於修史之法，既略言之，而關乎歷史哲學之論，亦甚精微，今人牟宗三許爲往賢講歷史者之絕響」（註八六）。論史力主褒貶，意在經世也，故深於春秋，方其避兵深山，竄居猺洞，猶時時講說春秋不輟，故其史學，與春秋經世思想契合，論史喜論政治、風俗、財賦、學術，以期濟世，有續春秋左傳博議之作。

船山先生民族思想之濃厚，在吾國史家中，殆無出其右者，身遭國變，又受春秋學之影響，激昂悲憤，甚嚴華夷之辨，以爲天下之大防有二，夷狄華夏也，君子小人也。春秋嚴夷夏之防，爲古今之通義，萬世不易之公理，屈節以事夷者，乃萬世之罪人（註八七）。古人之別華夷，多以文化爲準，不甚重視血統。而夫之以爲華夷之分，非僅文化有別，而謂所居之地異，氣質亦因之而異，曰：

> 夷狄之與華夏，所生異地，其地異，其氣異矣；氣異而習異，習異而所知所行蔑不異焉。乃於其中亦有貴賤焉，特地界分，天氣殊，而不可亂，亂則人極毀，華夏之生民，亦受其吞噬而憔悴。防之於早，所以定人極而保人之生。（註八八）

故其強調中國之疆土與文化，均不容夷狄侵犯，凡匈奴、突厥、契丹、女眞、蒙古，皆所擯斥，滿族尤爲其所深惡痛絕者。

夫之論史，亦重史識與史德，主「片言而析，不待繁言」，曰：

> 於大美大惡，昭然耳目，前有定論者，皆略而不贅。推其所以然之由，辨其不盡然之實；均於善而醇疵分，均於惡而輕重別。因其時，度其勢，察其心，家其效。（註八九）

考東萊有左氏博議之作，而船山有續春秋左氏傳博議之作，必受東萊之啓導也，惟東萊之史論，縱橫捭闔，缺乏歸納，而船山則歸納史實，以獲致歷史之通則，此「前修未密，後學轉精」之謂乎！

7.沈光文

沈光文（一六一三—？），字文開，號斯庵，浙江鄞縣人，明季貢生，桂王時官太僕寺卿。滿清入主中原後，仍矢志復明，輾轉各地，力圖恢復。明永曆六年（一六五二），欲卜居泉州海口，攜眷渡海，不料遇颱風漂至臺灣。永曆十五年（一六六一），鄭成功驅走荷蘭人，收復臺灣，聞先生在臺，至喜，以大禮相迎，共謀中興大業。成功逝世後，隱居岡山超峯寺，後移居目加溜灣社（今善化），設館授徒，並以醫藥濟世，極受愛戴。

先生在臺三十餘年，致力文化傳播，足跡遍全臺，吟詩作賦，以寄反清復明之志，卒於諸羅，有花木雜記、古今體詩及文集。諸羅縣令季麒光題沈斯庵雜記詩云：「從來臺灣無人也，斯庵來而始有人矣；臺灣無文也，斯庵來而始有文矣。」（註九〇）全祖望推爲海東文獻初祖（註九一）；鄧傳安新建鹿港文開書院記云：「諭以海外文教，肇自寓賢鄞縣沈斯庵太僕光文字文開者，爰借其字，定書院名，以志有開必先焉。」又其書院從祀議云：「考太僕生平，根柢於忠孝，而發奮乎文章」，或視爲「海外黃梨洲」，「臺灣朱舜水」，在在皆能表章其開發臺灣文化之貢獻。今臺南縣爲之立紀念碑於善化。

光文遠祖，乃宋代之沈煥端憲公（一一三九—一一九一），字叔晦，學者稱定川先生。弟炳，字季文，昆仲均親受呂東萊兄弟之教，而以學行爲師表，講學於月湖之竹洲。定川先生居官服職，輒有善學，而秉性剛勁，所小人忌之，故宦途多阻，終貧病而卒。丞相周必大聞訃，曰：

追思立朝不能推賢揚善，予愧叔晦；益者三友，叔晦不予愧也。

袁燮絜齋狀其行云：

君雖人品高明，而其中未安，不苟自恕。知非改過，踐履篤實。其始面目嚴冷，清不容物，久久寬平，可敬可親。面攻人之短，退揚人之善。如磋如爭，歡愛如媚，古所謂直而溫，毅而宏者，殆庶幾乎！

元代沈氏無科擧之士，明成化二十年（一四八四），慈谿進士沈元，字德元，煥之九世孫也，知南陵縣，發帑藏賑饑，全活甚衆；後有沈一貫之相國。一貫字肩吾，隆慶進士，萬曆間累官戶部尚書、武英殿大學士。

清全祖望竹洲三先生書院記，載光文遠祖與東萊之關係綦詳，曰：

竹洲在鄞西湖之南，蓋十洲之一。三先生者，沈端憲公暨其弟徵君季文，參之以金華呂忠公也（註九二）。忠定最與端憲厚，故割宅以居之，而徵君亦授徒於忠定觀（眞隱觀）中，於是端憲兄弟並居湖上；其時忠公方爲吾鄉監倉，昕夕與端憲兄弟晤顧。……方端憲遊明招山中，忠公之兄成公尙無恙，相與極辨古今，以求周覽博考之益，凡世變之推移，治道之體統，聖君賢相之經綸事業，孜孜講論，日益深廣，期於開物成務而後已。則夫忠公之來，所以商量舊學，而證明新得……端憲之父簽判，故程門私淑弟子，端憲則受陸文達公（九淵）之傳，而徵君師文安（陸九齡），蓋其兄弟分宗二陸，宋史竟以端憲系之文安門下，誤也。端憲尤睦於成公，及其家居，忠公又官於鄞，切磋倍篤。故沈氏之學，兼得明招一派，而世罕知之者……。（註九三）

近人盛成對沈光文之家學與師傳，曾爲文詳考之，於沈氏家學與東萊呂氏兄弟史學之關係，探賾索隱，曰：

沈光文先生之家學，以敬爲主，以戒愼恐懼，爲誠意之宗。有南山書院傳其家法。呂氏之史學，象山之心學，濂洛之道學爲其統。（註九四）

又曰：

沈氏家學，上溯自周敦頤程顥之深純，與顏子爲近，程頤焦瑗之篤實，與曾子子思爲近，傳於沈銖、沈鏜、沈銘；濂洛三子之學，傳至浙東；躬行實踐，不輕著書，雖見妻子，必敬不怠，接物必中禮，望之儼然，即之溫然；此沈氏家學之根基。而其本幹，則爲呂氏兄弟，祖謙與祖儉之史學系統，通經史以致用，不規規於性命之說，東萊史學之影響於沈煥、沈炳，遂開浙東學派之先河，此沈氏家學之本幹也。（註九五）

由上所述，沈光文之學，雖本乎家學，實則東萊啓導之功，亦彰然昭著矣！

五、對民初浙東史學家章太炎之影響

浙東史學，席豐履厚，民國之初，黃梨洲全謝山講學論道之盛，固已渺乎不可復見，然名師宿儒治史者，仍風會宇內。近人浙東鄞人陳訓慈曰：「降迄今日，吾鄉宿學大師，或閉戶潛修，或主講黌舍，猶多以史學知名。蓋學風遞嬗，浸成鄉習，源深流長，由來以漸，非偶然之故也。（註九六）陳說洵然。

章太炎之學，博古通今，舉世所知，惟觀其全部學術，實以史學爲中心，其所治經學、小學，固皆卓然成家，然莫不以史學爲依歸。是以論近代浙東之史學鴻儒大師，非章氏莫屬也。

章炳麟（一八六八—一九三六），初名學乘，字枚叔，以慕黃宗羲（太沖）及顧炎武之爲人，改字太炎，後更名炳麟，浙江餘杭人。少從外祖朱佐卿讀經，熟聞「夷夏之辨，嚴於君臣」之說，永不仕清，因啓革命思想。後在德清清溪書院從樸學大師俞樾遊，精研春秋左傳，成一代名家。光緒間任時務昌言等報撰述，言論激烈，見忌清廷，避禍臺灣，尋遊日本，得識　國父孫中山先生。光緒二十八年（一九〇二），於東京發起「支那亡國二百四十二年紀念會」，以追思亡明。旋返上海創愛國學社，鼓吹革命，繫獄三年。刑滿再赴日本，入中國革命同盟會。任民報主筆，多有宏文讜論，伸張種族大義。民國成立，開國典制，多與商榷。民國二十年，定居蘇州，設帳課徒，致力著述。著有國故論衡、文始、小學答問、莊子解故、太炎文錄，有章氏叢書正編及續編行世。

太炎之史學，今人吳蔚若謂爲「民族主義史學」（註九七），蓋其潛心探究明清史事與明季遺民著述，曾自述自幼讀史與民族思想之發軔，曰：

余年十三四，始讀蔣氏東華錄，見呂留良、曾靜事，悵然不怡。輒言以清代明，寧與張李也。弱冠，覩全祖望文，所述南田臺灣諸事甚詳，益奮然欲爲浙父老雪恥。次又得王夫之黃書，志行益定。（註九八）

其弟子朱希祖亦記其師之言，曰：

大師云：余年十一二歲時，外祖朱左卿授余讀經，偶講蔣氏東華錄曾靜案。外祖謂夷夏之防，同於君臣之義。余問前人有談此語否？外祖曰：王船山、顧亭林已言之，尤以王氏之言爲甚。謂歷代亡國無足輕重，惟南宋之亡，則衣冠文物亦與之俱亡。余曰：明亡於清，反不如亡於李闖。外祖曰：余不必作此論。若果李闖得明天下，闖雖不善，其子孫未必行不善。惟今不必作此論耳。余之革命思想，即伏根於此。……十九二十歲時，得明季稗史十七種，排滿思想始盛。（註九九）

太炎之史學，本章實齋「六經皆史」之說，特深春秋之學，其「民族主義史學」之要義有二：一則以爲歷史乃民族構成之要素，歷史毀則其國必亡；二則爲民族主義之發生，須賴史籍所載人物制度地理風俗有以啓揚也。

太炎治史，不僅考其典章制度，且深究其成敗得失。嘗擬撰中國通史、後明史、清建國別記三書，皆未成書。然已先創義例，所撰訄書，嘗有中國通史目錄，其略敍曰：

中國自秦漢以降，史籍繁矣，紀傳表志，肇於史遷，編年建於荀悅，紀事本末作於袁樞，皆具體之記述，非抽象之原論。杜馬綴列典章，闓置方類，是近分析法矣；君卿評議簡短，貴與持論鄙俗，二子優絀，誠巧歷所不能計，然於演繹法，皆未盡也。衡陽之聖讀通鑑宋史，而造論最爲雅馴，其法亦近演繹，乃其文反覆而辭無組織，譬如織女，終日七襄，不成章也。若至社會政法盛衰蕃變之所原，斯人闇焉不昭矣。王錢諸彥，昧其本榦，改其條末，豈無識大，猶愧賢者。今修中國通史，約之百卷，鎔冶哲理，以祛逐末之陋，鈎汲眢沈，以振墨守之惑。（註一〇〇）

觀乎此，則太炎治史之功，亦可略見其梗概矣！

【附註】

註一　參見余鍈宋代儒學者地理分佈的統計（載禹貢半月刊第一卷第六期）。

註二　四庫全書總目頁三八九七—三八九八。

註三　四庫全書總目頁三九〇五—三九〇六。

註四　參見四庫全書總目頁三八九六。

註五　方望溪文集卷二。

註六　周啓賡撰桐城文論頁二一八（載新亞書院學術年刊第十四期）。

註七　宋文憲公全集，芝園後集卷二六頁一三—一四題東陽二何君周禮義後

註　八　章學誠文史通義內篇頁八書教下。

註　九　嵇曾筠浙江通志序語。

註一〇　鮚埼亭集外編卷十六槎湖書院記。

註一一　見杜維運著清代史學與史家頁一六二—一六三。

註一二　見金毓黻著中國史學史頁二五五。

註一三　章學誠校讎通義外篇「與胡雒君論校胡稺威集二篇」云：「浙東史學，自宋元數百年來，歷有淵源」，又章氏遺書卷二十九外集二「與阮學使論求遺書」云：「浙中自元明以來，藏書之家不乏。蓋元明兩史，其初稿皆輯成於甬東人士。故浙東史學，歷有淵源，而乙部儲藏，亦甲他處。」

註一四　文史通義頁一一八「浙東學術」。

註一五　章氏遺書卷一八文集三邵與桐別傳。

註一六　何炳松通史新義下篇第十一章曰：「初闢浙東史學之蠶叢者，實以程頤為先導，程氏學說本以無妄與懷疑為主，此與史學之根本原理最為相近。加以程氏教人多讀古書，多識前言往行，並實行所知，此實由經入史之樞紐。傳其學者，多為浙東人，故程氏雖非浙人，而浙學實淵源於程氏。浙東人之傳程學者，有永嘉之周行己、鄭伯熊，及金華之呂祖謙、陳亮等，實創浙東永嘉、金華兩派之史學。」

註一七　見杜維運著清代史學與史家頁一六七。

註一八　宋元學案卷六〇說齋學案。

註一九　陳亮龍川文集卷一頁八上孝宗皇帝第一書。

註二〇　戴震孟子字義疏證卷上頁一三。

註二一　胡宗楙金華經籍志卷一〇乾道秘府群書新錄編者按語。

註二二　周學武唐說齋研究頁一一—一四（國立台灣大學文史叢刊之四十）。

註二三　陳叔諒、李心莊重編宋元學案卷四九水心學案。

註二四　參見楊家駱宋代思想名著述要（載學粹第一卷第二期）。

註二五　葉適水心先生文集卷一上孝宗皇帝劄子。

註二六　定海，今浙江鎮海縣治；澤山本名櫟山，黃震以不雅，改今名。

註二七　參見林政華黃震著述版本敍錄兼述日抄體之影響一文（載書目季刊第九卷第四期）。

註二八　本清彭元瑞說，見天祿琳瑯書目續目卷四頁二四，廣文書局書目續編影印光緒間長沙王氏刊本。

註二九　林政華著黃震及諸子學第一章，頁一三。

註三〇　清黃百家曰：「四明自楊（簡，一一四〇—一二二五）、袁（燮，一一四四—一二二四）、舒（璘，一一三六—一一九九）、沈（煥，一一三九—一一九一），從學於象山，故陸氏之學甚盛，其時傳朱子之學者有二派：其一史果齊（蒙卿號，一二四七—一三〇六），從晏氏（潛齋）入；其一余正君，從輔氏入。」（宋元學案靜清學案）。

註三一　今河北趙縣。

註三二　今浙江崇德縣。

註三三　黃震日抄卷五四頁一，又頁一三讀東萊大事記。

註三四　黃震日抄卷四〇頁八，讀呂東萊先生文。

註三五　黃震日抄卷四〇頁一〇及頁一六。

註三六　見宋樓鑰攻愧集卷五五，頁六東萊呂太史祠堂記。

註三七　黃震日抄卷四〇頁九。

註三八　匡正大事記，如日抄卷五四頁八；匡正讀詩記，如日抄卷四頁七，頁二〇讀毛詩、卷四〇頁一一讀呂東萊先生文集。

註三九　參見宋元學案深寧學案全祖望語及汪煥章南宋時代的寧波理學三傑—楊簡、黃震、王應麟（載現代政治第二卷第四期）。

註四〇　宋元學案深寧學案引全謝山同谷三先生書院記。

註四一　宋元學案深寧學案引全謝山宋王尙書畫像記。

註四二　杜維運淸代史學與史家頁一六四。

註四三　王柏心呂東萊先生文集跋。

註四四　孫克寬元代金華學述頁五〇。

註四五　黃溍張子長墓志。

註四六　元史卷一八一柳貫本傳。

註四七　孫克寬元代金華學述頁一三七。

註四八　元史卷一八一吳萊本傳。

註四九　見知不足齋叢書本卷下。

註五〇　淵穎先生文集石陵先生倪氏雜著序，按倪模字文卿，浦江人，布衣終老，宋史無傳，全謝山補輯宋元學案爲作補傳。

註五一　楊維楨翰苑集序（黃公偉著宋明清理學體系論史頁三一三引）。

註五二　同註五一。

註五三　黃公偉著宋明清理學體系論史頁三一二

註五四　參見明史列傳第一七七「忠義一」。

註五五　方孝孺絕命詞曰：「天降亂離兮孰知其由，奸臣得計兮謀國用猶。忠臣發憤兮血淚交流。以此殉君兮抑又何求？嗚呼哀哉兮庶不我尤。（參見明史本傳）。

註五六　參見遜志齋集王可大重刻正學方先生文集敍。王氏爲明吳郡人，賜進士出身，時任中憲大夫贊治尹浙江台州府知府。

註五七　見遜志齋集正學先生小像背頁。

註五八　章學誠邵與桐別傳語。

註五九　宋元學案梨洲發凡起例，僅成十七卷而卒，經子百家及全謝山兩次補續而成，與明儒學案爲吾國有完善學術史之始。

註六〇　全祖望甬上證人書院記曰：「自明中葉以後，講學之風已爲極弊，高談性命，束書不觀，其稍平者，則爲學究，皆無根之徒耳。先生始謂學必源於經術，而後不爲蹈虛，必證明於史籍，而後足以應務，元元本本，可依可據，前此講堂痼疾，爲之一變。

註六一　黃氏爲萬斯同作歷代史表序云：「嗟呼！元之亡也，危素趨報恩壽，將入井中，僧大梓云：『國史非公莫知，公死，是死國之史也』，素是以不死，後修元史，不聞素有一辭之贊；及明之亡，朝之任史事者衆矣，顧獨藉一草野之萬季野以留之，不亦可慨也乎！」

註六二　黃氏主作志作列傳作言行錄作碑銘，須寓貶褒，然不以成敗論史；崇尚詩史，以詩補史之闕，相信第一手史料，多取事實，不憑傳聞，敍事講技巧，重條例。

註六三　見註一六。

註六四　章學誠文史通議「浙東學術」曰：「浙東之學，雖出婺原，然自三袁之流，多宗江西陸氏，而通經服古，絕不空言德性，故不悖於朱子之教。至陽明王子，揭孟子之良知，復與朱子牴牾。蕺山劉氏，本良知而明愼獨，與朱子不合，亦不相詆也。梨州黃氏，出蕺山劉氏之門，而開萬氏經史之學，以至全氏祖望輩，尚存其意，宗陸而不悖於朱者也。

註六五　鮚埼亭集卷十一梨洲先生神道碑文。

註六六　理學纂要頁一九七。

註六七　金毓黻著中國史學史第九章頁二五五。

註六八　見錢大昕潛研堂集萬季野先生傳。

註六九　性質與黃宗羲明儒學案接近。

註七〇　見梁啓超中國近三百年學術史頁八八。自周正彙考以下十種，錢竹汀說未見。

註七一　參見金毓黻中國史學史頁二五七。

註七二　文史通義浙東學術篇。

註七三　全祖望蕺山相韓舊塾記。

註七四　會稽即今浙江省紹興縣。

註七五　胡適著章實齋先生年譜，台灣商務印書館發行，入何炳松主編之中國史學叢書中。

註七六　吳天任著章實齋的史學，台灣商務印書館發行，入史地叢書中。

註七七　劉本章氏遺書卷九與汪龍莊書。

註七八　章學誠文史通義外篇頁一九九。

註七九　文史通義家書二。

註八〇　杜維運清代史學與史家。

註八一　全謝山歿於乾隆二十年，實齋生於乾隆二年。

註八二　金毓黻著中國史學史頁二五五。

註八三　並見章學誠邵與桐別傳（劉刊遺書卷十八）。

註八四　見章學誠示子書（劉刊本章氏遺書）。

註八五　同註八三。

註八六　牟宗三著歷史哲學序。

註八七　參見王夫之讀通鑑論卷十四。

註八八　同註八七。

註八九　王夫之讀通鑑論。

註九〇　見諸羅縣志及全祖望續甬上耆舊詩集卷十四沈太僕傳後附。

註九一　全祖望鮚埼亭集卷三十一沈太傅傳。

註九二　呂東萊之弟呂祖儉也。

註九三　全祖望鮚埼亭集外編卷十六。

註九四　盛成撰沈光文之家學與師傳（載學術季刊第四卷第一期）。

註九五　同註九四。

註九六　陳訓慈撰清代浙東之史學一文，（原載史學雜誌第二卷第六期，杜維運黃進興編中國史學史論文選集二收錄。）

註九七　吳蔚若撰章太炎之民族主義史學一文，（原載大陸雜誌第十三卷第六期，杜維運黃進興編中國史學史論文選集二收錄。）

註九八　章太炎檢論卷九光復軍志序。

註九九　朱希祖「本師章太炎先生口授少年事跡筆記」，見制言第二十五期。

註一〇〇　先師林景伊先生章太炎先生傳引（見文藝復興月刊第一卷第二期。章氏後易訄書爲檢論，遂將中國通史敍錄刪去。

第七章 結語

吾國學術之發展，周秦與宋明先後彪炳。近代學術思想，自趙宋起，下迄清初，凡六百餘年間，索群言之旨歸，尋哲理之宗趣，大要可滙歸於一脈，宋明理學是也。宋朝之理學，以乾淳之際爲最盛，新安朱熹、廣漢張栻、婺州呂祖謙、江西陸九淵，號稱「乾淳四家」。朱張陸之學，皆有所偏，惟呂氏之學，兼取其長，集益之功，至廣且大。

考呂氏一族，在北宋已是宰輔大族，家世執政，蟬聯珪組，族望最盛，世未曾有；南渡後，呂家號稱「中原文獻之傳」，入於宋元學案者，總計七世二十二人，可謂空前絕後，古今罕有其匹者。「多識前言往行，以畜其德」，乃呂氏家學之特色。東萊之學，本於家庭，身受中原文獻之傳，復承師友之教誨切磋，以繼承理學正統爲己任，於性命道德之源，講論旣洽，乃潛心史學，博通史傳，鎔經鑄史，經史義理辭章兼長，遂成一理學大師、史學巨擘、文章宗匠，尤可貴者，不立宗派，且喜調和諸家學術之異同，謂爲眞儒、通儒，豈有媿哉？

論者於理學之盛，咸謂有宋無異詞，而不知史學之盛，固亦莫宋若也。蓋以宋代史學發達，人才輩出，著作宏富，諸體詳備，而朝廷修史機構完備，印刷術發達，私人著述易傳。南宋偏安江左，有志之士，力圖恢復，多藉史學，恢宏民族思想，又以理學盛行，史家藉心性之學，發揚春秋史學之義理，可謂相得益彰。

呂東萊生逢其時，受史學思潮之激盪，益以文獻之家學淵源，二度任職國史院及實錄院，於國家經制，歷史規模，在在咸能展現其卓越之史才史學史識史德。其著述之中，最足以代表其學術思想者，即其史學。其史學之重要著述，有大事記、西漢精華、東漢精華、十七史詳節、兩漢財論、音注唐鑑、歷代制度詳說等，而其左傳學三書左氏傳說、左氏傳續說、東萊博議，視左傳為歷史材料，主經史一體，以理學之眼光，洞鑑古人之心術，倡導尊王攘夷之說，嚴夷夏之防，正君臣之分，並揭示讀史之法，有獨到之處，凡此皆可為後世經邦治國之借鏡，故其史學影響深遠。至若其文學，出身博學宏詞之科，兼擅駢散，早葩而晚實，誠為南宋文章之宗匠，其左氏博議一書，開啓後世為文之竅門，而古文關鍵論作文之法，影響及於清代桐城派之古文家。

中國學術之最高成就，必為事功，所謂一天人、合內外者也。無事功以經世濟民，固陋儒之末技也。梁啓超曰：「史學者，學問之最博大而最切要者也，國民之明鏡也，愛國心之源泉也。」朱熹之學主性理，對東萊之兼長史學，大不以為然，譏為「博雜」；宋史以表章道學為主，乃創道學傳，以洛閩諸大儒，講明性道，自謂直接孔孟之傳，故凡言性理者，別為道學，談經術者，則入諸儒林，以朱子張栻入道學，而呂東萊陸九淵入儒林，去取予奪失當，此其一，實則儒林可統道學，而道學不足以概儒林，此其二，是以論者陋之也。

東萊之學，道貫天人，博極古今，影響深遠，已如上述。然而其治史也，僅援據典制風俗，而於小學、天文、輿地、金石、板本諸專門學問，未加利用，加以旁徵博采，反覆考訂，且未以歸納法尋求史籍之義例，以演繹法解釋史實，是其所短，亦不必為前賢護也。雖然，呂東萊為一通儒無疑也，學方至道，而忽焉長逝，其學與身俱往，將何自以追尋？若天假以年，則其學當不止於斯，亦無疑也，走筆至此，不禁因廢書而歎矣！

先賢呂蒙正瑣記

史梅岑

先賢呂家蒙正先生，字聖功，洛陽東南鄉相公庄人。宋太宗太平興國二年，（西元九七六年）擢進士第一。

蒙正氣質寬厚簡樸，平素以正道自持，無論在朝在野，均爲衆所崇望。生於後晉出帝開運三年丙午，（西元九四六年）卒於宋眞宗大中祥符四年（西元一〇〇六年）享壽六十有六歲。祖夢奇任戶部侍郎，父龜圖任起居郎。

龜圖以多寵故，將其母劉氏同蒙正一併逐出家門，置生活於不顧，以至淪爲乞丐。故其幼年境遇，極爲艱苦。其所居住相公庄之村西，有古刹曰金鐘寺，廟宇軒昂，規模宏偉，方丈某收蒙正敎養。但當某方丈外出時，亦嘗有飯後鐘之窘態，至今鄉人傳爲笑談。

蒙正進士及第後，自淳化至咸平年間，凡三度入相，遇事敢言直陳，多被採納。咸平中（西元九九八年）授太子太師，封蔡國公，後改封許國公。到景德年間（西元一〇〇四年）退居故鄉洛陽。

當其退居離朝時，眞宗皇帝問之曰：「愛卿子侄輩那個可用？」對曰：「有侄夷簡，宰相才也。」

而時蒙正有子從簡、惟簡、承簡、行簡、務簡、居簡、知簡等七人、均有才能，且爲國器，但只擧其侄夷簡一人，後果入閣輔弼，亦封許國公，爲國効力，多所貢獻。

又宋室名臣富弼十餘歲時，蒙正一見驚曰：「此兒他日名位與吾相似，而勛業將遠超於我。」其知人之明，類如是者。平時其夾帶中，常有時人名册，分門別類，登錄頗詳，朝廷求賢，輒求之其囊中。

蒙正在朝時，善政極多，不勝枚擧。茲簡述二三事，以概其餘。

一、太宗至道元年，擬登乾元樓觀燈，蒙正曰：「臣嘗見都城外不數里，飢寒而死者甚衆，」太宗遂止。

二、蒙正初入朝堂，有朝士指之曰：「此子亦參知政事耶？」蒙正佯爲不聞而過，人咸服其德量。

三、盧多遜爲相，其子雍，尚在襁褓，即受水部員外郎，後遂以爲常。及授蒙正子，蒙正曰：「天下才能，老于巖穴，不霑寸祿者多矣，今臣男敷離襁褓，膺此寵命，恐罹陰譴，乞以臣釋褐時補之。」後爲定制。夫子之道，忠恕而已矣，蒙正可謂體會聖人之言入微。

按洛陽相公庄，位于洛陽東南鄉艮區，北臨洛河，南界伊水。東十里爲翟鎮（洛陽郾師二縣之交界地）西十里爲潘寨鎮，（即筆者故里）再西十五里爲洛城所在。地勢平坦，一望無際，蒙正幼時，家極貧寒，依母的紡棉收入爲生，嘗有日不擧炊的現象，然其生活雖苦，而其志節行操，所以堅貞不渝者，概得力於其母賢淑美德敎子義方之力也。

由于蒙正的母親，克勤克儉，督子求學，依抗戰時期艮區民間，仍善遍流傳呂母教子的俗詩，可以證明。其詩曰：

人家過人家的年，咱家紡咱們的棉，
一日你能得了第，咱家一天過一年。

末句「過一年」，係中原民間流行的一種俗話，喻過年即過新節之意。按中原過新年時，穿新衣，戴新帽，且有豐盛菜餚，故幼童們最喜歡過年。

又當蒙正幼時，嘗就食古金鐘寺內，曾在寺廟園內發現金窖，歸白其母，母曰：「人知之，喪爾德，人不知，喪爾志。」遂覆蓋不言。待其爲相，寺僧向其化緣，始以實情告。其臨財不苟之美德，有如此者。

又當其初次赴汴京應試時，路費短絀，住在開封南關（北宋首都所在地）某小飯店內，爲時較久，所欠店費亦多，無力償付。在店需索之下，願爲其迎門照壁，畫一幅「百鳥朝鳳」圖，完成之後，頗受過往旅客歡迎，車馬盈門，絡繹不絕。該店遂利市百倍矣。

按相公庄西邊，即係黃庄。黃庄東方距相公庄不遠處，有呂蒙正寺院一座。概其遺愛在鄉，爲紀念懷德之建築。其正殿後方，尙保存有呂窯俗名寒窯，蓋其母子原始住處故址，亦堪憑弔。（原載中原文獻第十二卷第五期）

附錄二

閒話呂蒙正

劉嘯月

「江上秋風宋玉悲，長官手自葺毛茨，人生窮達誰能料，燭淚成堆又一時。」這是愛國詩人陸放翁路過寇萊公山寺讀書處在寺壁上所題的詩。寇萊公用窮的時候，在山寺讀書，自己編葺毛屋，以避風雨，他到登壇拜相，便燭淚成堆，又奢侈起來了。於是傳爲佳話。在寇萊公之前，以一寒士能三登相位的呂蒙正，發他讀書時期的艱窘情形，更十倍於寇萊公。

呂蒙正，生於五代末，是河南洛陽人，都是天才出衆，却世窮得可憐，俗語說：「窮不過呂蒙正。」究竟呂蒙正窮成什麼樣子，我們可以從他自己所吐露出來的：「破窰賦，」「祭灶詩，」「祈禱辭，」和「慰妻詩。」等篇中，找出具體答案。他在「破窰賦」裏一段說：「昔居洛陽之時，朝投僧舍，夜宿破窰，饘粥不能充其腹，布衣不能蔽其體，上人厭，下人憎，皆言余之賤也。」

這段意思，是這樣的：呂蒙正困居家鄉——洛陽的時候，山寺有一方丈和他甚爲友善，爲唱和方便，於是就邀呂蒙正寄食山寺，且也甚爲禮遇。惟寺中規定，「打鐘吃飯。」後來那位方丈涅槃，關係遂告中斷；繼承的方丈，因爲沒有那份情感，並認爲呂蒙正一日三餐，坐享其成，很不應該，其他僧徒也嘖有煩言，於是授意司鐘和尚，飯罷才打鐘，呂蒙正根本不知覺，還同往常一樣，聞鐘而至，那知已飯畢堂空，不禁感慨萬分，拿起筆來題詩於寺壁曰：「上望已了各西東，慚愧闍黎（註：闍黎，梵語，即僧徒之師。）飯後鐘。」因受刺激太甚，沒有續成。和呂蒙正同食山寺的，還有一魏君，也憤而題詩於後。於是各自含羞離去。從這段賦裏，可以看出呂蒙正的窮，也可以覺察到在所謂「四大皆空」的佛界裏，也同樣有着世俗的人情冷暖。

其次再看一看他膾炙人口的祭灶詩：「一碗清湯詩一篇，灶君今日上青天；玉皇若問人間事，爲道文章不値錢。」這首詩爲什麼開頭就說用一碗湯，一篇詩來祭呢？這裏也有一段插曲。那就是一個流行民間故事——「蒙正祭灶」。據說：呂蒙正還未發跡時，窮到無錢買肉祭灶的地步。祭灶，在當年是非常普遍而隆重的事，蒙正也未能免俗，情不得已，只好要他太太向肉店之婦賒了二兩猪肉，那知被肉店老闆知道，匆忙趕來，不由分說，便從鍋裏把那塊剛煮熟的肉撈走了。所以蒙正只好就用一碗清湯一首詩來祭灶了。

從這篇詩裏，可以看出呂蒙正的窮，也可以看出世儈商人的行徑。同時，也知道文章不値錢不自今日始，自古已然。

其實，呂蒙正所躭心而焦急的，不光是現實生活問題，而科第功名才是他心目中唯一問題。自忖歲月不饒人，年紀漸漸老大，而前科未中，今科如何？尙無多大把握，乃深思熟慮，認爲當前唯一辦法，除自己努力之外，只有倚靠一家之主的灶老爺支持了。因之，又要他太太千方百計賒了幾兩猪肉，再向灶君一祭，並禱告說：「一碗肉湯一爐香，蒙正夫婦太可憐！今科小生若不中，後科册上無蒙正。」

是的，以呂蒙正這樣文才，今科如再不中，非窮死，急死，也要氣死。

從這段禱告辭裏，可以看出呂蒙正的窮，也可以揆度他對努力成果要求的迫切了。

此時，呂蒙正窮得連早餐都成了問題，無奈，又要他太太把碩果僅存的一件青衫都拿去換米了。因之，他太太觸景生情，不禁悲從衷來，泣不成聲。而蒙正遂賦詩慰之曰：『典部青衫換早厨，老妻何必費躊躕？壺中有酒能澆菜，囊裏無錢莫買魚；不敢妄爲些許事，只緣曾讀數行書，尖霜烈日皆經過，次第春風到草廬。』

從這首詩裏，可以看出呂蒙正的窮，也可以看出他的曠達和光明前途的信心。

說也奇怪，灶君老爺也許喝了呂蒙正的肉湯，和憐憫他太窮的關係，到西天向玉皇大帝替他說了好話，果然高中太平興國的本科狀元。一舉成名，如願以償了。之後，是三登相位，政尚寬仁，時稱賢相，未幾，又封許國公，授太子太傅，功名顯赫，光耀門楣。

當蒙正初次入相，適爲題詩寺壁以後的二十年。蒙正邀魏君重遊山寺，方丈猶在，爲之導遊，觸及前句，不禁悵然！因即續成其詩曰：「二十年來塵撲空，而今始得碧紗籠。」而魏詩來得紗籠，依然蛛網塵封，隨行官妓以袖拂之，魏也恍然題詩於後曰：「但願時將紅袖拂，也應勝似碧紗籠。」事聞於外，傳爲美談。

從呂蒙正各篇詩賦中，意識到他的祭灶詩和祈禱辭，並非眞的迷信神祇，而只是借隨民俗發抒其胸中苦悶而已，至於破窰賦，（爲節省篇幅故未錄全文）是他把人生眞諦，窮通道理，反覆說明，並非是一宿命論者。

歸納起來說，呂蒙正之所以能由貧賤而富貴，絕不是聽信神靈的安排，命運的擺佈，而是他從艱難困苦中奮鬪出來的；所以，他窮到衣食無着，賤到上人厭，下人憎的地步，仍然志不搖，氣不餒，這是何等的偉大？尤其他在慰妻詩裏充分流露出他前途光輝即得次第到來的信心，這又是何等的眼光。願我們寒士不要灰心，向呂蒙正看齊，終有揚眉吐氣的一天。

須知富貴本帶種，
男兒當自強！

（錄自古今談第九九期）

附錄三

呂蒙正勸世文

天地有常用。日月有常明。四時有常序。鬼神有常靈。天有寶、日月星辰。地有寶、五谷金銀。家有寶、孝子慈孫。國有寶、正直忠良。合天道、則天府鑑臨。合地道、則地府消愆。合人道、則民用合睦。三道既合。禍去福來。天地和、則萬物生。地道和、則萬物興。父子和、而家有濟。夫婦和、而義不分。時勢不可盡倚。貧窮不可盡欺。世事翻來覆去。須當週而復始。余者、居洛陽之時。朝投僧寺。夜宿破窰。布衣不能遮其體。稀粥不能充其飢。上人嫌。下人憎。皆言余之賤也。余曰非賤也。乃時也、運也、命也。余後登高及第。入中書。官至極臣。位列三公。思衣則有綺羅千箱。思食則有百味珍饈。有撻百僚之杖。有斬佞品之劍。出則壯士執鞭。入則家人扶袂。廩有餘粟。庫有餘財。人皆言余之貴也。余曰非貴也。乃時也、運也、命也。蛟龍未遇暫居雲霧之間。君子失時、屈守小人之下。命運未通、被愚人之輕棄。時運未到、被小人之欺凌。初貧君子。自怨骨格風流。乍富小人。不脫俗人體態。生平結交、惟結心。莫論富貴貧賤。深得千金。而不爲貴。得人一語。而勝千金。吾皆悼追無恨人。富貴須當長保守。蘇秦未遇、歸家時。父母憎。兄弟惡。嫂不下機。妻不願炊。然衣錦歸故里。馬壯人強。光彩布。兄弟含笑出戶迎。妻嫂下階傾己顧。蘇秦本是舊蘇秦。昔日何疎今何親。自家骨肉尚如此。何況區區陌路人，抑猶未也。文章冠世。孔子常厄於陳邦。武略超群。太公曾釣於渭水。顏回命短。豈是凶暴之徒。盜跖年長。自非賢良之輩。帝堯天聖。却養不肖之男。瞽叟頑嚚。反生大孝之子。甘羅十二為宰相。買臣五十作公卿。晏嬰身長五尺。封為齊國宰相。韓信力無縛雞。立為漢朝賢臣。未遇之時。口無一日饔飧。及至興通。身受齊王將印。嚇燕取趙。統百萬雄兵。一日時休。卒於陰人之毒手。李廣有射虎之威。到老無封。馮唐有安邦之志。一日無遇。上古聖賢。不掌陰陽之數。今日儒士。豈離否泰之中。腰金衣紫。都生貧賤之家。草履毛鞋。都是富豪之裔。有貧賤。而後有富貴。有小壯。而後有老衰。人能學積善。家有餘慶。青春美女。反招愚獨之夫。俊秀才郎。竟配醜貌之婦。五男二女。老來一身全無。萬貫千金。死後離鄉別井。才疎學淺。少年及第登科。滿腹文章。到老終身不第。或富貴。或貧賤。皆由命理注定。若天不得時。則日月無光。地不得時。則草木不生。水不得時。則波浪不靜。人不得時。則命運不通。若無根本八字。豈能為卿為相。一生皆由命。半點不由人。蜈蚣多足。不及蛇靈。雞有翼。飛不及鴉。馬有千里之馳。非人不能自往。人有千般巧計。無運不能自達。吾敬為此勸世文也。（取自菜根譚講話附錄，台南市西北出版社出版）

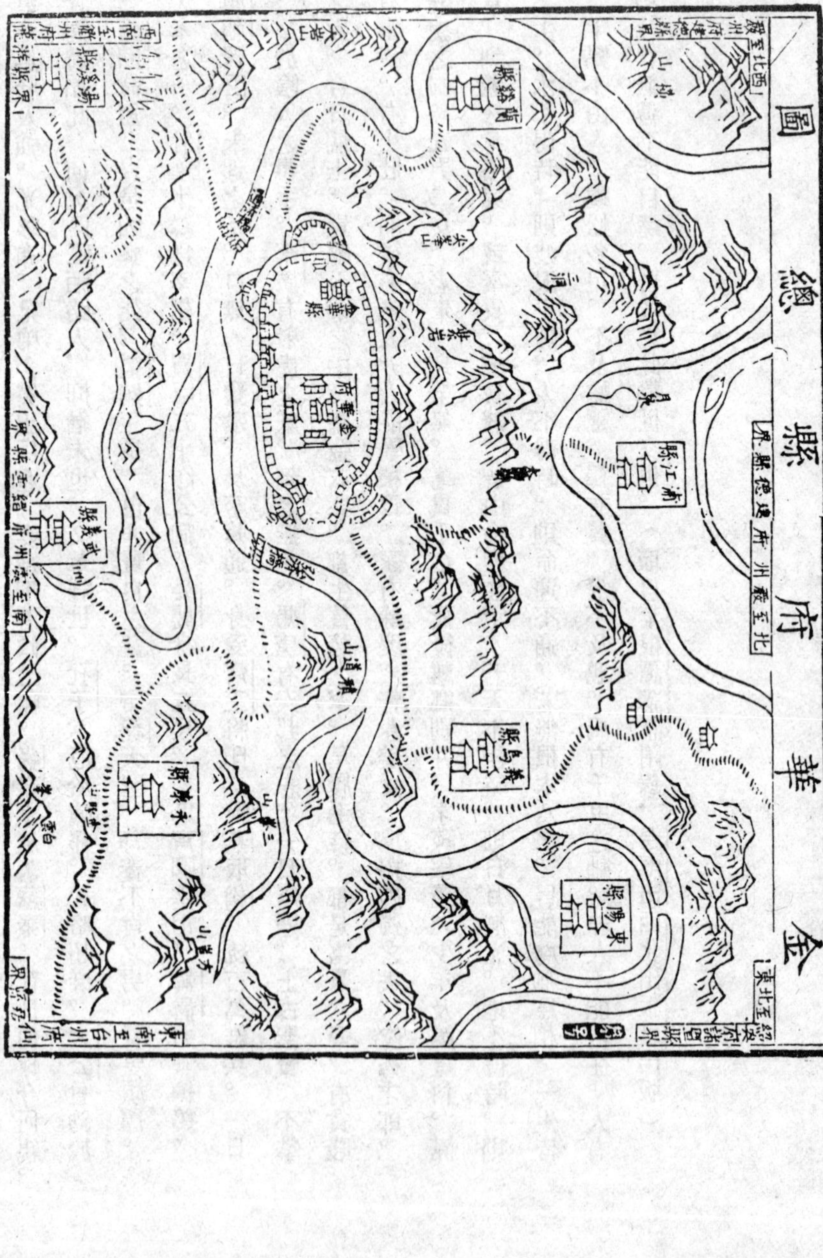
金華府縣總圖
金華府
金華縣
蘭谿縣
浦江縣
義烏縣
東陽縣
永康縣
武義縣
湯溪縣
北至嚴州府建德縣界
西北至嚴州府建德縣界
西至衢州府龍游縣界
南至處州府縉雲縣界
東南至台州府仙居縣界
東北至紹興府諸暨縣界

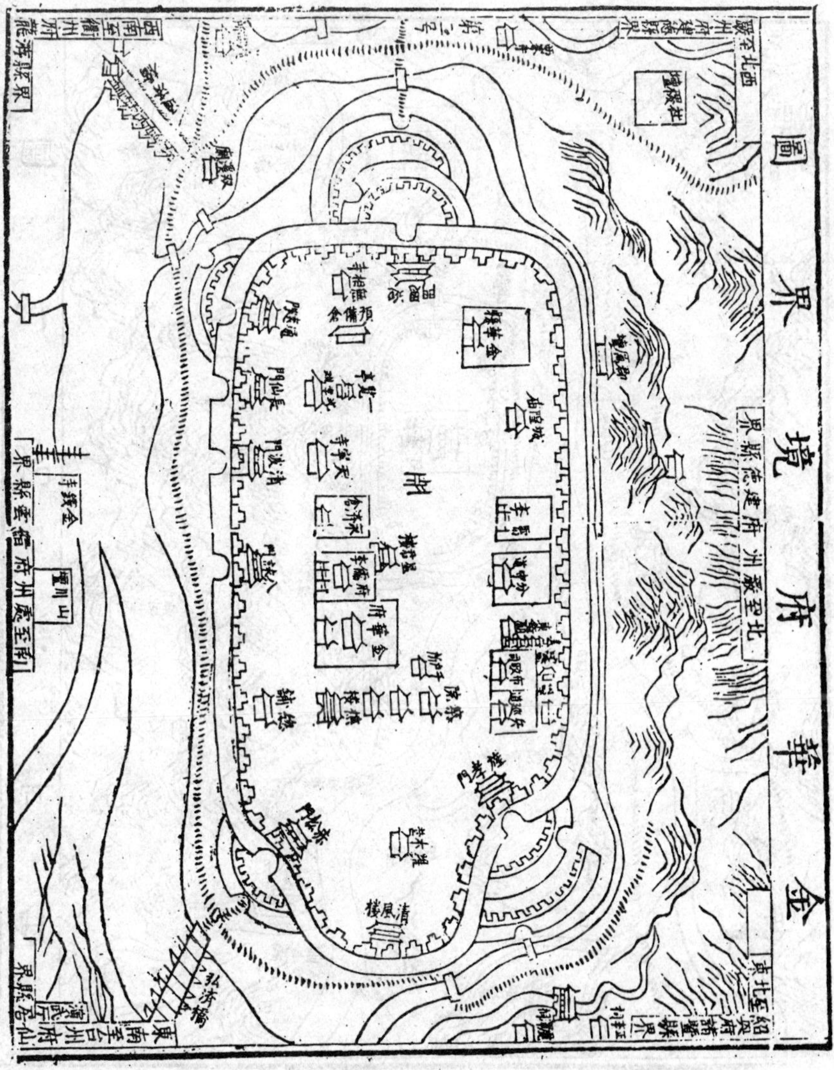
金華府境界圖

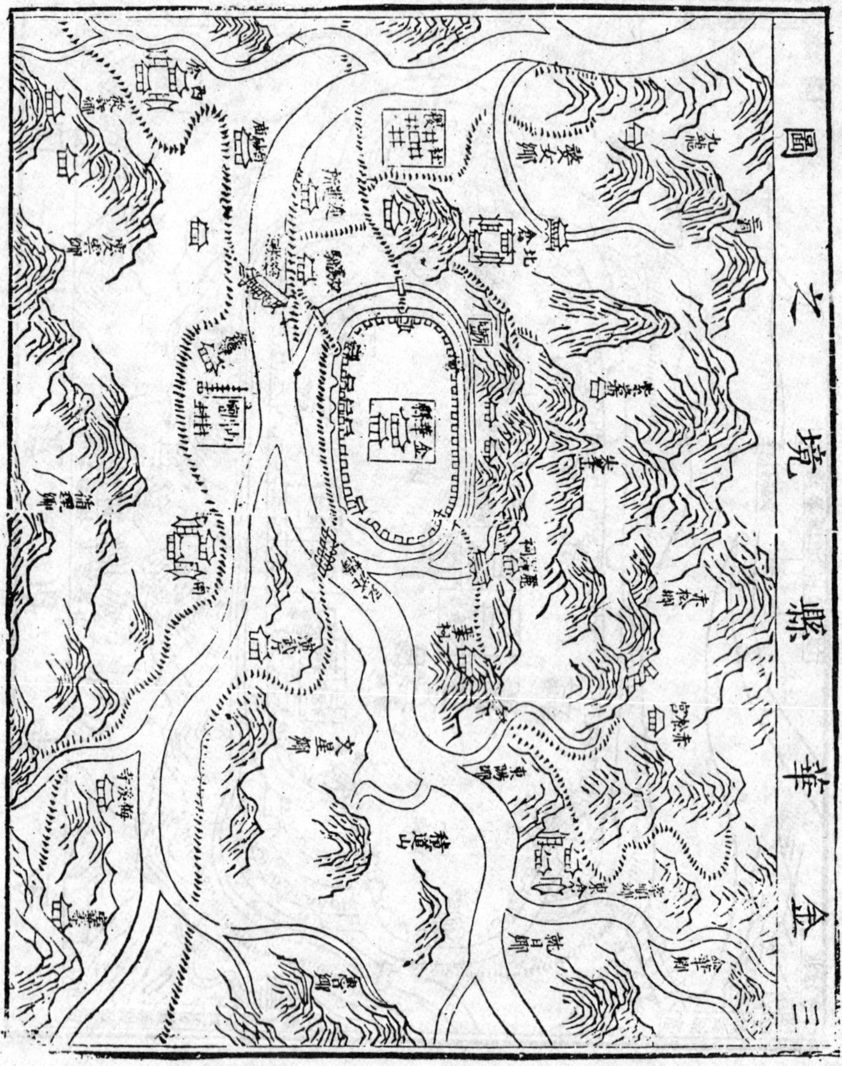
金華縣境之圖

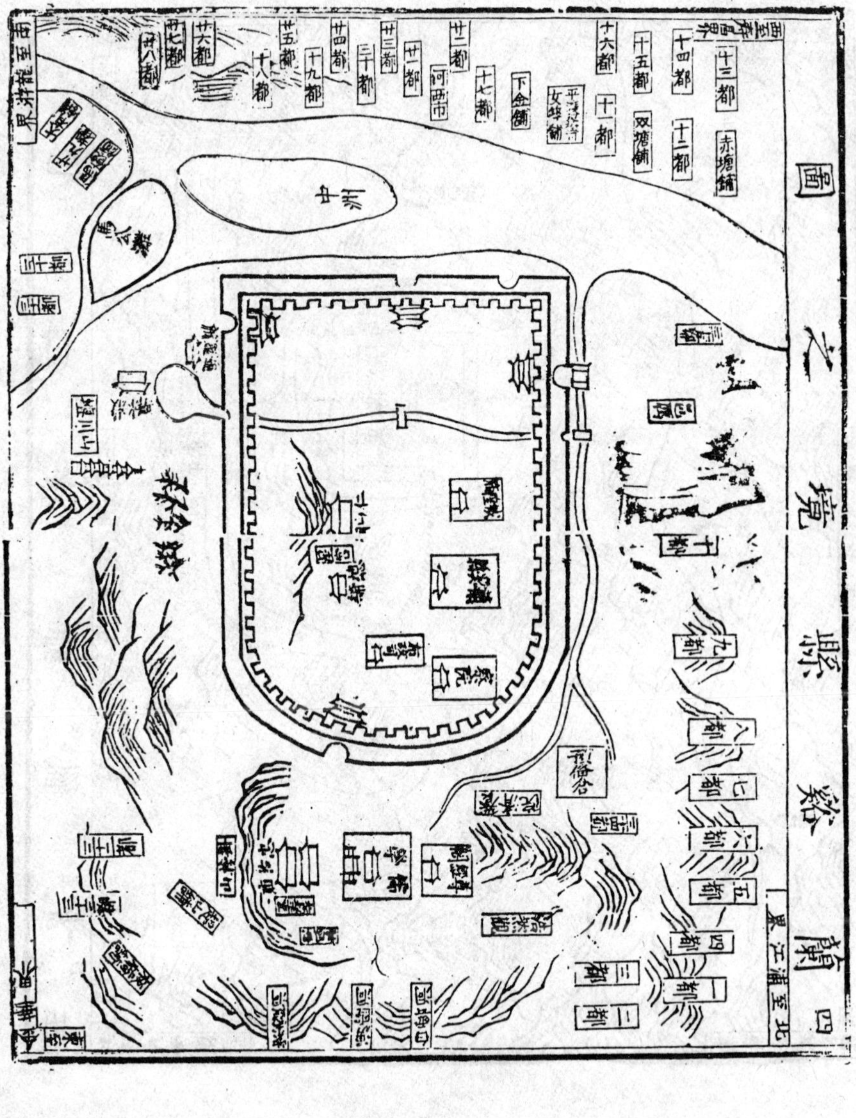
蘭谿縣境之圖

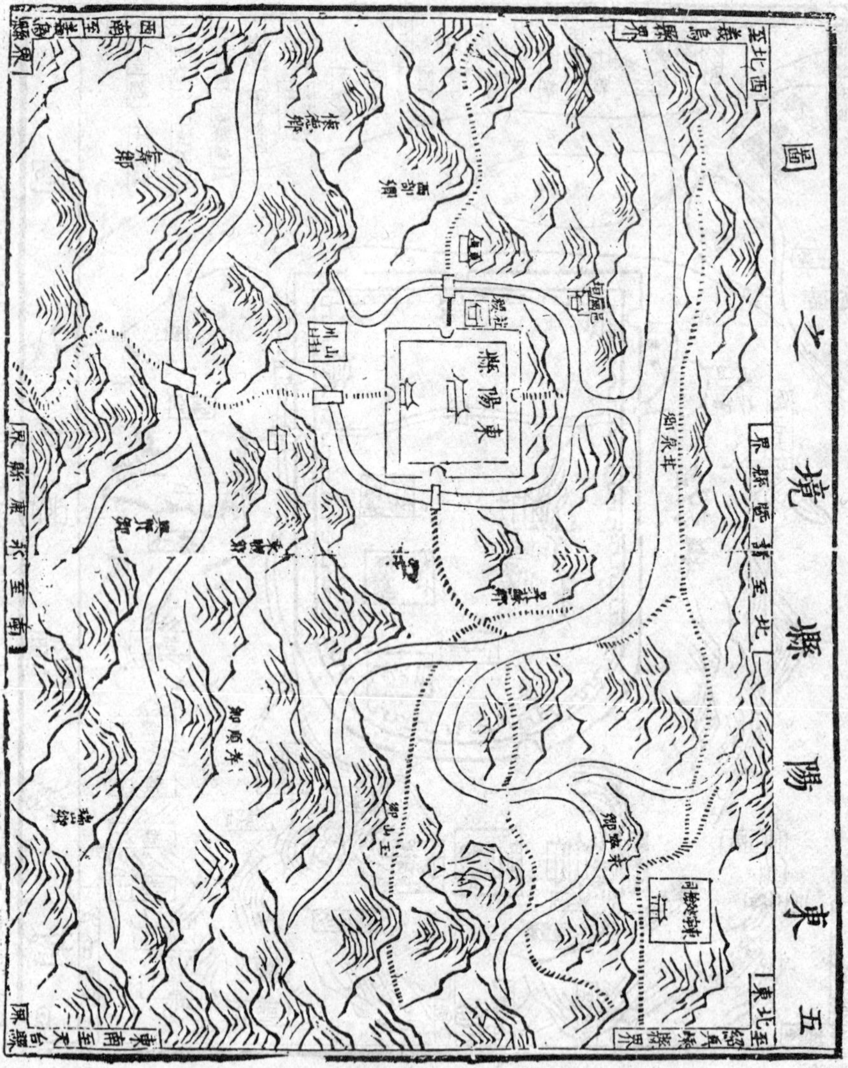
東陽縣境之圖
東陽縣

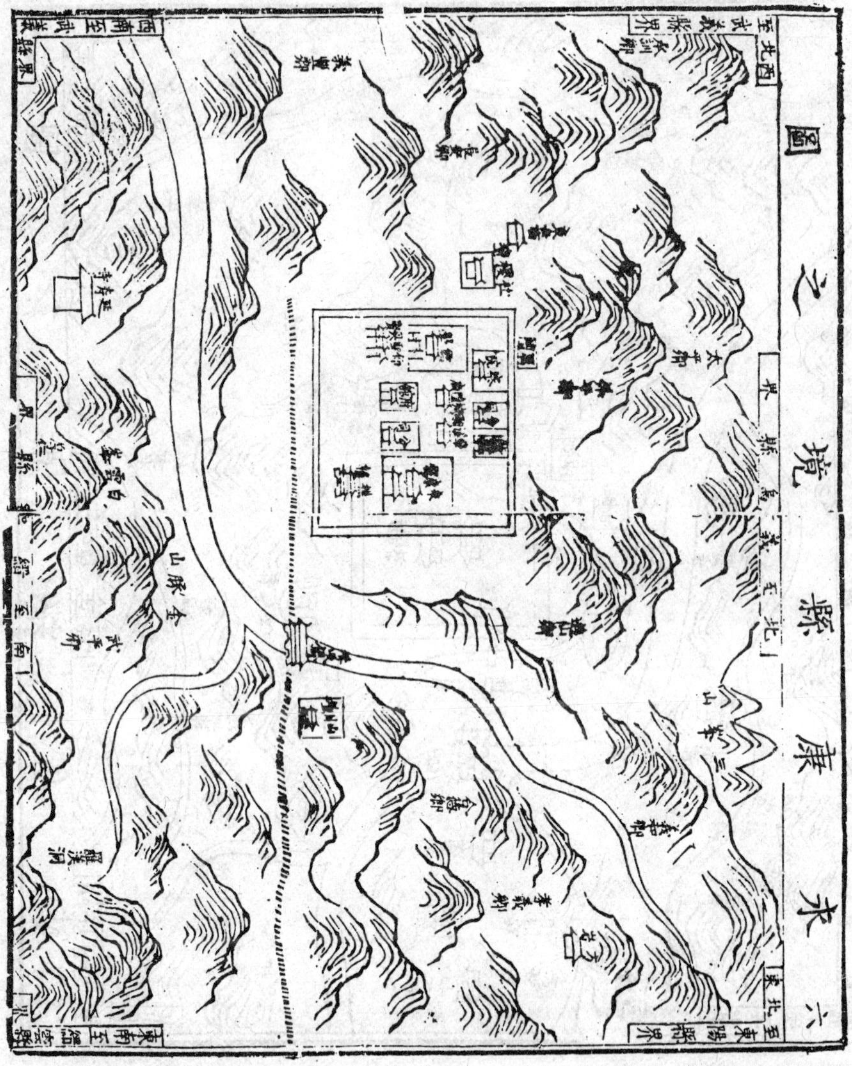
永康縣境之圖
西北至武義縣界
東北至東陽縣界
北至義烏縣界
西南至武義縣界
南至縉雲縣界
東南至縉雲縣界
三峯山

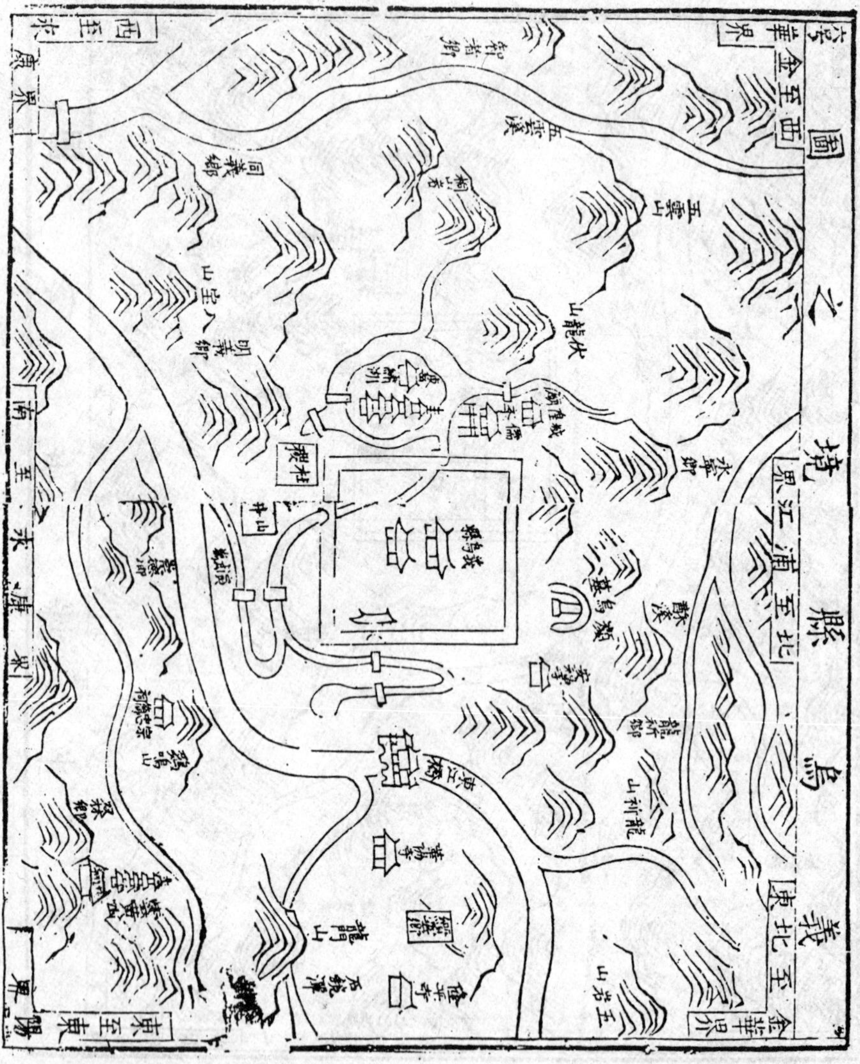
義烏縣境之圖

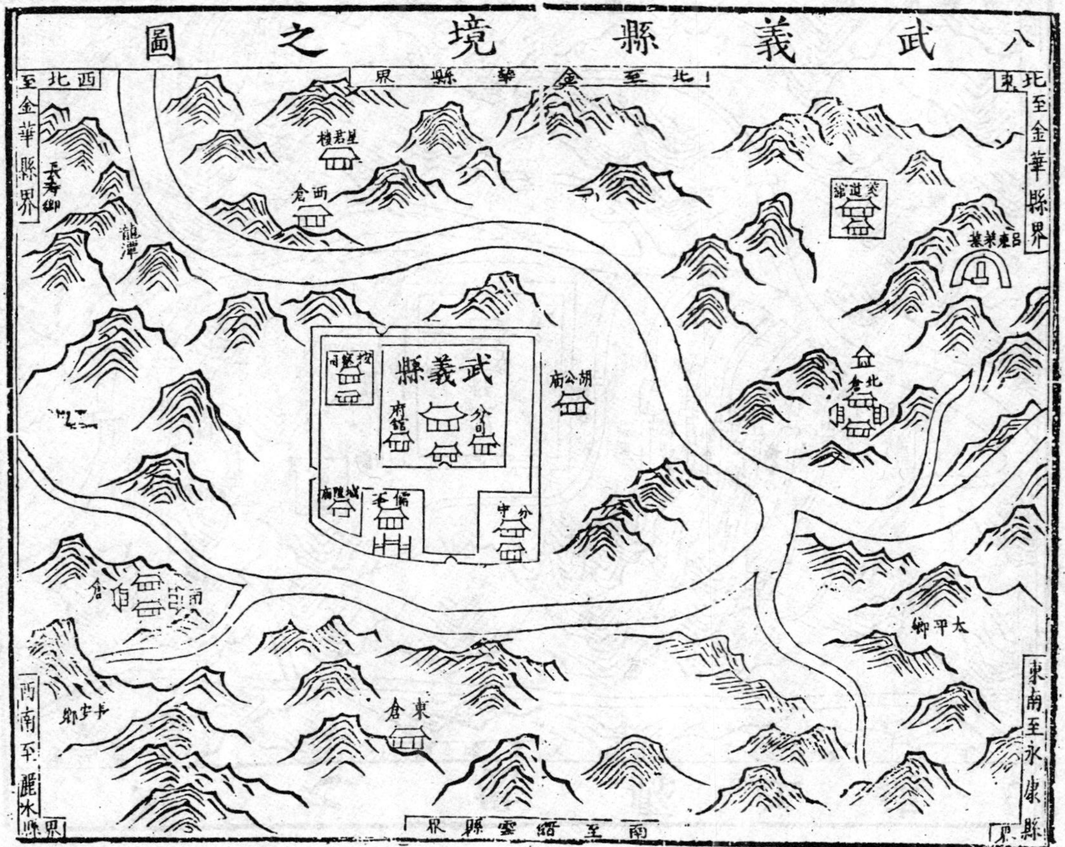
武義縣境之圖
八
北至金華縣界
東北至金華縣界
西北至金華縣界
東南至永康縣界
南至縉雲縣界
西南至麗水縣界
武義縣
府館
分司
按察司
城隍廟
儒學
分守
胡公廟
星君樓
西倉
長壽鄉
龍潭
呂東萊墓
北倉
太平鄉
東倉

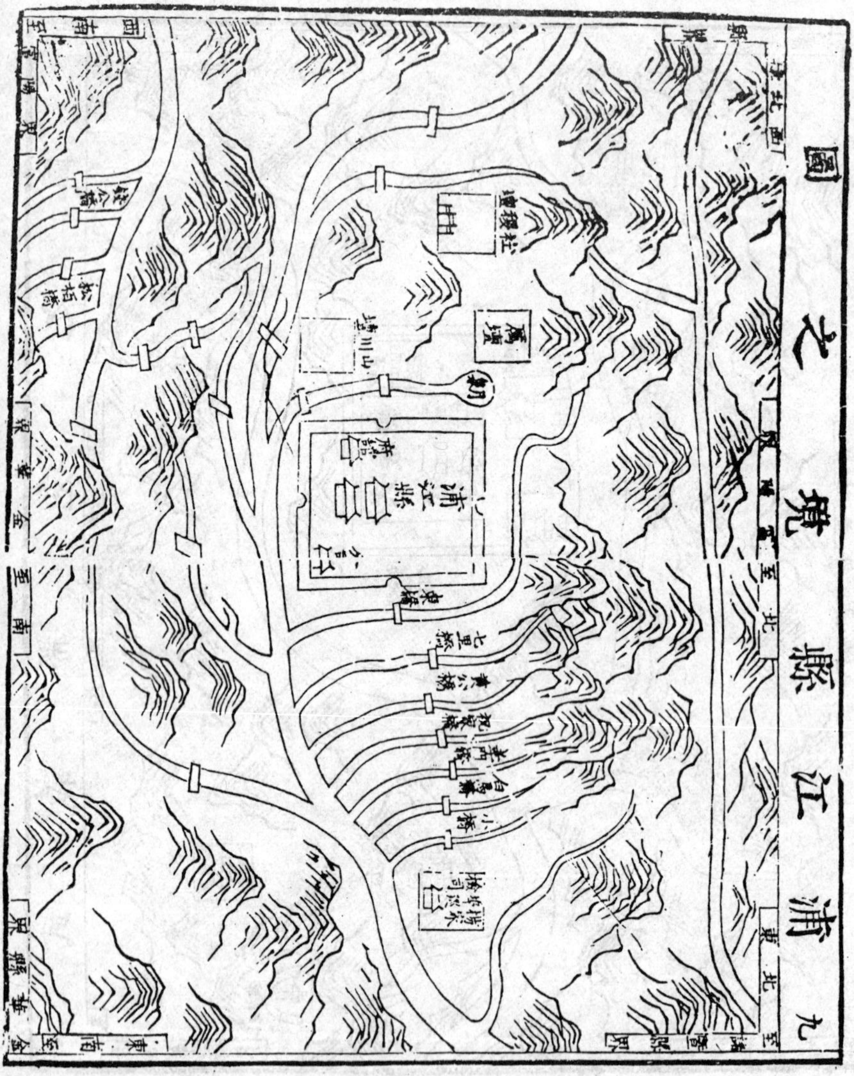
浦江縣境之圖

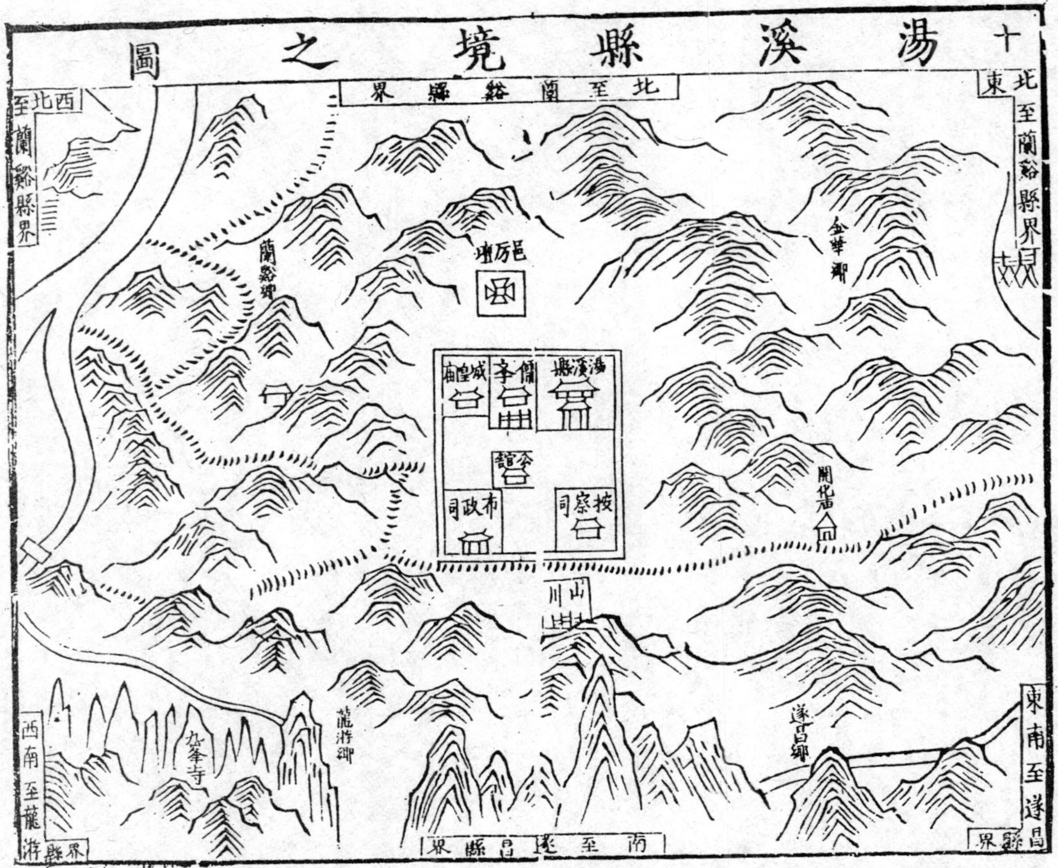
十
湯溪縣境之圖
北至蘭谿縣界
東北至蘭谿縣界
西北至蘭谿縣界
邑厲壇
蘭谿鄉
金華鄉
湯溪縣
儒學
城隍廟
公舘
布政司
按察司
開化庵
山川壇
龍游鄉
盆峯寺
遂昌鄉
西南至龍游縣界
南至遂昌縣界
東南至遂昌縣界

參考書目及單篇論文舉要

一、參考書目

呂東萊先生文集	宋呂祖謙	（藝文）金華叢書
呂太史文集	宋呂祖謙	（藝文）續金華叢書
呂太史別集	宋呂祖謙	續金華叢書
呂太史外集	宋呂祖謙	續金華叢書
增修東萊書說	宋時　瀾	金華叢書
呂氏家塾讀詩記	宋呂祖謙	續金華叢書
麗澤論說集錄	宋呂喬年	續金華叢書
古周易	宋呂祖謙	廣文書局
古易音訓	宋呂祖謙	金華叢書
東萊左氏博議	宋呂祖謙	廣文書局
左氏傳說	宋呂祖謙	台灣大通書局（通志堂經解）

左氏傳續說	宋呂祖謙	續金華叢書
左傳類編	宋呂祖謙	台灣商務印書館（四部叢刊）
歷代制度詳說	宋呂祖謙	續金華叢書
大事記	宋呂祖謙	金華叢書
少儀外傳	宋呂祖謙	金華叢書
卧遊錄	宋呂祖謙	新興書局
近思錄	宋朱　熹 呂祖謙	台灣商務印書館
古文關鍵	宋呂祖謙	廣文書局
宋文鑑	宋呂祖謙	台灣商務印書館
宋文鑑簡編	張　相 周邦英	清流出版社
詩律武庫	宋呂祖謙	金華叢書
童蒙訓	宋呂本中	台灣商務印書館
東萊詩集	宋呂本中	台灣商務印書館
朱子大全集	宋朱　熹	中華書局（四部備要）
伊洛淵源錄	宋朱　熹	藝文印書館
象山全集	宋陸九淵	中華書局（四部備要）

止齋文集　宋陳傅良　台灣商務印書館（四部叢刊）
葉適集　宋葉　適　河洛圖書出版社
陳亮集　宋陳　亮　河洛圖書出版社
魏鶴山先生大全文集　宋魏了翁　台灣商務印書館（四部叢刊）
困學紀聞　宋王應麟　台灣商務印書館（四部叢刊）
玉海　宋王應麟　台北華文書局
郡齋讀書志　宋晁公武　廣文書局
直齋書錄解題　宋陳振孫　廣文書局
文獻通考　宋馬端臨　新興書局
宋文憲公集　明宋　濂　藝文印書館
遜志齋集　明方孝孺　台灣商務印書館
宋史　元托克托　鼎文書局
明史　清張廷玉　鼎文書局
宋元學案　清王夫之　河洛圖書出版社
宋元學案補遺　清王梓材　世界書局
重編宋元學案　陳叔諒　李心莊　正中書局

明儒學案	清黃宗羲	世界書局
鮚埼亭集	清全祖望	世界書局
文史通義	清章學誠	世界書局
十駕齋養新錄	清錢大昕	台灣商務印書館
二十二史箚記	清趙　翼	樂天出版社
鄭堂讀書記	清周中孚	世界書局
經義考	清朱彝尊	中華書局
四庫全書總目	清紀　昀	藝文印書館
宋明理學概述	錢　穆	學生書局
理學概要	程發軔	正中書局
理學纂要	蔣伯潛	正中書局
宋明清理學體系論史	黃公偉	幼獅書店
兩宋思想述評	陳鐘凡	華世出版社
宋學概要	夏君虞	華世出版社
宋明理學	蔡仁厚	學生書局
宋明理學	吳　康	華國出版社

理學綱要	呂思勉	華世出版社
鵝湖講學會編	清鄭之僑	廣文書局
中國學術之趨勢	李宗吾	河洛圖書出版社
中國近三百年學術史	梁啓超	中華書局
中國近三百年學術史	錢　穆	台灣商務印書館
宋元理學家著述生卒年表	麥仲貴	新亞研究所專刊之三
宋元教學思想	王雲五	台灣商務印書館
中國學術思想的演變	孫俍工	香港中山圖書公司
黃震及其諸子學	林政華	嘉新文化基金會
中國歷代思想家	王壽南主編	台灣商務印書館
宋儒春秋尊王思想研究	倪天蕙	政大中研所碩士論文
讀經示要	熊十力	廣文書局
呂祖謙研究	吳春山	臺大中研所博士論文
宋史藝文志廣編	元脫脫等	世界書局
宋史藝文志史部佚籍考	劉兆祐	國立編譯館中華叢書編審委員會
現存宋人著述目略		中華叢書編審委員會

宋人傳記資料索引	昌彼得	鼎文書局
宋代政教史	劉伯驥	中華書局
中國史學史論文選集	杜維運 黃進興	華世出版社
中國史學史	金毓黻	台灣商務印書館
中國史學史	李宗侗	中國文化大學出版部
史學纂要	蔣祖怡	正中書局
清代史學與史家	杜維運	東大圖書公司
史學通論	甲　凱	學生書局
章實齋的史學	吳大任	台灣商務印書館
章實齋先生年譜	胡　適	台灣商務印書館
史通作者劉知幾研究	傅振倫	文星書店
歷史哲學	羅　光	台灣商務印書館
北宋史學的忠君觀念	陳芳明	台大六十二年碩士論文
金華經籍志	胡宗楙	古亭書屋
金華府志	吳相湘	學生書局
光緒金華縣志（中國方志叢書）	清鄧鍾玉等	成文出版社

宋文學史　柯敦伯　上海商務印書館
宋代文學　呂思勉　上海商務印書館
中國文學發達史　劉大杰　中華書局
駢文概論　全秬香　台灣商務印書館
江西詩社宗派研究　龔鵬程　文史哲出版社
宋詩派別論　梁　昆　東昇出版事業公司
全宋詞　唐圭璋　明倫出版社
元代金華之學述評　孫克寬　東海大學出版

二、單篇論文

先賢呂蒙正瑣記　史梅岑　中原文獻第十二卷第五期
閒話呂蒙正　劉嘯月　古今談第九九期
宋代思想名著述要　楊家駱　學粹第一卷第二期
宋元明理學在儒家思想中之發展　周師何　學粹第十一卷第六期
四明叢書序　張其昀　現代政治第十三卷第十二期
古學出於史官論　劉師培　國粹學報一卷四期
宋儒春秋要義的發微與其政治思想　陳慶新　新亞學報第十卷第一期

兩宋理學體詩之流別　李曰剛　師大國文學報第二期
宋代儒者地理分佈的統計　余鍈　禹貢半月刊第一卷第六期
黃震著述版本敍錄兼述日抄體之影響　林政華　書目季刊第九卷第四期
南宋時代的寧波理學三傑　汪煥章　現代政治第二卷第四期
沈光文之家學與師傳　盛　成　學術季刊第四卷第一期
章太炎之民族主義史學　吳蔚若　大陸雜誌第十三卷第六期
章太炎先生傳　林師尹　文藝復興月刊第一卷第二期
兩宋學術風氣之分析　程　運　政大學報第二十一期
兩宋永嘉學術思想之變遷　周學武　書目季刊十卷二期
五代暨兩宋的史學　呂謙舉　人生第三十二卷第十二期
宋後浙中學源流概述　高越天　浙江月刊第四卷第一期
宋末大儒黃震之行誼　林政華　浙江月刊第四卷第六期
略述宋代吾浙學派　高越天　浙江月刊第四卷第八、九期
兩宋學風的地理分佈　何佑森　新亞學報第一期
南宋湘學與浙學　吳　康　學術季刊第四卷第二期
刀筆宗師呂東萊　岱　宗　浙江月刊第六卷第九期